소설 파는 남자

소설 파는 남자

출판 에이전트
이구용의
한국 문학
해외 수출 분투기

한국출판마케팅연구소

세계적인 권위의
문학상을 꿈꾸는 에이전트

'5-15-20'.

앞자리 5는 장편소설 다섯 작품 이상을, 중간의 15는 15개 언어권 이상을, 뒷자리 20은 20년 동안을 의미한다. 이는 20년 동안 15개 이상의 언어권에서 우리나라 작가 한 사람 한 사람의 장편소설 다섯 작품 이상을 해외에 번역, 출간해 현지 독자들이 오래도록 사랑하고 읽을 수 있도록 하겠다는 나의 목표다.

한국 문학을 미국과 유럽 등 해외에 본격적으로 수출한 지 얼마 안 되니, 내가 이 목표를 이루려면 앞으로 최소한 20년 이상은 더 일해야 한다. 그렇게 되면 고희를 눈앞에 두게 된다. 함께 일해온 해외 비즈니스 파트너 중에는 그 연배에 이른 이들이 적지 않다. 한마디로 할머니, 할아버지 에이전트가 많다. 그 대선배 에이전트들은 자신이 관리하는 작가가 노벨문학상, 퓰리처상, 부커상 등 굵직한 상을 받는 순간 곁에서 묵묵히 지켜보며 박수를 쳐준다. 세계적인 명성을 얻기까지 수십 년 동안 한 작가를 끊임없이 음으로 양으로 지원한 이가 바로 그들이다.

나는 그런 모습을 눈여겨봐왔다. 내 의지만으로는 할 수 없는 일을 누군가가 해낸 걸 보게 될 때, 수없는 세월을 기다려 세계 독자가 인정하는 작가가 되는 그 순간을 함께 만끽하는 모습을 볼 때, 나는 에이전트로 일하는 그들이 정말 부러웠다. 그 부러움 덕에 나만의 새로운 목표를 세우게 됐다.

1995년 3월 16일, 지인의 권유로 하던 공부를 잠시 미루고 사회 첫발을 내디딘 곳이 지금의 직장 임프리마코리아 에이전시다. 솔직히 처음엔 어떤 일을 하는 곳인지도 모르고 들어왔다. 분명한 건 책을 가지고 일하는 직장이라는 것뿐. 애초에 1년쯤 있다가 다시 학교로 돌아가 공부를 계속할 생각이었다.

우리나라에서 에이전트란 익숙한 직업이 아니다. 대부분의 에이전트는 해외로부터 출판 저작물을 수입하는 데 가장 큰 비중을 둔다. 아침부터 저녁까지 해외 에이전트들과 메일로 소통하면서, 해외에서 보내 온 도서 원고와 숱한 장르의 책을 검토하고 어울릴 만한 국내 출판사를 찾아 소개한다. 그리고 종종 해외 각처에서 열리는 국제 도서전에서 만나 못다한 이야기를 나눈다. 이것이 평범한 국내 에이전트의 일상이다.

영미 문학을 공부한 까닭에, 나는 자연스럽게 영어권 문학을 국내 출판 시장에 부지런히 소개했다. 특히 윌리엄 포크너, 커트 보네

거트, 도리스 레싱, 앨리스 먼로, 줌파 라히리 등의 문학을 소개했을 때는, 비록 한국 출판사들이 상업적인 혜택을 누리는 행운까지는 제공하진 못했지만 무척이나 보람되고 즐거웠다. 에이전트로서 관리하는 작가 도리스 레싱과 주제 사라마구 등이 노벨문학상을 받고 그들의 작품이 이전보다 폭넓게 국내 독자들에게 읽힐 수 있는 여건이 마련되었을 때도 내가 수상한 듯 기뻤다.

1년을 한정하고 시작한 일이었지만 이내 '한 가지 일을 시작했으면 한곳에서 10년은 해봐야 그 일을 했다 하지 않겠나' 하는 자신과의 약속을 세우게 되었다. 그리고 이 약속은 하루하루 나를 성장시키는 동력이 되었다.

그렇게 시간이 흐르는가 싶더니, 어느 시점에 이르자 내 안에서 또 다른 생각이 서서히 고개를 들었다. 에이전트를 시작할 때 막연하게 가졌던 한 가지 바람이 차츰 구체적인 목표가 되어 눈앞에 그려지기 시작한 것이다. 한국 문학을 해외로 소개해야겠다는 생각이었다. 2000년을 넘어서며 한국의 다양한 출판 저작물들이 일본과 중국 등을 비롯한 아시아권 출판 시장에서 큰 관심을 받기 시작했다. 상업적인 이익이 기대되는 출판물에 관심이 집중되긴 했지만, 좀 더 긴 안목으로 보면 한국 출판물이 더 넓은 해외 출판 시장에 크게 어필할 수 있다는 가능성을 드러낸 셈이었다.

그때까지 우리 문학의 해외 수출은 한국의 대중문화에 관심을 보이는 중국, 대만, 일본 등 아시아 몇몇 나라의 출판 시장을 중심으로 형성된 인기 드라마나 영화 관련 문학이 중심이었다. 그렇기 때문에 그와 관련 없는 문학은 아시아권에서조차도 거의 호응을 얻지 못했다. 미국이나 유럽에 우리 문학이 진출하는 건 더욱 어려웠다. 본격 순수문학이든 대중문학이든 바늘귀에 낙타 들어가기라 할 정도로 힘들었다. 그나마 한국문학번역원과 대산문화재단 등의 번역 출판 후원에 힘입어 한국 문학이 소개되는 정도였다. 현재 미국 출판 시장에서 해외 출판 저작물 수입은 전체 출판물 중 3퍼센트 안팎에 그치고 있으며, 더구나 해외 문학 수입 비중은 그중에서도 단 1퍼센트에도 못 미치는 상황이니 한국 문학이 그 1퍼센트 내에 진입하는 것이 얼마나 어려운지 짐작할 만하다.

나는 점차 생각을 발전시켰다. 처음엔 해외에서 호응하는 타이틀을 앞세워 출발했다. 2004년부터는 구상을 좀 더 구체화시켜서 한국 문학을 수출하기 위한 본격적인 플랜을 짜기 시작했다. 단순히 상업성이나 대중성을 지닌 문학만이 아니라, 아시아 출판 시장을 넘어서는 길고 먼 여정의 플랜이었다.

첫 순서로 해외에 어필할 것으로 예상되는 한국 작가 목록을 작성하고, 그들의 작품 목록도 작성했다. 독자도 아닌, 평론가도 아닌, 문학을 연구하는 학자도 아닌, 출판 저작권 에이전트가 보편적으로 지닐 수 있는 주관적 입장이 선정 기준이었다. 그 과정에서 편집자, 출판인, 작가, 평론가, 심지어 불특정한 주위 사람들의 의견까지 수집하고, 우리 작가와 그들의 작품에 관해 많은 이야기를 나누었다. 그들을 통해 우리 작가들의 비전과 잠재력 그리고 그들이 선보인 문학의 스타일과 개성에 대해 크고 작은 생각들을 다양하게 담을 수 있었다.

2010년 10월 말 현재, 김영하, 조경란, 신경숙 등의 문학이 해외 출판 시장에서 거둔 성과가 객관적으로 이례적인 것은 깐깐하고 콧대 높기로 유명한 미국 출판 시장에, 그것도 단 1퍼센트의 해외 문학만을 번역, 출간하고 있는 그 시장에 진입했기 때문이다. 그야말로 그 누구의 도움 없이 현지 시장에서 그들의 자력으로, 유럽의 내로라하는 숱한 경쟁자들을 물리치고 미국을 대표하는 대형 출판사의 베테랑 편집자에게 채택되었으니 말이다.

나는 우리 문학을 해외로 진출시키기 위해 구상하고 전략을 짤 때 '순수(혹은 본격)'와 '대중'을 구분 짓지 않는다. 작가의 세대와 작품이 담고 있는 시대를 구분하여 차이를 두지 않으려고도 노력한다. 에이전트로서 각자의 개성을 지닌 작가와 그들의 문학을 있는 그대로 만난다. 그렇게 만나고 실제 겪은 경험과 수출에 얽힌 이야기들을 이 책에 담았다.

이 책은 모두 3부로 구성되었다. 1부는 '에이전트의 기쁨'에 관한 글이다. 에이전트인 내게 해외 출판 시장 진출이라는 가능성과 비전을 체험하게 해준 작가와 작품에 관한 이야기다. 한 작가의 문학을 읽고, 그를 만나고, 그 작가의 문학에 대한 해외 진출 전략을 짜고, 그것을 실행하고, 그리고 그 이후 어떤 결과가 나왔는지, 그 과정을 실제 사례를 통해 상세하고 구체적으로 소개했다.

일례로 우리 문학에 대한 소개글synopsis이나 검토용 일부 번역 원고partial translation를 접한 파트너 해외 에이전트가 내게 전한 솔직한 의견이 담긴 메일 내용을 그대로 실었다. 우리 문학작품이 해외 출판계에서 번역, 출간되기 전에 누가 처음으로 읽는지, 그들은 우리 문학을 어떻게 보는지, 어떤 시각으로 읽는지, 그리고 내용에 대해 어떤 반응을 보이는지, 그들이 궁극적으로 어떤 대목에 관심을 보이는지 엿볼 수 있을 것이다. 김영하, 조경란, 신경숙, 한강, 편혜영, 이정명, 이은, 홍석중(북한 작가) 같은 작가들의 해외 진출 사례를 소개했다.

2부는 '에이전트의 고민'을 담았다. 해외에 꼭 진출시켰으면 하는 개인적인 바람이 강한 문학들을 모았다. 일례로 김별아의 문학은 해외 진출의 성공과 실패 사례가 동시에 있는 경우다. 그녀의 출세작 『미실』은 성공했지만, 그 이외의 다른 문학은 해외 진출에 실패했다. 또 하일지와 권지예처럼, 해외 진출 가능성과 잠재력을 발견하고서 전략을 구상 중이거나 시도하고 있는 사례도 포함했다. 그리고 보편적인 소재이지만 해외 출판 시장에서 세일즈하기에는 역부족일 것으로 판단되는 문학과 개인적으로 좋아하는 작가의 문학에 대한 감상을 풀었다. 하일지, 이기호, 권지예, 이응준, 구효서, 심윤경, 주영선, 김훈, 김별아 등의 문학이다.

끝으로 3부는 '에이전트의 도전'에 대한 것이다. 아직 해외 진출 시도는 없지만 성공이 기대되는 문학, 혹은 의욕적으로 해외 진출을 시도했지만 실패했던 경우를 살피고 무엇을 보완해야 할지 고민의 흔적을 담아봤다. 이경혜, 이금이, 황선미, 이외수, 김진명, 차인표, 권비영 등의 작가와 그들의 문학을 이곳에서 만날 수 있다. 특히 미국와 유럽 등지에 한국의 어린이청소년문학을 본격적으로 진출시켜보고자 하는 소망으로 만났던 황선미, 이금이, 이경혜 등의 문학이 지닌 가능성을 제시하였다. 전업 작가는 아니지만 문학에 깊은 관심을 가지고 꾸준히 작업하는 차인표의 문학에 대한 감상과 그의 해외 진출 성공 사례 또한 실었다.

하나의 문학이 세계 고전의 반열에 올라 세월의 경계 없이 세계 독자들에게 꾸준히 읽히기 위해서는 그 문학의 생산자인 작가의 역할이 가장 무겁다. 다음이 에이전트 몫이다. 에이전트는 씨앗을 뿌리는 농부이기도 하고, 꽃가루를 옮기는 벌이나 나비 같은 매개자다. 농부는 좋은 씨앗을 구별해낼 줄 알아야 하며, 벌과 나비는 좋은 꽃가루를 촉각으로 감지해낼 줄 알아야 한다. 그리고 그것을 어느 토양 위에 뿌릴지, 어떤 꽃 위에 날라야 할지 알아야 한다. 그다음이 비옥한 토양 역할을 맡은 해외 출판사의 몫이다. 그들이 제대로 꽃을 피우지 못하거나 길러내지 못한다면 튼실한 열매를 기대할 수 없다. 결국 해외 출판사는 씨앗이 떨어진 땅이자, 새로운 꽃가루를 받은 또 다른 꽃이다.

이는 영어권 문학 역시 마찬가지다. 번역 과정만 거치지 않을 뿐 저자가 쓴 원고는 대부분 에이전트의 손을 거쳐 현지 출판사의 편집자에게 이르게 된다. 국내에서는 대부분의 저자가 직접 출판사 대표나 편집자와 협상하여 책이 나오지만, 해외 작가들은 대부분 에이전트를 거쳐 출판 계약을 하고 책이 출간된다. 이것은 그들에겐 이미 상식이다.

결국 저자(번역자 포함), 에이전트, 출판사라는 삼자가 서로 어우러져 조화를 이룰 때 마침내 언어권과 세대를 넘나드는 세계 문학이 탄생한다. 우리 문학이 한국을 넘어 더 넓은 해외로 진출해야 하는, 그리고 에이전트가 부단히 노력하며 활동해야 하는 이유와 가치가 바로 여기에 있다.

셰익스피어와 세르반테스의 문학이 영국과 스페인을 넘고 세대를 넘어 세계 각지에서 숨 쉬듯, 우리 작가들이 세계 60억 독자를 눈앞에 두고 글을 쓰며 세계인이 한국 문학을 즐기게 될 그날을 소망한다.

가을걷이가 한창인 10월 끝자락에

이구용

3부 에이전트의 도전

1부

에이전트의 기쁨

에이전트의
첫 해외 동반자,
김영하

한국 문학과 동행한 본격적인 해외 나들이는 김영하의 문학으로 시작됐다. 2005년 5월 4일, 김영하의 두 번째 장편소설『아랑은 왜』(2001, 문학과지성사)의 마지막 장을 넘겼다. 그로부터 엿새 후인 5월 10일 화요일 정오, 홍대 정문 근처의 한 중국 음식점에서 김영하를 만났다. 이전에도 저자와 자리를 함께한 적은 있었지만, 미래를 바라보며 작심하고 만난 건 그가 처음이었다. 당시 상황을 떠올리면 5년여가 훌쩍 지난 지금도 설레고 긴장된다. 그를 만나러 갈 때 들고 있던 가방 속에는 다 읽은 지 일주일도 안 된 그의 소설『아랑은 왜』와 김영하의 이력을 정리해둔 노트 한 권이 들어 있었다.

누군가 김영하가 누구냐고, 김영하 문학 세계를 어떻게 보느냐며 그를 만나러 가는 나를 붙잡고 물었다면, 그 한 권의 소설에서 내가 건져 올린 사유 이외에 다른 대답은 하지 못했을 것이다. 그런데도 뭘 믿고 그랬는지, 나는 그와 만날 때 즐거웠고 자신감이 넘쳤다. 그 소설 말고 더 읽은 작품이라곤 아무것도 없었으면서도. 그 소설의 영역 내에서 김영하가 어떤 스타일의 글쓰기를 하는 작가이며, 그것으로 미루어 볼 때 어떤 감각과 재능을 지닌 작가인지 내 나름의 의견만큼은 자신 있게 피력할 수 있겠다는 믿음이 있어서였을 것이다. 또 김영하의 문학에 대한 보이지 않는 확신도 있었지만, 처음 마주한 나를 배려하고 내 말에 끝까지 귀를 기울여주는 그의 여유와 도량 덕분이었던 듯하다.

잊을 수 없는 기억

꽤 오랫동안 편집자들에게 물었다. 우리 작가들 중 어떤 작가가 유망해 보이느냐고. 간단한 질문이긴 했지만, 그 속엔 여러 가지 의미와 맥락이 담겨 있었다. 그리고 그들의 답변에는 김영하라는 작가의 이름이 공통적으로 언급됐다. 당시 그는 세 편의 장편을 내놓았다. 『나는 나를 파괴할 권리가 있다』(1996, 문학동네), 『아랑은 왜』그리고 『검은꽃』(2003, 문학동네). 단편집은 『호출』(1997, 문학동네), 『엘리베이터에 낀 그 남자는 어떻게 되었나』(1999, 문학과지성사), 『오빠가 돌아왔다』(2004, 창비) 등이었다.

나는 그 가운데 문학동네 신인상 수상작이면서 김영하의 출세작인 『나는 나를 파괴할 권리가 있다』도 아니고, 동인문학상 수상작인 『검은꽃』도 아닌, 『아랑은 왜』를 첫 검토작으로 골랐다. 프로답지 않은 얘기겠지만, 우선 적당한 분량이 맘에 들었다. 『나는 나를

『나는 나를 파괴할 권리가 있다』의 영문판(왼쪽 위)과 폴란드판(오른쪽 위),
영문판은 유서 깊은 미국 출판사 하코트에서 출간되었는데, 주제 사라마구나
움베르토 에코 등의 유명 작가들의 작품이 출간된 곳이어서 가슴이 벅찼다.
오른쪽 아래는 휴튼 미플린 하코트(휴튼 미플린과 하코트가 합병되었다)에
서 2010년 출간된 『빛의 제국』 영문판으로, 출간되자마자 좋은 반응을 얻었
다. 미국에 소개된 한국 소설이 거둔 성과로는 예외적인 일이다. 왼쪽 아래는
2008년에 출간된 『빛의 제국』 일본어판.

파괴할 권리가 있다』처럼 얇지도 않고, 『검은꽃』처럼 두껍지도 않은, 그래서 한 주 동안 날마다 조금씩 읽으면서 김영하의 문학을 곱씹기에 적당하다고 생각했다. 구체적으로 들어가면, 아랑 전설을 끌어다 어떻게 녹여냈을지도 궁금했고, 텍스트 내에서 저자와 화자가 서로 공을 던지며 간극을 만들어놓고 긴밀히 내통하는 모습이 무척 흥미로워 보였다.

나는 홍대 전철역 지하에 있는 동남문고에서 이 책을 뽑아 들고 계산을 끝낸 뒤, 그날 귀가길부터 조금씩 읽어갔다. 열심히 줄 긋고 메모해가며 읽었다. 소설의 내용도 내용이지만 글쓰기 방식이 관심을 끌었다. 곳곳에 마련된 여러 문학적 장치들을 살피며 내용을 이해하는 재미가 제법 쏠쏠했다. 그렇게 한 권을 마치고 마음을 먹었다. 그를 만나야겠다고.

첫 만남의 자리. 어색하다면 무척 어색할 수 있는 자리였다. 나는 두 시간이 채 못 되는 동안 하고 싶은 말을 다 했고, 듣고 싶은 말을 다 들었다. 작품 하나하나에 관한 이야기도 상세히 들었다. 그리고 그의 또 다른 장편소설들의 대략적인 내용도 덤으로 들었다. 앞으로의 일정은 상세히 언급하지 않았지만, 나는 그의 작품을 부지런히 해외 출판 시장에 소개해보겠다고 말했다. 김영하는 그 자리에서 흔쾌히 나를 에이전트로 삼고 해외 진출과 관련하여 자신의 모든 작품을 내게 맡기겠다고 약속했다. 그 순간 내가 느꼈던 기분을 그에게 제대로 표현하지는 못했지만, 사무실로 돌아가는 발걸음은 가볍고 경쾌했다. 시종 드는 생각이지만, 김영하의 판단력과 업무 진행에 관한 이해와 배려와 협조는 시쳇말로 '짱'이었다.

드디어 숙제가 생겼다. 그의 다른 두 장편을 읽어야 했다. 우선 『나는 나를 파괴할 권리가 있다』부터 시작했다. 『아랑은 왜』하고는 사뭇 다른 분위기다. 이번엔 각박하고 치열한 삶을 살아가는 도회지 젊은이들의 고뇌와 방황이 쿨하게 다가온다. 그 소설이 손에서 떨어질 즈음, 뉴욕에서 열리는 북엑스포BEA, BookExpo America가 기다리고 있었다. 반드시 딛고 넘어야 할 징검돌이었다. 출장 일정을 잡았다. 뉴욕에 가서 김영하를 소개해야겠다는 계획과 구상은 세웠지만, 소개 자료를 따로 준비하지는 않았다. 먼저 구두로 소개해볼 참이었다.

김영하를 만나고 20일이 흘렀다. 이제는 서교동이 아닌 뉴욕의 맨해튼이다. 시내 서북쪽에 위치한 이탈리아 식당에서 미국 현지 에이전트인 바버라 지트워Babara Zitwer와 저녁 약속이 있었다. 대형 식당은 아니었지만, 빈자리를 찾기 어려울 정도로 사람들이 꽉 차 있었다. 먼저 다른 곳에서 샴페인과 포도주로 가볍게 워밍업(?)을 하며 책 얘기를 마치고, 저녁을 먹기 위해 그곳으로 이동했다. 출입문에서 가까운 쪽으로 자리를 안내 받았다. 식당은 사람들의 대화 소리로 웅성거렸다. 자리에 앉은 우리는 샐러드와 스파게티, 그리고 맛과 향이 괜찮다는 적포도주 한 병을 주문했다. 정확히 기억나지 않지만 현지 시각으로 저녁 7시 정도였을 것이다.

주문한 음식에 포도주를 곁들인 편안한 분위기에서 이런저런 얘기가 오갔다. 나는 예전부터 그 에이전트로부터 영미권 작가의 타이

틀을 소개 받아 국내에 판권을 넘기는 일을 하고 있던 터였다. 그날
도 그녀가 가지고 있는 타이틀을 소개 받은 뒤였다. 그러니까 할 일
을 모두 끝내고 아무런 부담 없이 저녁 식사를 즐기러 간 셈이다. 사
실 이전에도 몇 차례에 걸쳐 한국 작가에 관심 있느냐는 질문을 던
져본 적이 있었고 에이전트는 그때마다 관심이 있다고 대답했다. 그
래서 적절한 때를 틈타 넌지시 한마디 던졌다. 김영하라는 한국 작
가의 작품을 관리하게 되었는데, 그의 작품 중에 『나는 나를 파괴
할 권리가 있다』라는 소설이 있다고 운을 떼며 작품의 내용을 간단
히 전했다. 그러자 그녀는 곧바로 반응했다. 놀라울 정도로, 전혀 예
상하지 못할 만큼 호기심을 보인 것이다. 오히려 내가 당황스러울
정도였다.

　얘기를 들려줄수록 그녀는 김영하와 그의 소설에 관심을 보였다.
그러더니 다짜고짜 김영하에게 전화를 걸어달라고 했다. 당장 통화
를 해야겠다며 자신의 휴대전화를 내 앞에 내밀었다. 성격이 급한
건 알았지만, 그야말로 번갯불에 콩 구워 먹을 사람이었다. 속된 말
로 '필이 꽂히면' 곧바로 실행에 옮기는 사람이었다. 일이 잘 풀리려
고 그랬는지, 마침 김영하의 전화번호가 적힌 수첩을 가지고 있었
다. 하도 보채는 통에 실례를 무릅쓰고 서울로 전화를 걸었다. 이게
웬일인가. 김영하가 바로 전화를 받는다. 그때 한국 시간은 오전 6시
쯤. 짧게나마 자초지종을 설명하고 바버라에게 휴대전화를 건넸다.
잠시 후 두 사람의 운명적인 통화가 끝나고 휴대전화는 다시 내 손
에 전해졌다. 나는 김영하와 통화를 마무리했다. 그리고 식당을 나

22

와 호텔로 가는 길에 가방 속에 챙겨뒀던 『나는 나를 파괴할 권리가 있다』 프랑스어판을 그녀에게 건넸다. 그렇게 김영하의 에이전트로 서의 첫 업무가 시작됐다.

뉴욕에서 출장 일정을 마치고 서울로 돌아와서 2개월 남짓 흘렀을까. 아침에 출근하니 직원들의 분위기가 심상치 않다. 익어 터지기 직전의 과일처럼 잔뜩 상기된 모습이었다. 나쁜 일 같아 보이진 않았다. 이유를 들어보니, 김영하의 소설 『나는 나를 파괴할 권리가 있다』 영문 판권이 미국 출판사에 팔렸다는 낭보였다. 올해로 16년째 에이전트로 일하고 있지만, 그 순간의 전율과 감동은 정말 잊히지 않는다. 얼마나 간절히 고대하고 염원하던 순간이었나. 앞으로도 평생 기억에 남을 것이다.

한데 나를 더욱 흥분시킨 소식이 남아 있었다. 판권을 사들인 출판사가 미국에서도 내로라하는 문학 전문 출판사 하코트Harcourt Brace & Co.였던 것이다. 미국을 비롯한 세계 각 언어권 주요 작가들의 문학을 꾸준히 번역, 소개하고 있는 출판사다. 선인세나 인세 조건도 흠잡을 데 없이 만족스러웠다. 조금도 망설임 없이 "고!" 했다.

세계의 독자와 소통하려는 작가

돌아보니, 첫 결과가 나오기까지 6개월이 채 안 걸렸다. 5월에 김영하와 미래를 약속하고, 6월 초에 곧바로 미국 에이전트를 만나 작업을 개시하고, 그 뒤 2~3개월이 지난 시점에 첫 결실을 맺었으니 말이다. 그러나 그사이에도 우여곡절은 있었다. 일례로, 내가 김영하 작가를 만나기 여러 해 전에 이미 작업 완료된 영문 번역 원고가 있었다. 잘됐다 싶어서 그 원고를 입수해 미국 에이전트에게 보냈다. 검토용으로 써도 좋고, 판권을 사겠다는 임자가 나서면 써도 된다는 얘기를 덧붙여서. 그러나 오산이었다. 영문 번역 원고가 해외 편집자의 양에 차지 않는다는 것이었다. 그래서 미국 출판사의 편집자 제나 존슨은 영문 번역 원고가 아닌 프랑스어 번역판을 가지고 소설을 검토했다. 그 과정에서 처음으로 번역의 중요성을 새삼 깨달았다. 결국 새 역자를 고용하여 번역 작업에 착수했고, 마침내 'I Have the Right to Destroy Myself'란 영문 제목을 달고 2007년 7월에 미국에서 정식 출간되었다.

한국문학번역원 주관으로 2009년 9월 23, 24일 서울 삼성동 코엑스 컨퍼런스센터에서 열린 '제3회 세계번역가대회'에 참석한 편집자는 "처음 프랑스어 번역본으로 읽은 김영하의 작품은 문체가 독특했고 현대적인 분위기가 물씬 풍겼다. 도시의 삶을 이야기하면서 고립감과 소외를 잘 묘사한 점이 인상적이었다"(《동아일보》 9월 23일자)고 국내 언론과 만난 자리에서 밝혔다.

출발이 좋으면 그다음을 걱정하는 게 우리네 일상이다. 오만한 발언일진 모르겠으나, 한 작가의 작품을 미국 출판 시장에 진출시킨 것은 분명 인정받을 만한 결실이다. 그런데 사람들은 '운이 좋았지' 혹은 '우연이지'라는 식으로 생각한다. 나 역시 첫 결실에 만족하지 않고 최선을 다해 김영하의 소설을 소개해야 했다. 당사자인 김영하도 나와 생각이 크게 다르진 않았을 것이다.

그러나 첫 데뷔가 운이 좋아서도 아니고, 우연에 의한 것도 아니었다는 것을 입증할 만한 기회가 뒤따랐다. 미국의 같은 출판사에서 김영하의 또 다른 소설 『빛의 제국』(2010, 문학동네)의 판권을 계약하겠다고 한 것이다. 데뷔작 『나는 나를 파괴할 권리가 있다』의 현지 반응이 신통치 않았다면 있을 수 없는 일이었다. 그때 나는 축구 경기에서 1 대 0으로 이기고 있다가 결정골을 넣어 2 대 0을 만들며 승리를 확고히 한 듯한 기분이었다. 『빛의 제국』 영문판은 2010년 9월 28일에 'Your Republic Is Calling You'란 제목으로 미국에서 출간되었다. 그리고 2010년 10월 말 현재, 세 번째 작품으로 어떤 것을 내세워야 할지 구상중이다. 『퀴즈쇼』(2007, 문학동네)냐 『검은꽃』이냐, 아니면 앞으로 나올 또 다른 신작이냐.

미국 출판사 휴튼 미플린 하코트는 1832년부터 출판을 시작한 역사와 전통을 지닌 문학의 전당 같은 곳이다. 지금껏 미국 문학 외에 번역 출판한 해외 문학으로 주제 사라마구, 귄터 그라스, 옥타비오 파스, 움베르토 에코, 이탈로 칼비노, 아모스 오즈, 아키라 요시무라 등 아시아와 유럽 전역에 포진하고 있는 유명 작가들의 문학을 두루 포함하고 있다.

김영하의 경우, 단편집을 포함하여 모든 작품이 적어도 몇몇 개 언어권으로 팔려나갔다는 사실이 흥미롭다. 미국으로 팔린 장편소설 『나는 나를 파괴할 권리가 있다』, 『빛의 제국』을 포함하여, 『검은꽃』, 『퀴즈쇼』, 『아랑은 왜』 그리고 단편집 『엘리베이터에 낀 그 남자는 어떻게 되었나』, 『오빠가 돌아왔다』, 『호출』 등에 이르기까지 골고루 해외에 번역, 소개되고 있다. 그의 작품을 볼 수 있는, 혹은 앞으로 보게 될 나라도 2010년도 들어 새롭게 진출한 브라질과 베트남 등을 더해 어느새 11개 나라가 되었다. 판매와 관련해서는 프랑스어권에서 해마다 추가 인세가 발생하고 있고, 『나는 나를 파괴할 권리가 있다』의 경우 편집자인 제나 존슨이 2009년 9월 방한중 국내 언론과의 인터뷰에서 밝혔듯이 미국에서 판매 부수는 대략 1만 부에 근접했다. 애초에 해외 출판 시장에서 첫 분수령은 『빛의 제국』이 출간되는 2010년 가을과 겨울이 될 것으로 전망했는데, 서서히 실현되는 분위기다. 그 한 예로, 10월 1일 오후 4시 38분 현재(한국 시간), 미국 아마존닷컴 종합 순위에서 『빛의 제국』이 종합 판매 순위 227위, '미스터리 & 스릴러'의 하위 분류의 한 장르인 '스파이 & 음모 스토리' 영역에서는 2위, 그리고 '문학 & 소설Literature & Fiction의 하위 분류인 순수문학Literary 영역에서는 38위에 오르는 기염을 토했다. 같은 날 미국의 국영 라디오 방송인 NPR에서 이 소설을 소개하면서 판매 순위가 급상승한 것이다.

방송에 힘입은 바 크지만, 그만큼 이 소설이 독자들에게 어필할 만한 주제를 다뤘으며 그 주제를 풀어가는 김영하의 문학을 해외 출판 시장이 주목하고 있다는 뜻이다.

2010년 10월 초 현재, 『나는 나를 파괴할 권리가 있다』는 미국(Harcourt Brace & Co.), 독일(Heyne), 프랑스(Editions Philippe Picquier), 네덜란드(Ambo/Anthos), 폴란드(Vesper), 터키(Agorakitapligi), 브라질(Devir), 중국(花城出版社), 베트남(Nha

Nam) 등에 판매되었으며, 『빛의 제국』은 미국, 독일, 프랑스, 네덜란드, 이탈리아(Metropoli d'Asia), 폴란드(Kwiaty Orientu), 일본(二見書房) 등으로 저작권 수출이 완료되었다.

『검은꽃』은 프랑스, 독일(Konkursbuch Verlag), 일본(集英社) 등에, 『퀴즈쇼』는 프랑스, 중국, 베트남(Tre Publishing), 『아랑은 왜』는 이탈리아(O Barra O Edizioni)와 일본(白帝社) 등을 포함한 여러 나라에 번역 판권이 팔렸고, 단편집 『엘리베이터에 낀 그 남자는 어떻게 되었나』, 『오빠가 돌아왔다』 그리고 『호출』에 수록된 단편들이 선별되어 묶여 프랑스, 폴란드, 베트남, 이탈리아 등지에서 번역, 출간될 예정이다. 또한 현재 스페인, 오스트레일리아, 영국 출판계에서도 러브콜을 보내는 중이다. 장편소설 중심으로 번역 판권 계약이 이루어지는 것이 일반적인 추세이지만, 그의 문학이 해외 출판 관계자 및 독자들에게 가깝게 다가갈 수 있을 만큼 현실적 보편성을 담고 있다는 반증일 것이다.

한 작가를 해외 출판 시장에 진출시키는 데에는 편집자와 에이전트의 노력이 대단히 중요하다. 그러나 더 중요한 것은 작가 본인의 역할이다. 그 부분에서 김영하에게 늘 고맙게 생각한다. 적어도 내가 생각하기에, 김영하는 한국 독자는 물론 세계 독자들과 함께하겠다는 의지를 지니고 작업을 진행하는 것으로 보인다. 시야를 확대해 좀 더 넓은 곳을 바라보려 노력하며, 과거보다는 현재와 다가올 미래를 위해 노력하는 작가라고 생각한다. 그리고 언제 어디에서든, 달콤한 소리든 쓴 소리든 에이전트가 하는 말에 귀를 기울일 줄 아는 작가이기에 더욱 고맙다.

한국이 프랑크푸르트도서전에 주빈국으로 초대됐던 2005년에는 프랑크푸르트에서 각국의 에이전트와 편집자와 어울려 식사를 하기도 했다. 이 자리엔 김영하 소설과 관련 있는 해외 각국 출판사에서 온 편집자와 각 언어권 에이전트들이 함께했다. 식당 한 켠에 테이블을 여러 개 붙여 자리를 마련했다. 중앙에 주인공인 김영하가 앉고 나머지는 모두 그를 중심으로 둘러앉았다. 어림잡아도 15명은 있었던 것으로 기억한다. 도서전 기간인지라 식당들이 대부분 만원이어서 최대한 의자를 당겨 빽빽히 앉았다. 그래도 누구 하나 불편하다는 내색 없이 즐거운 표정으로 와인과 음식을 즐겼다. 김영하의 작품 얘기, 각국의 출판가 얘기뿐만 아니라 개인적인 사담에 이르기까지 자연스럽게 대화했다. 그야말로 '미니 국제 연회'라고나 할까.

마침내 일어설 시간이 되었는데, 그 순간 전혀 예상치 못한 풍경이 연출됐다. 그의 작품을 주관하며 거래를 성사시켰을 뿐만 아니라 그 자리를 마련한 파트너 에이전트인 바버라 지트워가 갹출을 선언한 것이다. 그들로서는 지극히 자연스러운 광경이겠으나 그때까지만 해도 내겐 어색하기만 했다. 전체 액수에서 김영하 작가와 나를 비롯하여 함께 동석한 내 회사 동료의 몫은 빼고 인원수로 나눠 균등한 금액을 내게 한 것이다. 그러자 모두 재미있다는 표정으로 지갑을 열더니 지폐를 내놓았다. 어떤 이는 현금이 없었는지 신용카드로 자신의 몫을 따로 결제하는 광경도 눈에 띄었다. 그러고는 프랑크푸르터 호프Frankfurter Hof에서 맥주를 한잔 더 하자고 했다. 그곳은 전 세계 출판인들이 잘 모이기로 이름난, 프랑크푸르트 시내에 있는 한 호텔이다. 그러나 김영하와 나는 양해를 구하고 따로 행선지를 잡았다.

누구나 시작에 대해서는 할 말이 많은 것 같다. 김영하와 관련한 상황이 꼭 그렇다. 나의 본격적인 해외 출판계 나들이의 첫 동반자라서 그렇기도 하고, 내가 최초로 성사시킨 영문판의 주인공이라서 그렇기도 하리라. 그리고 2005년에 느낀 그 감회는 지금도 그대로다. 아니, 솔직히 더 큰 욕심이 생긴 것 같다. 더 많은 작품을, 더 넓고 다양한 영역으로 계속 진출시켜야겠다는 각오와 바람이 생겼다. 그러기 위해 적절한 시점에 다양한 이정표를 끊임없이 세워나가려 한다. 그것이 에이전트의 역할이고 본분이 아니겠는가.

미국 유명 출판사
블룸즈버리에서 출간된
조경란의 『혀』

한 치의 주름 없이 말끔하게 다려진 백색 비단을 네모반듯한 식탁 위에 깐 뒤, 윤이 나도록 잘 닦인 순백의 자기 접시를 올려놓고, 그 위에 방금 물에 씻어서 건져 올린 듯 싱싱한 연둣빛 야채 몇 가지를 놓고, 금방이라도 침이 고일 듯 빨간 방울토마토 몇 개를 조화롭게 얹는다. 그리고 그 옆엔 미디엄으로 익힌 스테이크와 쌉쌀하고도 떫은맛이 도는 레드와인이 3분의 1쯤 담긴 와인글라스를 다소곳이 올려놓는다. 그런 다음 초대하면 딱 어울릴 것 같은 작가가 있다. 바로 소설가 조경란이다. 그녀를 보면 자연스레 이런 이미지가 떠오른다. 깔끔하면서도 깍듯한 그녀의 매너에서 풍기는 분위기 때문이 아닌가 싶다.

『식빵 굽는 시간』의 1년

2006년 1월 16일 오후, 파이낸스센터 건물 지하 1층. 나는 그곳에 위치한 커피숍에서 조경란을 처음 만났다. 앞에서 말한 분위기와는 전혀 거리가 먼 곳에서. 여느 사람들이 오후의 일과를 시작할 즈음 하루의 일상을 시작한다는 그녀이기에 보통 5시에서 6시 정도에 만나곤 한다. 그녀와의 첫 만남도 대략 그 시각이었다. 정확히 5시 40분, 사무실을 나서며 상황이 되면 참고로 보여줄까 해서 별 뜻 없이 두 쪽짜리 서류를 반으로 접어 가방에 찔러 넣었다.

저만치에서 누군가가 다가온다. 한눈에 그녀일 거라는 확신이 든다. 사람에 대한 눈썰미가 부족한데도 내가 만날 사람이라는 사실을 금방 알아챈다. 따끈한 커피를 앞에 두고 앉았다. 이어 내 소개다. 그리고 조경란의 작품에 대한 의견을 말한다. 어떤 절차를 통해 그녀의 작품을 해외에 소개하고 진출시킬 것인지에 대한 구상도 차근차근 들려준다. 그런 다음, 저자와 에이전트가 한 배를 타고 같은 목적지를 향해 생사고락을 함께하며 노 저어 갈 때 서로 지켜야 할 약속이 담긴 반으로 접은 서류를 그녀 앞에 내민다. 공식 문서도 아니요, 참고하라고 할 셈으로 챙겨 왔던 것이다.

그런데 그것을 받아들며 담담하게 내던지는 한마디가 순간적으로 나를 당혹케 한다. "왜 접어서 주세요?" 중요한 서류라면 말끔한 서류 봉투에 넣어 와서 꺼내야지, 어찌 반으로 접혀진 알몸 서류를 대강 쓱 내미는가, 라는 뜻으로 그 말을 해석했다. 순간 속으로 생각했다. '아, 이 작가의 성격이구나.' 내가 그녀를 만난 것은 『식빵 굽는 시간』(2001, 문학동네)을 읽고 난 후였다. 사실 이 소설을 읽고 난 뒤 내가 예상한 그녀의 캐릭터에서 크게 빗나가지는 않았다. 어쨌든 에

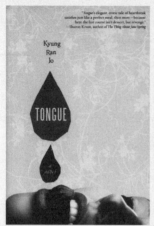

조경란의 『혀』의 미국판(왼쪽 위). 『혀』는 2009년 미국 블룸즈버리 USA에서
출간되었다. 할레드 호세이니의 소설 『연을 쫓는 아이』를 세계적인 베스트셀
러로 만든 바로 그 출판사다. 『혀』는 미국 말고도 계약이 줄을 이었다. 소설
속에서 떠오르는 여러 이미지들 중 섬뜩한 것을 표지에 부각시킨 폴란드어판
(오른쪽 위), 동양 작가의 문학이라는 점을 부각시킨 2010년 프랑스어판(왼
쪽 아래), 2009년 출간된 네덜란드판(오른쪽 아래). 네덜란드에서는 번역판
출간 당시 저자 조경란을 초청해 기자 간담회를 개최하기도 할 정도로 뜨거
운 관심을 보였다.

이전트로서 작가에게 제시한 모든 조건에 그녀가 흔쾌히 동의했으며, 그녀의 정식 에이전트가 되었다는 사실이 중요했다. 누구 말대로, 그것이 '영광인 줄' 내가 잘 안다. 그러나 그 만남 이후 1년여의 세월이 늦가을 맑은 하늘에 흰 구름 흘러가듯 지나갔다. 아무 성과도 없이, 아무 결실도 이뤄내지 못한 채.

사실 1년이란 기간 동안 아무것도 안 한 것은 아니었다. 내 나름은 열심히 했다. 『식빵 굽는 시간』을 가지고서 말이다. 물론 다른 소설집과 『우리는 만난 적이 있다』(2001, 문학과지성사), 『가족의 기원』(1999, 민음사) 등 두 권의 장편도 있었지만, 『식빵 굽는 시간』 말고 다른 것을 먼저 해외에 소개하고 싶진 않았기 때문이다. 해외에 첫선을 보이는 데뷔작이 되는 만큼 나로서는 신경을 쓰지 않을 수가 없었다. 아마 그녀도 그랬을 것이다. 내가 보기에 분명 『식빵 굽는 시간』은 구수하게 풍기는 빵 냄새처럼 은근한 향기와 매력이 있는 작품이다. 한 줄 한 줄, 그리고 한 쪽 한 쪽 곱씹으며 천천히 읽기에 제격인 작품이다.

그런데 막상 해외 에이전트나 편집자에게 소개하려니 그 지점에서 그만 힘을 잃었다. 어떤 내용이냐는 질문을 받으면 곧바로 맥이 빠져버린다. 한마디로 줄거리가 잘 안 잡히는 소설이기 때문이다. 물론 줄거리가 없는 것은 아니다. 그러나 상대방의 관심을 이끌어낼 만큼 드라마틱한 스토리는 없다. 그렇다고 줄거리를 얘기하지 않을 수도 없어서 이럭저럭 들려주면 시큰둥한 반응이었다. 아니, 내가 부족한 탓일 수도 있다. 조경란을 만난 것은 바로 그 소설을 읽고 끌렸기 때문인데, 정작 소설을 소개하는 첫 과정부터가 만만치 않으니 에이전트인 내가 생각해도 참으로 답답한 노릇이었다. 사실 가장 좋아하는 소설가인 조지프 콘래드의 소설도 하나같이 스토리만 보면 별 재미가 없긴 마찬가지다. 그러나 거기서 울려 나오는 큰 메아리는 나를 늘 긴장시키지 않던가.

그렇게 『식빵 굽는 시간』을 가지고 큰 성과를 내지 못한 채 1년여의 세월을 보냈다. 그러나 해외 출판 시장에 조경란이라는 작가의 이름 석 자를 알리는 데는 성과가 있었다. 작가 조경란이 표현하는 글 자체에 프랑스와 네덜란드를 비롯한 유럽 몇몇 나라의 편집자와 에이전트가 관심을 보였기 때문이다. 그리고 지금도 여전히 관심을 가지고 있다. 다만 첫 작품으로 그 작품을 선택하고 싶진 않은 모양이다. 그래서 나는 다음 작품으로 승부를 걸어보기로 했다. 그 구상은 다음에 나올 소설의 내용을 들은 뒤 더욱 강렬해졌다. 미국 에이전트도 그 작품이 맘에 든다고 했다. 아니, 관심이 크다고 했다. 성공할 수 있을 거라 했다.

재밌는 점은 에이전트 바닥에선 에이전트가 한 작가나 작품에 대한 관심과 확신만 가지면 된다는 것이다. 그것만으로 이미 절반은 성공이다. 그 확신이 제공하는 동력이야말로 결실을 이루는 확실한 밑천이기 때문이다. 『식빵 굽는 시간』은 상황을 봐서 나중에 다시 시도해보자고 의견 일치를 봤다. 처음에 어떤 작품을 해외에 진출시킬 것인지 그 순서가 전략적인 측면에서 대단히 중요한 요소로 작용하기 때문이다. 작품 하나를 당장 어느 나라에 파는 것이 중요한

게 아니다. 1년 후, 10년 후, 그리고 30년 후, 아니 수백 년 후를 내다
보고 작업해야 한다. 그것이 정도正道다. 세계 독서 시장으로 나가면
그때부터 작가는 더 이상 개인이 아니라 한국을 대표하는 브랜드가
되기 때문이다. 영국의 셰익스피어, 스페인의 세르반테스, 러시아의
톨스토이, 미국의 마크 트웨인, 일본의 하루키라는 식으로 말이다.

강렬한 으스스함과 서늘함

나는 『혀』(2007, 문학동네)가 세상에 나오기 훨씬 전에, 그러니까 원
고 작업이 한창 진행되던 중간에 조경란으로부터 대략적인 작품 내
용을 들었다. 광화문 근처의 '나무와 벽돌'이라는 제과점 겸 레스토
랑에서. 그래서 나는 책이 나오기 전부터 소설 내용(시놉시스)을 간
략히 정리하여 미국의 에이전트에게 전달했고, 그는 그 내용을 도
서 소개 목록에 곧바로 포함시키고 도서전 기간 중 각국의 에이전
트에게 적극적으로 홍보했다. 모두들 긍정적인 반응이었고, 책이
나오길 기다리겠다고 했다. '이제 책만 나오면 된다'는 생각에 소설
『혀』가 나오기를 고대하고 또 고대했다. 출간 일정이 예정보다 몇 개
월 지체되었지만, 마침내 『혀』는 2007년 11월에 세상에 나왔다.

　며칠 후 나는 교보생명빌딩 1층에서 조경란을 만났다. 인사치레
가 아닌, 진심에서 우러나 한마디 건넸다. "내년에 이 소설로 동인문
학상을 받을 것 같은 느낌이 드는데요." 그만큼 나는 이 소설에서
강한 인상을 받았다. 우연인지 모르겠지만 이런 느낌이 그대로 적중
한 적이 여러 번 있다. 나중에 『혀』가 아닌 『풍선을 샀어』(2008, 문학

과지성사)로 수상했지만, 어쨌든 조경란은 동인문학상을 받았다.

『혀』를 꼼꼼히 읽은 후, 이 작품에 대한 정식 영문 시놉시스를 작성하고, 곧바로 100쪽 분량을 영문으로 번역하는 데 착수했다. 김영하의 소설 두 작품을 번역한 바 있는 번역가 김지영에게 부탁했다. 그로부터 수개월이 흐른 뒤 영문 번역 원고를 손에 쥘 수 있었다. 그리고 뉴욕에 있는 에이전트에게 전달했다. 자타가 인정할 정도의 추진력을 지닌 그 에이전트는 본격적인 작업에 돌입했다.

얼마 후 2008년 4월, 나를 흥분시키는 빅뉴스가 날아들었다. 조경란의 『혀』가 마침내 블룸즈버리Bloomsbury USA에 팔렸다는 것이다. 그것도 할레드 호세이니의 소설 『연을 쫓는 아이』(2008, 열림원)를 일약 세계적인 베스트셀러로 등극시킨 바로 그 출판사에 말이다. 어디 그뿐인가. 제시한 계약 조건도 나무랄 데 없었다. 그리고 계속 이어지는 계약 행진. 미국에 이어 네덜란드(J.M. Meulenhoff), 독일(Verlagsgruppe Random House), 폴란드(Wydawnctwo Lynski Kamien), 헝가리(Kelly Kft.), 이스라엘(Modan Publishing), 이탈리아(Piemme S.P.A)를 거쳐, 프랑스(Editions Philippe Rey)와 중국(重慶出版社)에 이르기까지 번역 판권은 꾸준히 팔려나갔다. 2009년 5월 말에는 네덜란드에서, 6월 말에는 미국과 폴란드에서, 그리고 2010년 4월에는 프랑스에서 각각 출간됐으며, 나머지 언어권에서도 계속해서 출간될 예정이다.

김영하의 『나는 나를 파괴할 권리가 있다』에 이어 나는 두 번째 영문판을 손에 드는 기쁨을 맛볼 수 있었다. 이제는 『혀』에 이어 2010년 9월 말에 출간된『복어』를 들고 세계 출판 시장에 나갈 차례다. 그런데 10월 초 현재,『혀』를 봤던 해외 에이전트와 편집자들은 벌써부터 한껏 목을 빼고『복어』의 영문 샘플 번역 원고를 기다리고 있다. 조경란의『식빵 굽는 시간』은 내가 그녀의 에이전트로 활동하기 이전에 한국문학번역원의 번역 지원을 통해 독일 (Pendragon Verlag)로 수출되어 번역 출간된 바 있다. 그리고 단편「코끼리를 찾아서」는 영어와 스페인어로 번역되어 각각의 언어권 독자들에게 소개되었다.

조경란의『혀』가 미국을 비롯한 유럽의 주요 언어권으로 팔려나간데는 어떤 요소가 크게 작용한 것일까? 이를 알기 위해『혀』의 판권을 사 간 해외 출판사에 일일이 확인하진 않았지만, 그들이 어떤 부분에 주목했는지는 충분히 유추해낼 수 있다. 미국의 베스트셀러 소설『제인 스프링 다이어리』(2006, 노블마인)의 저자 샤론 크럼은 "우리의 입맛을 유혹하고, 그다음으론 우리의 상상력을 유혹하는 힘을 지닌 식사가 있다. 소설가 조경란의 글쓰기 방식이 바로 그와 같다.『혀』는 우아하면서 에로틱한 소설로 완벽한 한 끼 식사처럼 우리를 만족시킨다. 그리고 여기에 하나 더. 이 식사의 마지막 코스는 디저트가 아니라 복수"라고 이야기했다. 이 책을 선택한 해외 여러 나라 편집자들의 공통된 의견을 종합해보면,『혀』는 '잘 짜여진 정교한 플롯에 우리의 다양한 감각을 자극하는 여러 가지 요소를 우아하고 세련된 문체로 엮어낸 문학작품'이다.

여기에서 더 나아가, 개인적으로 이 소설을 읽으면서 자신이 소유한 것을 누군가에게 빼앗겼을 때, 혹은 내가 지닌 감각이 누군가에 의해 거세되었을 때, 인간은 보편적으로 상실감과 결핍감을 느끼며 자신이 잃은 것을 성급히 만회하거나 되찾으려는 본능을 복수의 방식으로 표출하고자 하는 욕망을 지니고 있다는 사실을 깨달았다. 또한 아름다운 것을 보면 취하고 싶고 맛있는 것을 보면 먹고 싶은 감각에 충실한 모든 인간의 본능과 욕망까지 적나라하게 보여준다고 생각했다. 이 소설은 그러한 인간의 욕망이 결국 정신과 육체를 갉아먹는 자기파멸의 과정이라는 것을 인간이 모르거나 망각하는 존재라는 것까지 잘 표현해내고 있다.

그리고 스타일 면에서 조경란만이 가진 또 다른 매력이 『혀』에서도 여지없이 발견된다. 소설 군데군데에서 뿜어져 나오는 강렬한 '으스스함과 서늘함'이 바로 그것이다. 그러나 그 느낌이 자주 드는 것은 아니다. 이따금씩 한순간, 한 대목을 통해 노출된다. 다른 이도 나와 같은 느낌을 받는지는 모르겠다. 그래서 한 번은 내 생각을 조경란에게 얘기한 적이 있다. 『우리는 만난 적이 있다』란 또 다른 장편을 읽고 나서다. 그랬더니 그녀는 이렇게 되물었다. "그래요?"

조경란이 추리소설을 쓰면 아주 좋은 작품이 나올 것 같다는 생각을 아직도 하고 있다. 그녀가 그런 '서늘한' 장치를 의도적으로 마련하지는 않았다 하더라도 이따금씩 섬뜩한 분위기를 자아내는 것만은 분명하다. 애드거 앨런 포의 단편 「검은 고양이」의 마지막 장면까지는 아니더라도. 서늘함과 섬뜩함은 전작들에 비해 『혀』에서 비교적 자주 나타난다. 복수가 주요 소재라서 그럴 수도 있겠다.

"포도주에 절인 복숭아같이 둥글고 붉은빛이 도는 그녀 엉덩이를 그가 무릎 위로 끌어 앉혔다. (…) 그 속으로 뛰어 들어가 맛이 어땠어?라고 묻고 싶었다. 포도주에 절인 복숭아를 먹을 땐 굉장히 날카로운 포크로 푹 찍어 먹어야 맛있다"(78쪽)에서도 그런 느낌이 배어나온다. "그녀의 몸이 어디 하나 건성으로 만들어진 데 없이 아름답고 완벽하다면 나에게는 이 손이 있다. 손끝으로 슬쩍 칼날을 쓸어본다. 칼끝이 아직 예민하게 살아 있다. 칼이 잘 들어야 요리 재료의 세포막을 다치게 하지 않고 고르게 썰 수 있다. (…) 늘어진 오리 대가리를 칼 손잡이로 툭툭 부드럽게 때린다."(115쪽) 섬뜩한 복선이다. 복수를 향한 주인공의 숨겨진 본능을 독자에게 미리 던져주는 대목이다.

"나는 요리하고 사랑해야만 한다. 그것은 두 가지 일이면서 동시에 한 가지다. 이것이 내 운명이다."(116쪽) 주인공은 요리는 하지만 사랑은 못한다. 두 가지 일을 동시에 하지 못하는 상황이다. 결국 그녀는 빼앗긴 것을 되찾고자 하는 욕망과 본능에 따라 파국으로 치닫는다. "내가 세연 씨한테 갖고 싶은 것도 바로 그거예요. 세연 씨의 그 컴컴한 입속에 들어 있는 거, 그것."(275쪽) 주인공의 복수는 이렇게 진행된다. 조경란이 자아내는 '서늘함'은 심한 감기가 들기 전, 갑자기 오한이 들어 몸이 부르르 떨릴 때의 느낌처럼 순간적으로 다가온다. 이것이 그녀의 소설에서 이따금씩 발견하는 '서늘함'이다.

조경란의 『혀』는 인간이 지니고 있는 다양한 정서적, 육체적 본능과 감각이 물감이 되어 다양한 색상으로 깔끔하게 채색된 화폭에 복수(파국)를 향한 '서늘한' 암시와 복선을 징검다리처럼 점점이 찍어냈다가 마지막에 하나의 극적 반전을 큰 점처럼 찍으며 힘차게 마무리하는 한 폭의 멋진 그림이다.

한국 문학을 해외로, 그것도 가장 두텁고 높은 장벽으로 알려진 영미권 출판 시장에 먼저 진출시키려는 내 에이전트 비즈니스에 확고한 믿음을 제공한 것이 바로 조경란의 문학 수출 성공이다. 김영하 문학의 수출까지는(사실 쉽진 않은 일이지만, 혹자가 보기에는) 그야말로 어쩌다 성사시킨 사례로 치부될 수 있을 것이다. 그러나 그렇게 또 하나의 탑을 견고하게 쌓아 올리면서 나는 생각했다. 지금까지의 모든 것은 절대 우연도, 어쩌다 다가온 행운도 아니라는 것을. 한 작가의 작품이 견고하고, 에이전트의 비즈니스 전략이 견고하기만 하다면 그 성공 사례는 앞으로도 끊임없이, 아니 더욱 가속도가 붙어 더 많은 성공 사례들이 만들어질 것이라고 확신한다. 그리고 확신은 오랜 공백기 없이 바로 신경숙의 문학으로 이어졌다.

세계 19개국에 수출된 신경숙의 『엄마를 부탁해』

2008년 11월 12일 오후, 평창동의 제법 가파른 언덕길을 걸어 올라간다. 차분한 마음에 설렘과 기대감이 한 겹 두 겹 차곡차곡 겹쳐진다. 드디어 오른편으로 약속 장소인 가나아트 옥션동이 보인다. 건물로 들어가 엘리베이터를 타고 위로 올라간다. 약속한 커피숍 레스토랑으로 들어선다. 남서향으로는 확 트인 전망이 한눈에 들어오고, 남쪽 전방으로 열어놓은 유리문을 통해 제법 선선한 늦가을 바람이 들어온다. 그래서 그런지 실내도 약간은 선선한 느낌이다. 그래도 화창한 햇살 덕에 서늘하진 않다. 오히려 눈앞에 보이는 늦가을의 고운 단풍이 화사하고 정겹다. 나는 이제 막 나온 소설책 한 권을 가방에서 꺼내 든다. 그곳에 오기 전에 읽다가 표시해둔 5분의 1가량 지점을 펼쳐 읽는다. 소설 속의 정겨운 시골 풍경 한 자락 한 자락이 인상적이다. 오른손에 들고 있던 연필로 밑줄을 그어가며 그때그때 간단하게 메모한다.

일마 후, 검은 색상의 편안한 의상을 차려입은 그녀의 모습이 시야에 들어온다. 우리는 인사를 나눈 후 테이블을 가운데 두고 차분히 마주 앉는다. 마치 맞선 보는 어색한 커플처럼. 그러나 분위기는 이내 편안해진다. 우리 두 사람의 이야기는 그렇게 시작되었다. 몇 년 전 일본에 갔을 때 우연히 슈에이샤集英社 사옥 로비에서 마주쳤을 때를 빼면 그날이 내가 그녀를 정식으로 마주한 첫날이다. 아주 화창한 그 가을날에.

T.S. 엘리엇은 "4월은 잔인한 달"이란 문장으로 「황무지」를 시작한다. 온갖 만물이 씨앗을 잉태하고 싹 틔워야 할 땅이 불임의 땅 황무지로 변해버려 더 이상 잉태도 생산도 할 수 없게 된, 그야말로 한 자락의 희망마저도 날아간 처지가 된 것을 한탄하며 노래한 시로 기억한다. 그는 당시의 찌들고 병든 유럽 문명에 대한 절망감에서 그렇게 노래했을 것이다. 그러나 나는 엘리엇이 본 것과는 좀 다른 각도에서, 그러나 한편으로 비슷할 수도 있는 이 '땅'에 대해 생각하고 있다. 우리의 영원한 안식처인 그 땅, 황무지로 변하기 전과 후의 그 땅, 우리를 잉태하고 생산했던 그 땅, 그런데도 우리가 부지런히 외면하고 무시하고 방치하며 살아가고 있는 그 땅에 대해, 그리고 인간은 물론 자연 만물의 어머니인 바로 그 땅에 대해서 생각하고 있다. 우리는 만물을 소생시키고, 끊임없이, 그리고 묵묵히 숱한 결실을 일궈내는 그 땅에 늘 감사한 마음을 지니면서도, 한편으로는 시시각각 그 감사함을 망각하며 살아간다. 그러고 보면 우리는 고통에 신

음하는 땅의 목소리를 듣지 못하다가 그것이 가물어 메마르고, 방치되어 오염되고, 마침내는 제 구실을 못해 버려지게 되었을 때에야 새삼 땅의 존재 가치를 떠올리면서 "땅이여 돌아오라"고 탄식하며 바라는 족속인가 보다. 그러나 원형으로 되돌리기에 불가능한 상황에 이르렀다면, 그것이야말로 참으로 비극이 아니겠는가. 신경숙의 『엄마를 부탁해』(2008, 창비)를 읽으며 드는 생각이 꼭 그렇다.

에이전트의 본능을 자극하다

2008년 10월경이다. 그러니까 내가 신경숙을 만나기 전의 상황이다. 한 매체에서 출간을 목전에 둔 신경숙의 장편소설 『엄마를 부탁해』의 내용을 간략하게 소개한 글이 우연히 눈에 들어왔다. 계간 〈창작과비평〉에 연재했던 소설이 장편소설로 곧 출간된다는 소식이었다. 그런데 이전에 발표했던 소설과는 사뭇 다른 느낌이었다. 그녀의 자전적 스토리와 그것에 대한 사유가 함께 어우러진 것은 이전의 소설과 상통하지만, 전체적인 주제나 소설을 풀어가는 방식은 다소 달라 보였다. 그 점이 신선하게 다가왔다.

한마디로 '엄마'라는 소재와 그것을 풀어가는 과정이, 한국적 정서와 인류 보편적 정서가 함께 맛깔스럽게 버무려진 작품을 찾기 위해 늘 촉수를 드리우고 있는 에이전트의 본능을 자극한 것이다. 더욱 흥미로운 것은 '엄마'라는 하나의 중심에 대해 각기 다른 각도에서 다른 목소리로 접근하고 있다는 것이다. 자칫 한 사람의 내레이터에 의해 생길 수 있는 불균형의 시선을 자연스레 극복하고, 캐릭터가 각기 다른 위치에서 다른 시선을 통해 다른 목소리로 다채롭게 표현하여 소설의 균형에 안정감을 더한다. 이 광대한 땅, 그리고 그 땅과 닮은 '엄마'를 내레이터 한 사람의 시각으로 담아내려 한다면 오히려 너무 시시콜콜하고 구구절절하여 진부하게 느껴질 수 있다. 그러나 과감히 그 틀을 깨고 딸과 아들, 그리고 아버지(남편)와 엄마(아내)의 시선이 얽혀 탄탄한 골격을 이룬다. 더구나 소재 자체가 모든 사람에게는 고향과 같은 자궁의 소유자인 '어머니'에 대한 얘기가 아닌가. 순간 '이 책이다' 싶었다.

곧바로 창비의 김정혜 팀장에게 책이 출간되면 먼저 검토해보고 싶다고 연락했다. 그러자 그러마 한다. 망설임 없는 협조가 무척 고마웠다. 이왕이면 이 작품을 독점적으로 관리했으면 한다는 의향도 함께 전했다. 그러자 그 부분에 대해서는 일단 작가와 상의해보고 의견을 주겠다고 말한다. 그러면서 그 제안에 특별한 이견을 달지는 않을 것 같다는 의견을 덧붙였다.

그래서 나는 신경숙이라는 작가와 소설에 대한 간략한 정보를 정리해서 해외 에이전트에게 전했다. 우선 신속히 작가와 작품에 대한 정보를 주고, 또 이 소설에 대한 그 에이전트의 의향을 묻기 위해서였다. 아직 작가가 나를 에이전트로 삼겠다고 약속한 상태는 아니지만 일단 해당 작가와 작품이 흥미로우니 염두에 두고 있으라는 식으로 이야기했다. 그런데 그 전에 나 나름대로 마무리 지어야 할 일이 하나 있었다. 아시아를 중심으로 한 해외 출판 시장으로 한국 출판 저작물을 진출시키는 과정에서 국내 에이전트들은 통상 그때그때

신경숙의 첫 영미권 진출작인 『엄마를 부탁해』의 미
국판 표지(왼쪽 위). 출간 전에 언론, 평론가, 출판 서
점업계 관계자들에게 미리 읽힐 목적으로 제작된 책
(Advance Reader's Edition)의 표지다. 캐나다도 작
품 제목의 위치를 바꾸었을 뿐 이 표지를 그대로 쓸 예
정이다. 이 표지를 두고 한국 관계자들은 시큰둥했지
만 해외 각국의 편집자나 에이전트들은 모두 극찬을
아끼지 않아 동서양의 시각 차이를 느낄 수 있었다. 이
는 수개월에 걸친 다양한 시안 제작 과정 끝에 나왔다.
『엄마를 부탁해』 미국판 표지 뒷면(오른쪽 위)에는 소
설 추천평과 작품에 대한 간단한 내용, 그리고 앞으로
어떤 식으로 매체를 통해 이 소설을 홍보할 것인지에
대한 구체적인 내용, 초판으로 10만 부를 찍는다는 편
집자의 사전 선언까지 담겨 있다. 한국과 다른 출판 제
작 문화를 엿볼 수 있다.
아래는 중국인민문학출판사에서 출간한 『엄마를 부
탁해』의 중국어판 표지(2010).

타이틀(도서)별로 저자나 출판사에서 기회를 얻거나 허락을 받는 방식을 통해 해외에 책을 소개하는 편이지만, 미국이나 유럽 쪽에 소개할 목적으로 업무를 진행할 경우엔 독점이 아니면 운신의 폭이 넓지 않다. 우선 목표하고 있는 영역에 진출시키는 것 자체가 쉬운 일이 아닌 데다가, 준비 과정이나 노력, 그에 수반되는 초기의 투자 비용 또한 적잖이 들기 때문이다. 이를테면, 1~2년에 걸쳐 한 작가 혹은 타이틀을 위해 시간과 비용을 들여 수고했는데 그 과정에서 다른 경로를 통해 내가 소개 중인 책이 덜컥 팔리기라도 하는 날이면 그간의 노력과 수고가 허사가 되고 만다는 말이다.

그로부터 2주쯤 지나 출판사에서 다섯 권의 책이 도착했다. 펼쳐 읽는다. 끌림이 있다. 울림도 있다. 그래서 이번엔 작가를 직접 만나야겠다는 생각을 굳힌다. 내가 평창동으로 그녀를 찾아가 만난 것은 이런 상황에서였다. 작가 신경숙과 에이전트 이구용의 대화는 큰 무리 없이 흘러갔다. 그러나 독점 에이전트 건에 대한 공식적인 동의는 얻어내지 못했다. 그럴 만한 배경이 있었으니 그럴 수밖에 없었다. 이해했다.

그 후 나는 두 차례 더 그녀를 만났다. 그리고 마침내 『엄마를 부탁해』의 번역 판권에 대한 독점 에이전트로 승낙을 얻어냈다. 정확히 2009년 5월 7일의 일이다. 삼고초려 후에 얻은 결과다. 어디까지나 내 표현이지만, 일이 잘되려면 노력이라는 은쟁반 위에 우연과 행운의 옥구슬이 소낙비처럼 쏟아져 내린다. 아니나 다를까, 『엄마를 부탁해』에 관심이 있다는 연락이 같은 날 미국의 두 에이전시에서

온 것이다. 분명 우연이었다. 그러나 시작이 좋다. 두 에이전시 모두 내가 독점적으로 일하고 있는 파트너였다. 다행 중 다행이다. 한곳은 2008년 11월 초에 소설에 대한 정보를 제공했고, 또 다른 한곳은 미국 일류 에이전시 중에서도 으뜸으로 꼽히는 초대형 유명 에이전시였다. 어떤 에이전트가 이런 상황에서 흥분하지 않겠는가. 아직까지 이런 예가 없었기에 솔직히 그 떨림은 적지 않았다. 결과는 이제 최선의 노력을 쏟아 부어야 나타날 것이다.

나는 마침내 파트너 에이전시 한곳을 정하고, 그와 함께 본격적으로 『엄마를 부탁해』를 위한 세일즈 프로모션에 돌입했다. 김영하와 조경란 문학의 미국 진출을 함께 이끌어낸 바로 그곳이었다. 나는 먼저 해외 편집자와 에이전트가 인정하는 능력 있는 역자를 선정했다. 역자는 김영하의 소설 『나는 나를 파괴할 권리가 있다』와 『빛의 제국』 그리고 조경란의 소설 『혀』를 번역한 김지영으로 결정했다. 미국 에이전트는 물론 미국 현지 편집자들 역시 그녀의 번역을 마음에 들어하기 때문이었다. 곧바로 영문 시놉시스와 독자 서평reader's report을 준비하고, 원문 소설 50쪽가량의 영문 번역 샘플을 마련했다. 그리고 이례적으로 『엄마를 부탁해』를 해외에 소개하면서 국내에서 발행되는 영자 신문에 게재된 기사까지 활용했다. 에이전트가 작성한 자료가 아닌 이 영문 기사는 해외 에이전트와 편집자들에게 이 책과 이 책의 저자가 한국 독서계와 출판계에서 점하고 있는 위치 등을 객관적으로 평가하는 정보로 받아들여졌다. 그래서 나는 그때부터 지금까지 집에서 영자 신문을 구독하고 있다. 어쨌든 이제 우연과 행운은 필요 없다. 진검 승부를 벌일 차례다. 작가의 역량과 작품의 질로 영어권 시장을 공략한 후, 세계 출판 시장으로 진출해야 한다. 당시 나는 물론이고, 긴밀한 파트너십을 맺고 이 작품을 위해 움직이는 미국의 에이전트가 소설에 거는 기대는 자못 컸다. 어디 우리뿐인가. 미국은 물론 해외 각국의 편집자들이 『엄마를 부탁해』에 보내는 열정과 관심은 강렬했다.

정확히 2009년 8월 1일에 역자로부터 이 소설의 영문 번역 샘플 원고를 받았다. 그리고 나는 곧바로 그것을 미국에 있는 에이전트에게 전달했다. 얼마 안 되는 분량의 원고였는데도 그것을 읽은 미국 에이전트는 적잖이 감동을 받았다고 하면서 흥분을 감추지 못했다. 그런 분위기 속에서 샘플 번역 원고는 각 언어권에서 활동하고 있는 또다른 여러 파트너 에이전트들sub-agents에게 신속히 배포됐다. 다음은 2009년 9월 3일 미국의 에이전트인 바버라 지트워가 샘플 번역 원고를 읽고 나서 간단히 자신의 소감을 적어 보낸 메일의 일부다.

Dear Joseph,

I just finished the English partial – brilliant – I am very very moved by the work – I have tears in my eyes – it's powerful and compelling – I can't wait to read the entire book in English. I will start submitting it today.

조셉에게,

영문 샘플 원고를 이제 막 다 읽었습니다. 뛰어난 작품이에요. 이 작품을 읽고 정말로 감명을 받았습니다. 눈물이 흐릅니다. 감동적이고 사람을 끌어들이는 작품입니다. 어서 빨리 영문으로 소설 전체를 읽고 싶습니다. 오늘 이 영문 샘플 번역 원고를 (각 언어권의 에이전트들에게) 발송할 예정입니다. (조셉은 필자의 영어 이름)

해외 출판사로부터의 첫 오퍼(번역 출판 계약 제안서)는 영문 샘플 번역 원고를 뿌린 바로 그날 네덜란드로부터 시작해서 프랑스, 이탈리아 등등으로 확산되기 시작했다. 엄청나게 빠른 속도였다. 그날 나는 베이징도서전에 참여하고 있었다. 도서 전시장에서 일과를 마치고 들어오면 미국과의 시차가 있어서 밤마다 미국 에이전트와 이메일과 로밍폰으로 번갈아가며 연락했다. 급박하게 돌아가는 상황의 스릴을 벅찬 호흡과 함께 즐겼다. 그리고 미국 출판사(랜덤하우스 계열의 크노프Knopf 사) 편집자에게 이 소설의 영문 원고 자료가 넘어간 날이 9월 16일이었다. 같은 날 영국 출판사에도 이 자료를 전달하자 관심을 보였다. 미국 진출이 어렵다지만 그보다 더 어려운 곳이 영국이다. 영미권에서 동시에, 그것도 소위 잘나간다는, 역사와 전통은 물론 출판 규모 또한 내로라하는 두 출판사에서 큰 관심을 보인다니 흥분을 가라앉히기가 어려웠다. 아마도 올림픽에 출전하여 금메달이 확정되기 직전의 코칭 스태프들의 기분이 이렇지 않을까. 그러는 사이 이번에는 스페인, 독일, 중국, 일본 등지에서 계속해서 오퍼가 이어졌다. 다음은 2009년 9월 17일 미국 에이전트가 『엄마를 부탁해』와 신경숙에 대한 생각을 좀 더 구체적으로 피력하여 메일을 보냈다.

Shin's book is very universal and the story and mystery of Shin's one "mom" is the mystery of all moms. All of us reading the book around the world cannot but help and think about our mothers, and our friends' mothers and daughters and families. The author is Korean and the book is very Korean in it intimate and gentle voice but Shin's voice is at the same time, so powerful, compelling and the thoughts, characters, ideas and very fibre of the book are completely universal. This is a book for every reader, especially women's readers, all over the world. This book is gripping and I think that people around the world are extremely excited to discover a new literary voice. Shin is fresh and unknown now to most of the world – so the book is a fantastic surprise to us all.

신경숙의 소설은 매우 보편적이고, 신경숙이 그린 한 '어머니'의 이야기와 미스터리는 모든 어머니들의 미스터리이기도 합니다. 이 책을 읽는 전 세계의 사람들은 우리네의 어머니를, 우리 친구의 어머니와 딸과 가족을 떠올리지 않을 수 없습니다. 저자는 한국인이고, 이 책은 대단히 한국적이면서도 친근하고 상냥한 어조로 이야기합니다. 그러나 그와 동시에 신경숙의 목소리는 강력하면서도 사람을 사로 잡으며, 작품 속에 나타난 사상, 개성, 아이디어 등을 포함한 이 책의 성격은 대단히 보편적입니다. 이 책은 전 세계의 모든 독자들, 특히 여성 독자들에게 어필하는 책입니다. 이 소설은 사람의 마음을 휘어 잡는군요. 그리고 전 세계 모든 독자들이 새로운 문학적 목소리를 듣 게 되면 대단히 흥분하리라 생각합니다. 신경숙은 신선하고 전 세계 대다수의 독자들에게 잘 알려지지 않은 작가입니다. 그렇기 때문에 이 소설은 더욱 환상적인 놀라움으로 다가옵니다.

해외 19개국으로 수출

2009년 9월 18일에 마침내 크노프 출판사에서 이 소설을 정식으 로 번역 출판하겠다는 오퍼를 제시했다. 그리고 그쪽에서 제시한 조건은 곧바로 수락됐다. 크노프 출판사는 해외 문학을 번역, 소개 한 적도 많지만, 소위 미국을 대표하는 문학 전문 출판사로 세계적 인 명성을 지닌 출판사다. 역대 미국 주요 작가들의 문학작품이 대 체로 이곳에서 나왔다고 봐도 과언이 아닐 정도이다. 뿐만 아니라, 최근엔 스웨덴의 작고한 소설가 스티그 라르손의 '밀레니엄' 시리즈 를 번역, 출판하여 비영어권 작가의 책을 〈뉴욕타임스〉 베스트셀러 1위에 오랫동안 올려놓았을 만큼 세일즈 마케팅 분야에서도 타의 추종을 불허하는 역량 있는 곳이다.

나는 이 소설을 선택한 수석 편집자이자 부사장인 로빈 데서

Robin Desser를 뉴욕 맨해튼에 있는 그의 사무실에서 2010년 2월에 만났다. 그는 이 책을 2011년 4월 5일에 출간할 예정이며, 초판 10만 부를 찍겠다고 선언했다. 대단한 애착과 기대가 없다면 결정하기 어려운 규모의 부수다. 그는 우리에게 잘 알려진『게이샤의 추억』을 비롯하여 숱한 대작을 낸 경험을 지닌 베테랑 편집자다. 미국에서, 그리고 전 세계에서 한국 문학의 붐에 크게 일조할 수 있는 기회를 그가 쥐고 있는 것이다.

『엄마를 부탁해』의 번역 판권은 미국과 영국(Weidenfeld & Nicholson)을 포함해 2010년 10월 초 현재 캐나다(Random House Canada), 독일(Piper), 네덜란드(Meulenhoff), 이탈리아(Neri Pozza Editore), 프랑스(Oh! Editions), 스페인(Random House Mondadori), 포르투갈(Porto Etitora), 노르웨이(Forlaget Press), 폴란드(Kwiaty Orientu), 이스라엘(Miskal Publishing), 터키(Dogan Egmont), 브라질(Eritora Intriseca), 레바논(Arab Scientific Publishing), 중국(人民文學出版社), 대만(Eurasian), 일본(集英社), 베트남(Nha Nam) 등 19개국으로 팔려나갔다. 미국에서 영문판이 나오기 전에 이 정도의 성과를 보였다면 앞으로 더욱 많은 곳에 판매될 것으로 기대한다. 세계적인 베스트셀러 반열에 올랐다고 해도 지나친 평이 아니다.

신경숙의 소설은『엄마를 부탁해』이외에도,『어디선가 나를 찾는 전화벨이 울리고』가 중국으로,『리진』이 프랑스와 중국으로,『외딴방』이 독일, 프랑스, 중국, 일본으로,『바이올렛』이 중국으로,『깊은 슬픔』이 태국으로, 그리고 단편집『종소리』가 중국으로 진출하여 번역, 출간됐거나 앞으로 출간될 예정이다. 신경숙은 김영하와 조경란 등과 더불어 세계 출판 시장에서 한국 문학의 저변을 확대하는 것은 물론 그 기상을 한껏 끌어올려 힘차게 이끌고 나갈 작가임이 분명하다.

외면하고 무시하고 방치하며

나는 『엄마를 부탁해』를 세 개의 큰 갈래로 읽는다. 하나는 '잃어버린(혹은 상실한) 대지(엄마)의 목소리', 또 하나는 '엄마(혹은 아내)에 대한 방치, 무관심 그리고 무시', 그리고 나머지 하나는 다른 나라 소설에서 볼 수 없는 '한국 어머니에 대한 정서'다. 바로 이 세 갈래가 영미권을 포함한 전 세계 출판 시장에서 매력 포인트이자 세일즈 코드로 작용하리라 기대한다. 앞선 두 가지 요소는 인류 보편적인 사유이고, 세 번째 요소는 인류 보편적 사유인 동시에 한국의 작가만이 표현할 수 있는 개성이다.

"너의 엄마는 몇 해 전부터 내 생일은 따로 챙기지 마라, 했다. 아버지의 생일이 엄마의 생일 한 달 전이었다."(11쪽) "급기야 엄마는 내 생일은 아버지와 함께 쇠자, 했다."(12쪽) 이렇듯 전형적인 가부장 중심 가족에서는, 나(엄마 혹은 아내)는 없고 오로지 남편과 자식만이 존재한다. "가족사진을 찍을 때도 엄마는 어느 틈에 빠져나가, 사진에는 엄마 모습만 보이지 않았다."(13쪽) 이는 어머니가 이미 오래 전부터 서서히 실종되고 있다는 상징적인 표현이 아닐까 싶다.

한편, 이 소설엔 어머니(여인)와 관련된 한국적인 정서가 물씬 풍겨난다. "네 위의 오빠들이 집을 떠날 때마다 엄마가 겪는 작별의 슬픔과 고통과 염려를 지켜보았다. 큰오빠를 보내고선 너의 엄마는 새벽마다 장독대의 장항아리를 닦았다."(23쪽) 장항아리를 잘 관리하는 것은 한국 여인의 덕목 중 하나였다. 이는 자식이 잘되어 출세하기를 바라며 장독대에 깃든 잡신에게 자식의 무탈함을 기원하는 어머니의 몸짓 아닐까. 아울러 자식을 품 밖의 큰 세상으로 떠나보내며 오히려 그런 상황에서도 대견해하는 어머니의 정서를 표현한 것으로 보인다.

"엄마가 머리의 수건을 벗어 흔들며 환하게 웃었다. 엄마의 유일한 패물인 왼손 중지에 끼여 있던 노란 반지. 중학교 입학금을 낼 때쯤 엄마의 왼손 중지엔 반지가 사라지고 너무 오래 껴 깊이 팬 자국만 남아 있었다."(51쪽) 이 대목 역시 1970년대의 서민 가정에서 흔히 볼 수 있는 풍경이다. "머리에 이고 어깨에 메고 양손에 들고도 모자라 허리에 찬 채 서울역 플랫폼을 걸어 나왔다."(80쪽) 이 또한 우리 어머니들의 모습이다. 서울로 자식을 유학 보낸 어머니가 이것저것 바리바리 챙겨 이고 들고 오시는 모습 그대로다. 연약한 여인이지만 어머니로선 슈퍼우먼인 우리 모두의 어머니인 것이다.

이 소설엔 이런 대목도 나온다. '엄마'의 어머니는 엄마의 처녀 시절에 "이 목화솜을 잘 틀어서 이불 만들어줄 것인게 울음 그치라이"(159쪽)라고 말한다. 어렵게 살던 시절, 소박하고 정겨운 모녀간의 대화다. 지금은 목화솜 이불이 무겁고 관리하기 쉽지 않아 푸대접받고 있지만, 그땐 그것이 혼수 중 으뜸이었다. 소박한 한국의 전통을 보여주는 한 대목으로, 자못 흥미롭다.

이어 엄마에 대한 방치, 무관심 그리고 무시가 수시로 드러난다. "너는 이모의 죽음 앞에서도 울 수 없을 만큼 엄마가 극심한 두통을 앓고 있다는 것을 알지 못했다. (…) 일생을 노동에 찌든 엄마의 손등에 퍼진 검버섯을 물끄러미 바라보았다. 너는 더 이상 엄마를 안다고 말할 수 없게 되었다는 생각을 했다."(34쪽) 엄마가 실종된 것, 그리고 그 엄마가 되돌아오지 못한 의학적 원인이 되는 바로 그 두통이다. 자식들은 물론 남편도 이 사실에 무지했다. "의사로부터 뜻밖의 말을 들었다. 오래전에 너의 엄마가 뇌졸중을 앓았다는 것이다. 뇌졸중이라니?"(72쪽)

"도시로 나온 뒤의 너는 어땠는가. 너는 엄마에게 늘 화를 내듯 말했다. 엄마가 뭘 아느냐고 대들듯이 말했다. 엄마가 돼서 왜 그래? 책망하듯이 말했다. 엄마가 알아서 뭘 할 건데? 무시하듯 말했다." (45쪽) "너는 이 에미는 안 보이고 개만 보이냐! 이 에미가 개나 학대하고 있는 사람으로 보여! 상관 마라이! 내 방식대로 키울 테니께!" 엄마가 먼저 전화를 끊었다. 늘 네가 먼저 전화를 끊었다."(61쪽) "예전엔 안 그랬는데 너는 냉정한 사람이 되었구나. 어미가 그리 전화를 끊었으면 뭐라고 다시 전화를 해야 옳지."(62쪽) 자식의 무시에 대한 최소한의 반발이다. "보름씩, 길게는 한 달씩 소식을 끊어버리고 하는 일은 소설을 쓰는 것이었다. 꼭 그렇게까지 하면서 써야 하는 것이냐? 물으면 여동생은 다음부터 엄마한테 연락할게, 혼잣말하듯 말했다. 그뿐이었다."(86쪽)

자식들은 대체로 이렇다. 세상사에 맞춰 살아가는 동안 늘 알게 모르게 누군가를 무시하고, 그와 관계를 끊으며 살아간다. "지난가을 여동생에게서 엄마가 이상하다는 전화를 받고서도 그는 아무 조처를 취하지 않았다."(87쪽) 이렇게 방치와 무관심에 공조까지 해가면서 살아간다. 그리고 몇 자락 안답시고 못 배운 어머니를 틈틈이 무시한다. "가진 것 없고, 배운 것 없는 부모라고 이 애도 나를 무시허네…."(116쪽)

남편(아버지)의 무관심도 이에 못지않다. "당신은 아내에게 딸애가 쓴 글을 읽어줄 생각을 하지 못했다. 다른 식구들은 아내가 글을 읽을 줄 모른다는 것을 알기는 할까."(146~7쪽) "아내를 잃어버리기 전에 당신은 아내를 거의 잊고 지냈다."(147쪽) 이렇듯 엄마에 대한 무관심은 자식뿐만 아니라 남편(아버지)도 마찬가지였다. "아내를 지하철 서울역에서 잃어버리기 전까지 당신에게 아내는 형철 엄마였다."(149쪽) '엄마'는 남편(아버지)에게 아내이자 박소녀라는 여인이기 이전에 그저 누구누구의 엄마에 불과한 존재였다. "아내가 두통으로 머리를 싸매고 혼절해 있을 때에도 당신은 아내가 잠을 자는 중이라고 여겼다."(150쪽) "당신의 메마른 눈에 물기가 어렸다. (…) 아내를 잃어버리고 난 뒤에야 당신은 아내를 처음 본 때를 떠올렸다."(156쪽)

"내가 신고 있는 굽이 다 닳아버린 파란 슬리퍼를 벗고 싶어. (…) 나는 이제 갈란다. (…) 나 때문에 슬퍼하지 말아라. 엄마는 네가 있어 기쁜 날이 많았으니."(223쪽) 마지막으로 자식의 모습을 보면서 하는 말을 보면 그간의 사랑과 희생이 비장함마저 띄고 있다. 흘러넘치도록 퍼부어진 사랑과 희생은 다 닳아빠진 슬리퍼로 표현된다. 그 볼품없는 슬리퍼가 생물에 온갖 양분을 제공하고 이제는 지기地氣를 모두 잃어버린 이 땅의 모습처럼, 그리고 쉘 실버스타인의 '아낌없이 주는 나무'처럼 보인다.

한국 문학의
독특한 개성,
한강

작가 한강에게는 겉으로 드러난 것 외에도 재주가 많은 듯하다. 다만 숨겨져 있을 따름이지. 어떤 이는 노래 부르는 걸 직업으로 갖고 있으면서 그림도 잘 그리고 연기도 잘한다. 그 반대로 연기하면서 노래도 잘 부르고 글을 잘 쓰는 이들도 적지 않다. 그러고 보면 예술적 감각이나 재주가 있는 이에게 이것도 잘하는데 저것도 잘한다는 식의 겹칭찬은 그다지 의미가 없어 보인다. 운동도 그렇다. 달리기를 잘하는 사람이 축구도 잘하고 배드민턴도 잘 치고 농구도 잘한다. 그뿐인가. 공부를 잘하는 사람은 국어도 잘하고 수학도 잘하고 과학도 미술도 잘해서, 인문과 과학과 예술 분야를 넘나들며 실력을 과시한다. 나 같은 평범한 사람들이 보기엔 그저 부러울 뿐이다.

소설가 한강은 시도 쓰고 소설도 쓰며, 어떤 때는 곡도 쓰고 노래도 부른다. 정말 재주가 많은 작가다. 스스로는 그 재주를 드러내지 않지만, 몇 겹으로 싸고 싸도 그 안에 든 향내가 배어나듯 그녀도 그런 것 같다. 그러나 뭐니 뭐니 해도 그녀가 지닌 문학적인 재주는 단연 돋보인다. 감각적이지도 화려하지도 않으면서, 거기서 뿜어져 나오는 에너지에서는 언제나 힘과 무게가 느껴진다. 한편 그녀의 글에서는 여성이기 때문에 기대할 수 있는 섬세함이나 우아함 같은 정서는 특별히 느껴지지 않는 것 같다. 내가 보기엔 오히려 남성적인 힘이 느껴진다. 목련꽃 아래에 수줍게 선 가녀린 여인 같은 외모와는 사뭇 다른 느낌이다.

2005년 이상문학상 수상자로, 수상식장에서 여리지만 당찬 모습으로 당선 소감 원고를 읽던 모습이 기억난다. 그것이 내가 소설가 한강을 처음 본 순간이다. 그때만 해도 직접적인 만남은 없었다. 그로부터 두 달여가 지난 2006년 1월 초, 이상문학상 수상작인「몽고반점」이 아닌 장편소설『검은 사슴』(2005, 문학동네)을 통해 나는 소설가 한강의 작가 세계를 처음 접했다. 그리고 시간이 흐른 뒤「몽고반점」이 포함된『채식주의자』(2007, 창비)를 통해 한강의 작가 세계를 좀 더 가까이에서 들여다보게 되었다. 정확히 그해 5월 3일『채식주의자』의 마지막 장을 덮으며 나는 이 작가를 만나야겠다는 생각을 굳혔다.

중국, 일본, 베트남, 이탈리아에서 관심을 보인『채식주의자』
늘 그래왔듯이 나는 그녀에게 연락했고, 처음으로 서교동 사무실에서 인사를 나누게 되었다. 2008년 5월 9일의 일이다. 그날 나는 그녀의 문학에 대한 내 의견을 전했고, 문학에 대한 그녀의 단상을 들었다. 그 후 장편소설 『그대의 차가운 손』(2002, 문학과지성사)을 감상했다. 그리고 다시 그녀와 만났다. 처음 만난 날로부터 꼭 한 달 뒤인 6월 9일 정오를 조금 넘긴 시각에 서초동 예술의전당 맞은편에 있는 두부 전문 음식점에서였다. 나는 소설가 한강과 그녀의 문학을 지그재그로 만나면서 그녀의 문학을 알아갔다. 그러면서 그녀의 문학이 지닌 여러 매력 중에 인간의 근원을 관찰하고 표현해내는 것이 제일이라는 사실을 확인하게 되었다. 또 그녀의 문학이 다른 작가들의 것과 구분되는 독창적인 개성을 지녔고, 그래서 한국 문학을 대표할 수 있겠다는 믿음을 갖게 되었다.

　나는 한강의 모든 작품에서 강한 인상을 받았다. 그리고 그녀의 문학을 해외로 소개해야겠다는 의지를 다졌다. 시간이 좀 걸리더라도. 먼저, 『채식주의자』를 해외 출판 시장에 소개하기로 했다. 그녀도 이견 없이 동의했다. 지체 없이 『채식주의자』의 일부를 영문으로 번역할 역자 선정에 들어갔다. 가장 먼저 연락한 곳은 김영하와 조경란의 소설을 번역한 김지영이었다. 그런데 여건이 맞질 않았다.

　본격적으로 다른 역자 물색에 들어갔다. 그런데 의외로 『채식주의자』에 관심을 갖고 있는 역자가 많았다. 나중에 알았지만, 『채식주의자』가 장편으로 묶이기 전에 「몽고반점」을 번역해두었던 역자가 두 사람이나 되었다. 두 사람 모두 장편소설 『채식주의자』를 번역하고 싶어 했다. 당연한 반응이었다. 또 사전 번역 작업은 없었지만 『채식주의자』를 번역하고 싶다고 연락해 온 역자가 두 사람 더 있었

In the dark woods, she stands under a large tree, the chair by her side. When she looks up, she sees her grandmother perched on a branch, gazing down at her. Her grandmother, whose love for her husband was one-sided, dreamed of an artist's life but had to live as the wife of a poor fisherman in a small, isolated seaside village. A short conversation ensues between the granddaughter who is about to end her life and the grandmother who did, as two women who failed at love and as artists. She comes home, deflated, chair in hand. Her mind goes over the way her grandmother chose to die—on her own birthday, she made blowfish soup without moving the poisonous intestines and skin and killed herself in front of her family. She feels that it was a dramatic way to go, chosen by a woman who is conscious of herself, who wanted to be an artist, who truly loved a man. The next day, she goes to the largest fish market in Tokyo, the Tsukiji Fish Market. In that vast market, she finds a stall that sells blowfish. A few days later, she returns and asks the owner of the stall to teach her how to cook blowfish. During the three months she has in Tokyo, she learns how to handle blowfish and its poison.

Her father, who left home to become a carpenter, was dogged by the fear of suicide his entire life, as were his siblings. She grew up hearing that she resembles her grandmother, and when she became an adult, struggled to fight the temptation of death. She always wondered where the temptation came from. Now, in Tokyo, she is handling blowfish to die. Observing her, he realizes that she's preparing for her death. He stands by her, wanting to save her at all costs—to transform the blowfish of death into the blowfish of life. The novel alternates in chapters from his and her perspectives. The story moves between Seoul, Tokyo, and Yosu, the seaside village where her grandmother lived.

Han Kang

Author of *The Vegetarian*, published by Changbi. Sold to Flower City Publishing House/China, and Cuon/Japan

THE WIND BLOWS, GO!
    Moonji/Korea.

One late winter night, a car driven by Seo Inju, a female artist in her late thirties, plunges into the snow-covered Misiryeong Valley. Three days later, she takes her last breath. Why did Inju head for the valley that

night? Was the crash a suicide or accident? The circumstances surrounding Inju's death are never brought to light. The novel begins a year later when the narrator sees a special review in an art magazine, commemorating the first anniversary of Inju's death. In the magazine, Kang Seokwon, an art critic and professor who claims to have been Inju's lover, discloses Inju's posthumous work and pronounces her death a suicide. The narrator finds Seokwon's contact information and expresses her interest in seeing Inju's last works. The narrator, a close childhood friend of Inju, thinks it strange that these works are remarkably similar to those of Inju's dead artist uncle who had never publicly exhibited during his lifetime. Although her life had been far from easy, Inju had possessed an exuberant zeal for life, of which the narrator was well aware; in the end, the narrator rejects Seokwon's claims. The narrator begins to grope through her own memory to piece together the final year of her friend's life. She meets those who had known Inju and even sneaks into Inju's studio that has now come under the possession of Seokwon. As clues are slowly revealed, Inju's last days begin to fit together like pieces of a puzzle until the narrator, at last, discovers what actually took place on the snow-covered valley that fateful night. Although the novel uses the structure of a mystery where clues are presented as pieces of a puzzle and the truth is revealed gradually, it focuses on life and death, memory and reality, sacredness and human conflict. Inju's uncle, who had died of a brain hemorrhage twenty years before, depicted the birth and explosion of stars through ink; his inner world had created a deep and lasting impression on both Inju and the narrator.

There is a twist at the end of the novel when the narrator discovers that Seokwon had driven Inju off the road that night. He sets fire to Inju's last works, attacks the narrator with an ink stone, and disappears after locking her in the studio. The narrator gains consciousness and just barely manages to escape from the fire. The novel ends with the narrator on a ventilator, drifting in and out of consciousness, as she is carried away in an ambulance. The problem that occurs when an unconscious patient who had been breathing through ventilatory support begins to breathe spontaneously is called "fighting the ventilator." He may not breathe in

미국 에이전트 바버라 지트워는 『채식주의자』를 두고 "대단히 훌륭한 소설"이라고 극찬을 아끼지 않는다. 문학성이 강한 작품이라 해외 진출이 쉽지는 않지만 정성을 들인다면 분명 좋은 성과를 거둘 것이라 믿고 있다. 자료는 바버라 지트워가 한강의 소설 『바람이 분다, 가라』(위)와 『채식주의자』(아래)를 영문으로 소개하기 위해 만든 카탈로그의 일부분이다.

Han Kang

THE VEGETARIAN
    Published by Changbi. Sold to Flower City Publishing House/China. English partial translation available.

The story of a young mentally disturbed woman who thinks she is becoming a tree, and thus the purest form of life on the planet. The world is a mess. She stops eating meat. The cruelty of meat-eating is a metaphor for the cruelty of the world today, thus her vegetarian habits are symbolic, spiritual ones in the literary work that was a sensation in Korea. Kang is among the new wave of Korean lit stars who are gaining an international following. Nominated for the Dongin Literary Award 08. Her works have published by Korean major literary works publishers; Munhak-dongne, Changbi, and Munji.

Shin Kyong sook

PLEASE LOOK AFTER MOM
    Changi Publishers/Korea. Pre-empts by Knopf for US and Canada, Weidenfeld & Nicolson for UK & Commonwealth rights/will be published Mother's Day, 2011. Sold to Oh Editions!/ France, Muelenhoff/Holland, Grijalbo RHM/ World Spanish rights , Shueisha/Japan, People's Literature Publishing/China, Phan Nam Publishing/Vietnam, Edtiora Intrinseca/Brazil, Piper/Pendo for Germany.

Over 1 MILLION BOOKS SOLD in Korea. Author is the 2009 winner of the 2nd Prix de l'Inaperçu in France and best-selling Korean author. Shin Kyong sook has been honored with numerous awards including 1996 Manhae Literature Prize, 1997 Dong-in Literature Prize and 2001 Isang Literary Prize.

Please Look After Mom is attributed as a catalyst for a surge in book sales in Korea. Since it was first published in November 2008, one million copies have been sold. *Please Look After Mom* by Shin Kyong sook is the story of "my mother," who cannot be replaced by any other mother. Korean readers are wildly excited about this story of an ordinary mother. What sustains this novel is the power of imagination that becomes possible only when our mothers who have been with us all our lives are eliminated from our lives. *Please Look After Mom* is the story of a family in search of their mother who has disappeared. This novel is a masterpiece; at both times heart-breaking and also uplifting. The characters and writing are quite simply unforgettable.

61

다. 누군가로부터 추천 받은 역자도 한 사람 있었다. 진즉부터 한강 작품을 번역해보고 싶었다고 했다. 이렇게 해서 모두 다섯 명이 『채식주의자』 번역에 관심을 가지고 있었던 것이다. 그중에는 해외 명문대에서 문학을 전공하고 한영 번역자로 활동하고 있는 역자도 포함돼 있었다.

나는 다섯 명의 역자에게 개별적으로 연락하여 상황을 설명했다. 어차피 번역은 한 사람이 하게 될 터였다. 일정 부분을 번역하여 약속한 시점까지 보내달라는 부탁과 함께 가장 원고 작업을 잘한 역자에게 번역을 의뢰하겠다고 했다. 번역 원고의 검토와 결정은 미국에 있는 파트너 에이전트가 할 것이라는 말도 빼놓지 않았다. 가장 유려하고 정확한 영어로 옮겨져 원작의 생명력을 유지할 수 있도록 하기 위한 것이라는 대전제에 모두가 동의해주었다. 모두 문학에 대한 관심과 한국 문학을 해외에 알리려는 열정이 대단한 분들이기에 가능했던 것 같다. 원작을 가장 잘 살리는 작업이 최우선시되므로 반드시 거쳐야 하는 절차였다.

그 과정에서 두 명의 역자가 뽑혔고, 최종적으로 한 명의 역자가 결정되었다. 그리고 수개월이 흐른 뒤에 100쪽가량의 영문 번역 원고가 내 손에 들어왔다. 영문 원고는 곧바로 해외 에이전트에게 넘어갔다. 2008년 10월 프랑크푸르트도서전 카탈로그에 『채식주의자』가 소개됐고, 지금도 작품 소개는 꾸준히 진행되고 있다.

판권 세일즈의 첫 시작은 중국(花城出版社)이었다. 2008년 5월, 서울국제도서전에 참여한 중국 출판사에 『채식주의자』를 소개했다. 그들은 곧바로 관심을 보였다. 그러나 관심이 있어도 신속하게 업무 진행을 하지 않는 사람들이라 중간 상황 점검이라는 명목하에 이따금씩 연락하며 궁금증을 달래야 했다. 봄에 의견을 주고받은 뒤 여름이 지나 가을로 접어드는 9월에 베이징에서 그들을 다시 만났다. 계약을 하기는 할 텐데 결정을 내리진 못했다고 한다. 최종적으로 대표자 동의가 있어야 하고 역자와도 구체적인 얘기를 나눠야 한다고 했다. 대중적인 도서였다면 출간 결정을 내리는 데 그 정도로 시간을 끌며 신중을 기하지는 않았을 것이다. 대중문학이 아닌 순수문학에 대한 수입 결정이다 보니 신중에 신중을 거듭하겠다는 의지 표현이었다. 그러더니 해를 바꿔 2009년 초에 드디어 계약 의사를 밝혔다. 문학의 번역 판권 세일즈가 쉽지 않다는 사실을 다시금 실감했다.

두 번째 판권 세일즈는 일본 시장이었다. 이번 진행은 중국에 비해 수월했다. 한국 문학에 관심을 갖고 있던 한 소형 출판사(Cuon)가 이 작품을 선택한 것이다. 한국여성작가선을 준비하고 있는데 그 첫 순서로 한강의 『채식주의자』를 골랐다고 했다.

출판사 규모와 상관없이 『채식주의자』에 깊은 관심을 보여준 것이 고맙다. 내가 관리하고 있는 작가의 작품을 해외에 수출할 때 출판사의 인지도와 명성도 높고 거기에 규모까지 번듯하다면 더 바랄 게 없겠지만, 기대치가 늘 채워지는 것은 아니다. 이는 해외 유명 작가를 국내 출판 시장에 들여올 때도 마찬가지다. 특히 해외에서 아무리 인지도가 높아도 국내에 그 기반이 구축되지 않은 경우엔 제대로 대접 받지 못하는 경우가 왕왕 있다. 따라서 내(혹은 저자의) 기대치를 충족시킬 만한 대상자가 나타나기를 마냥 기다리는 것보다는, 다소 부족해 보이더라도 임자가 나타나면 판권을 넘기는 것도 나쁘지는 않다는 것이 에이전트로서의 생각이다.

그리고 세 번째 관심 표명은 이탈리아에서 날아들었다. 2010년 10월 현재 그곳과는 협상 중이다. 그리고 이번엔 베트남에서 『채식주의자』를 계약, 출판하겠다는 의사를 밝혀왔다. 뿐만 아니라 이들은 한강의 다른 작품들에도 깊은 관심을 보였다. 바로 2010년 9월에 베이징도서전에서 만나 소개했는데, 그 결과가 한 달여 후에 나온 것이다. 베트남 출판 시장에서 나남출판사와 더불어 문학을 전문으로 내는 양대 출판사 중 하나로 알려진 트레출판사Tre Publishing는 김영하의 『퀴즈쇼』를 계약한 곳이다. 미국을 포함한 유럽 출판사들로부터 들어오는 관심도 기쁘지만, 동남아시아권에서 우리 문학, 그것도 영화나 드라마 소설이 아니라 문학성 짙은 소설을 계약, 출판하겠다고 하면 에이전트인 나로서는 그렇게 기쁘고 고마울 수가 없다. 아마 작가 본인도 그렇지 않을까 싶다.

미국 에이전트 바버라 지트워는 "한강의 소설 문학을 정말 좋아한다"고 늘 말한다. 그리고 유럽에서 활동하고 있는 에이전트들도 모두 "한강의 소설에 큰 매력을 느끼고 있다"고 이야기한다. 그러면서도 "신경숙, 김영하, 조경란 등의 소설에 비해 착륙 속도가 더뎌 아쉽다"고 입을 모은다. 그러나 그들은 믿고 있다. 그리고 나도 그렇다. 한강의 소설은 머지않아 미국과 유럽 시장에 상륙하여 큰 문학으로 자리

잡을 것이라고. 2010년 10월 프랑크푸르트도서전에서는『바람이 분다, 가라』에 큰 관심을 보였다는 반가운 얘기가 날아들고 있다.

우리의 근원에 자리 잡은 어둠에 대하여

한강의 작품을 관리하면서 새로이 경험한 게 있다. 잠깐 언급하기도 했지만, 그녀의 작품에 관심을 보이는 역자들이 다른 작가들에 비해 비교적 많다는 사실이다. 영어권을 비롯한 유럽권은 물론이고 아시아권에 이르기까지 그 관심도가 다양하게 분포하고 있다. 영어권을 비롯한 몇몇 언어권에서는 역자가 결정된 이후에도 그녀의 작품을 번역해보고 싶다는 제안이 계속해서 들어온다. 무척 고무적인 현상이다. 그만큼 그녀의 문학이 해외 여러 나라에 어필하고 있다는 반증이 아닐까 한다. 다만, 한강의 문학에 관심을 보이는 역자들이 그녀의 문학을 현지 독자들이 즐기고 공감할 수 있는 작품으로 거듭날 수 있게 할 만한 역량을 지녔기를 바랄 뿐이다.

객관적으로 볼 때, 한강의『채식주의자』의 경우 현지 독자들에게 대중적으로 어필할 만한 상업적 세일즈 요소는 다소 약해 보인다. 해외 시장, 특히 미국을 중심으로 한 영미권 출판 시장으로 진입할 때 문학적 성취도나 완성도는 기본이겠지만, 처음 진출할 경우엔 현지 독자들에게 어필할 수 있는 요소와 그 수위가 더욱 크게 작용한다. 문학적 재능과 완성도가 높아도 현지 독서 시장에서 인지도가 없는 작가의 작품에는 대안이 필요하다는 뜻이다. 사실 작가의 입장에서 그 대안을 염두에 두고 작품을 쓴다는 것이 난센스일 수도 있고 현실적으로 설득력이 없는 말일 수도 있다. 그러나 에이전트에게는 대중적 관심을 끌 수 있는 요소인 대안이 해외 출판 시장에서 중요한 무기 역할을 하게 된다는 것만큼은 분명하다. 결과적으로, 현지에서 어필하는 파워가 약할 경우에는 진출이 쉽지 않거나, 혹은 진출하는 데 시간이 걸린다.

문학적 성취도와는 관계없이『채식주의자』는 신경숙의『엄마를 부탁해』, 김영하의『나는 나를 파괴할 권리가 있다』와『빛의 제국』, 조경란의『혀』등에 비해 해외 출판 시장에서의 대중적 관심도가 약해 보인다고들 말한다. 이는 영문 샘플 원고를 읽은 해외 에이전트나 편집자들이 작품성을 칭찬하면서도 한편으로 내놓은 공통된 견해다. 그리고 소설 내용이 좀 어둡다는 의견도 내놓는다. 그러나 나는 기다린다. 분명 좋은 후보자가 나서리란 확신을 갖고 있기 때문이다. 미국의 에이전트는 "나는『채식주의자』를 무척 좋아한다. 대단히 훌륭한 소설이다. 다만 문학성이 강한 작품이어서 그런지 대중성은 떨어진다는 느낌이다. 그러나 시간을 두고 꾸준히 소개할 생각"이라고 했다. 나는 그녀의 말을 신뢰한다. 그녀 역시 언제나 내 의견을 존중한다. 속도가 더디긴 하지만 중국, 일본, 이탈리아에 이어 베트남에서도 좋은 소식이 날아들고 있지 않은가.

『채식주의자』는 주인공 영혜를 통해 과연 인간이 폭력(혹은 야만성)을 거부하고 폭력 없는 세상에서 살아가는 것이 가능한가에 대해 진지한 질문을 던진다. 폭력을 거부하는 무의식이 켜켜이 쌓여가던 어느 날, 그것이 갑자기 꿈으로 폭발한다. 그리고 그 시점에서부터 영혜는 폭력의 상징인 육식을 거부한다. 한 인간이 폭력을 행사하지 않고 이 세상을 살아갈 수 있을까? 이 사회가 폭력 없이 유지될 수 있을까? 폭력을 거부할 경우 인간은, 사회는 현재의 육체를, 그리고 사회의 질서와 조직을 그대로 유지할 수 있을까? 육식은 절대적이라고 할 수는 없으나 생존을 위해 필요한 하나의 양식이다. 또한 폭력은 근본적으로는 옳지 않은 인간의 표현 형식으로, 이 또한 절대적이라 할 순 없지만 때에 따라서 필요악처럼 요구되기도 한다.

　인간의 역사와 더불어 내밀한 부분에 웅크리고 존재해온 어두운 폭력의 본질을 건드리며 한강은 그에 대한 성찰을 거듭 요구한다. 그리고 우리에게 내재된 어둠의 단면을 들춰낸다. 그렇다 보니 소설의 분위기 역시 다소 어두울 수밖에 없다. 그러나 궁극적으로는 해외 진출에 걸림돌로 작용하진 않을 것이라 생각한다. 포크너와 콘래드 등의 소설이 영문학의 범주를 넘어 세계 문학의 고전으로 자리매김하고 있는 것을 보면 더욱 그러하다.

조지프 콘래드를 떠올리게 하는 강한 개성, 편혜영

활발하고 다양한 창조력을 통해 무궁무진한 능력과 재주를 펼쳐 보이는 예술인도 좋지만, 개성 있는 고유의 목소리를 세월의 변화와 상관없이 꾸준히 들려주는 예술인도 좋다. 특히 후자의 경우에 해당하는 작가가 적지 않다. 그중에 생각나는 작가를 꼽으라면 신경숙과 한강이 먼저 떠오른다. 이들의 문학은 데뷔 시절에 나온 것이나 한참 시간이 흐른 뒤에 나온 최근의 것이나, 한결같은 호흡으로 변함없는 무게와 색깔을 오롯이 유지한다. 달리 말해, 이들은 모두 저만의 개성과 무게감을 충실히 유지하면서, 세월의 연륜을 얹어 인생의 무게와 예술적 농도와 세련됨을 함께 느끼게 하는 공통점이 있다.

그런데 이제는 그 명단에 편혜영이란 이름을 더해야 할 것 같다. 아직도 그녀를 신인 작가로 보는 사람이라면 시기상조라고 생각할수 있겠지만, 분명 편혜영의 문학을 보면 그런 생각이 든다. 그렇기에 앞으로 그녀의 문학은 더욱 기대가 된다. 편혜영의 문학은 단편이든 장편이든 하도 개성이 뚜렷하여 작가의 이름을 떼어놓고 여러 작가의 작품을 고루 섞은 다음 '편혜영 소설'을 고르라고 해도 찾아낼 수 있을 것 같은 생각마저 든다. 내가 그녀의 문학을 잘 알아서라기보다는 그만큼 그녀의 문학이 한눈에 봐도 도드라진다는 얘기다. 그녀의 문학을 접해본 사람이라면 대체로 나와 같은 생각을 하지 않을까 싶다. 돋보이는 개성은 자신의 영역을 다른 이의 영역과 구분지어주기에 예술가에겐 더욱 중요한 덕목이다.

놀라운 우연의 일치

편혜영을 '눈여겨볼 작가'로 분류한 후에도 몇 년간 주시하다가 그녀의 문학을 직접 접한 건 2007년도 9월 말이다. 영풍문고에 들러 2005년에 나왔던 단편집 『아오이가든』(2005, 문학과지성사)과 출간된 지 두어 달 정도 된 또 다른 단편집 『사육장 쪽으로』(2007, 문학동네)를 사 들고 청계천길을 따라 걸었다. 그렇게 한참을 걷다 쉬어 갈 겸 눈에 띈 편의점에 들러 캔 음료 하나를 산 후 그 앞에 마련된 파라솔 테이블을 차지하고 앉았다. 뜨거운 여름이 가고 가을의 문턱으로 들어서던 시점이라 늦은 오후의 햇살이 제법 괜찮았다. 자연스럽게 테이블 위에 내려놓은 책으로 손이 갔다. 검은색 바탕에 울긋불긋 묘한 느낌의 표지로 둘러싸인 책에 먼저 손이 갔다. 편혜영의 첫 단편집 『아오이가든』이다. 제목부터가 특이하다.

그런데 내용을 몇 페이지 읽다 보니 분위기가 사뭇 심상치 않다.

following every lead to find her, Sonyo's children and husband lash out at one another but also become close-knit, supporting one another as each tumbles along a path of regret, grief and fear. Alternately heart wrenching and uplifting, this intimate novel illuminates the complexities of love among family members. A heart rending account of a mother's anchoring effect on her family's life and an astute, intimate study of regret, is sure to resonate with readers all over the world.

Pyeon Hye-yeong

ASHES AND RED

Changbi/Korea, 2010

A debut novel by award-winning writer Pyeon Hye-yeong, Ashes and Red is a haunting tale of a man who is a stranger in a strange land; a man who could have easily stepped out of Camus' imagination. And like Jose Saramago's *Blindness*, ASHES AND RED is poised to become a new, international bestseller.

The story takes place in Korea and the unnamed country C, in a filthy, rat-infested and polluted city that could be taken as New York, Naples, Bangkok, Beijing or any other metropolis on the verge of polluting itself to death. This is a contemporary psychological novel that reads like a postmodern classic. A mesmerizing book, a page-turner with an ecological and cultural warning. The main character is a morally bankrupt everyman in the overly technological, electronic world of this book. When nature intrudes on him, however, his animal instincts erupt to dangerous results.

The unnamed protagonist of ASHES AND RED works for a pest control company and after inadvertently demonstrating his skills at catching rats, he is given a much sought after transfer to a foreign country where he is to work in a chemical plant at a higher level job. No sooner does he deboard the plane than he is whisked away by quarantine officials and detained overnight. The next day he makes his way to his new home in the foul-smelling, trash-choked corner of the city. In short order his luggage and phone are stolen and he is told not to come to work the next day. He suddenly realizes that he is stranded with no means of contacting the outside world. Still worse, when he finally manages to contact an old friend he is told that his ex-wife has been murdered and her body

Page 11

오른쪽은 2010년 10월 한국문학번역원에서 열린 계간지 〈리스트list〉 기획회의를 끝내고 편혜영과 함께 찍은 사진.

왼쪽은 편혜영의 첫 데뷔 장편소설 『재와 빨강』을 소개한 영문 카탈로그의 일부. 2010년 프랑크푸르트도서전은 편혜영이라는 이름으로 기억될 정도로 해외 에이전트와 편집자들이 그녀의 소설에 큰 관심을 보였다. 이메일로 날아오는 각국의 관심에 즐거운 비명을 질러야 할 정도였다.

'아, 정말 독특한 작가네! 뭔가가 있어. 야, 어떻게 이렇게 소설을 쓰지?' 속으로 중얼거리며 표지 날개에 실린 작가 사진을 슬쩍 본다. 계속해서 두 번째 단편을 읽었다. 만감이 교차한다. 두 편을 읽고서 책을 덮었다. 그리고 자리에서 일어섰다. 발걸음뿐만 아니라 머리도 묵직했다.

며칠 후 『사육장 쪽으로』를 펼쳤다. 무게감은 비슷하게 느껴졌으나 강한 인상으로 치면 『아오이가든』보다는 덜한 것 같다. 그러나 편혜영이 쌓아올린 내공은 한층 더 견고해진 느낌이었다. 이어서 드는 생각은 '정말 좋은 작가인 것 같아, 한번 만나봐야겠어.' 그렇게 마음으로만 담고 지낸 지 2년 반이 흘렀다.

말 그대로, 그러던 어느 날이었다. 미국 에이전트에게서 연락이 왔는데, 이런저런 얘기 끝에 편혜영이란 이름이 딸려 나왔다. 전혀 예상치 못한 말에 한편 기쁘고 한편 놀라웠다. 지난 2009년 11월 중순의 일이다. 뉴욕에서 한 역자를 만났는데, 얘기를 나누던 도중에 함께 자리한 역자가 편혜영이란 작가를 거론했다고 했다. 이야기를 들어보니 잠재적 역량을 갖춘 작가라는 생각이 들었다면서 편혜영을 아느냐고 묻는 것이다. 그러면서 그녀를 한번 만나보는 게 어떻겠냐고 제안했다.

참 재미있는 우연의 일치란 생각이 들었다. 장편소설이 나오면 검토한 후에 정식으로 만나 얘기를 나누고 그녀의 작품을 소개해보려던 참이었는데, 해외 에이전트가 먼저 이야기를 꺼낸 것이다. 나는 곧장 답신을 했다. 그녀를 잘 안다고. 몇 해 전부터 그녀의 작품

집을 보고 큰 관심을 갖고 있으며, 조만간 만날 생각을 하고 있다고. 그리고 지금까지 단편집 두 권을 발표했는데, 수개월 내로 장편소설이 출간될 것이라는 애기도 해줬다. 만난 적도 없고 연락 한 번 해본 적 없어도 편혜영의 연락처는 전부터 가지고 있었다. 관심 두고 있는 작가들의 연락처는 늘 준비해두고 있다. 다만 명분과 기회가 없기 때문에 연락하지 못하고 있을 뿐.

드디어 기회가 왔다 싶어서 편혜영에게 전화를 걸었다. 매번 느끼는 것이지만, 처음 연락할 때에는 설레기도 하고 쑥스럽기도 하다. 상대방이 나에 대해 알고 있으면 그나마 덜한데, 전혀 모르고 있을 경우엔 이것저것 설명해야 하니 여간 어색한 게 아니다. 다행히 편혜영은 나에 대해 조금은 알고 있는 것 같다. 그래서 구체적인 소개는 생략하고, 곧바로 미국 에이전트 이야기를 들려줬다. 그랬더니 미국 에이전트에게 자신의 이야기를 한 역자가 누군지 아는 눈치였다.

어쨌든 나는 그간 가장 궁금했던 장편소설에 대해 물어보았다. 대략적인 내용과 출간 예상 시기를 묻고, 곧 나올 작품의 시놉시스를 만들어줄 수 있느냐는 부탁도 함께 전했다. 그러나 첫 장편소설의 출간을 목전에 두고 이래저래 바쁜 상황에서 시놉시스 작성은 더 이상 청하지 않는 게 좋겠다는 생각이 들어서 작성 시점에 대해서는 여지를 두었다. 편혜영과 나의 첫 만남은 그렇게 전화를 통해 이뤄졌다.

그리고 2010년 1월 중순, 광화문 근처에 있는 카페에서 처음으로 편혜영을 만났다. 그때 작품에 대해 대략적으로 들어보니 스토리 자체가 크게 흥미로워 보이진 않았다. 그러나 나는 소설이 읽는 재미를 갖췄다면 운 좋은 덤이라 생각한다. 소설이 지닌 아이디어와 메시지, 그리고 보편성과 흡인력이 더욱 중요했다. 대략적인 작품 내용만을 전해 듣고, 소설과는 관계없는 이런저런 얘기도 나누었다. 3년을 기다렸는데 한 달을 못 기다리랴. 그 후 온라인 서점을 통해 그녀의 첫 장편이 세상에 나왔음을 확인했다. 처음 들었던 제목은 '그는 거기에 없었다'였던 것 같은데 바뀐 모양이다. 『재와 빨강』이란 묘한 제목이 달려 있다. 바로 시내 서점에 들러 몇 부 구입했다. 그리고 천천히 읽어나갔다. 한국 문학의 바다에서 2010년에 내가 유일하게 건져 올려 해외에 소개하기로 결심한 작가의 새로운 작품 『재와 빨강』과의 인연은 이렇게 시작됐다.

일상의 혼돈에서 발견한 인간의 본능

긴 분량의 소설은 아니지만 마지막 장을 넘기기까지 일주일쯤 걸렸다. 처음 『아오이가든』을 읽을 때도 그랬지만, 『재와 빨강』을 읽을 때도 '어둡고 더럽고 추한 것'에 대한 이미지는 여전했다. 그런데 이상하게도 '불쾌한 기분'이 들지 않는다. 그것이 묘하다. 단편집 『아오이가든』에 첫 번째로 수록된 단편 「저수지」를 보면, "안개"(23쪽), "더럽고 냄새나는 저수지"(23쪽), "환약처럼 쌓여 있는 시커먼 쥐 똥 한 알을 입에 넣었다"(29쪽), "녹이 슨 칼로 쥐의 배를 갈랐다. 가른 배에서는 붉은 피와 내장에 휩쓸려 새끼 몇 마리가 튀어나왔다"(31쪽), "숨을 곳을 찾지 못한 벌레들이 아이들의 벌린 입속으로 드나들었다"

(31쪽), "모든 것이 다 썩은 나무집이 다 썩은 수련 사이를 헤치고 썩은 물로 가득 찬 저수지에 떠 있는 모습"(32쪽), "썩을 대로 썩어버린 시체는 쥐에게 뜯겨 형상을 알아볼 수 없었다"(33쪽) 등의 표현이 나온다. 단편 「아오이가든」에서는 "시커먼 개구리들이 비에 섞여 바닥으로 떨어졌다. (중략) 어두운 거리에 그들이 흘린 피와 찢어진 살갗이 불빛처럼 빛났다. (중략) 아오이가든 주변 거리는 거대한 쓰레기 하치장이나 마찬가지였다. 동물의 배설물과 사체도 쓰레기 더미에 섞여 거리에 남았다"(35~6쪽), "도시 전체가 부식되면서 냄새를 풍겼다"(36쪽), "바깥은 무섭고 두려운 역병의 기운이 감도는 곳이었다"(41쪽), "나는 뭉친 고양이의 털을 조금씩 입에 넣어 침에 적셔 삼켰다"(48쪽), "수건을 태우던 불꽃의 일부가 내 손가락을 같이 태웠다. 손가락 두 개가 흐물흐물 녹아들어 물갈퀴처럼 달라붙었다. 그래도 손에 밴 냄새는 가시지 않았다"(56쪽), "침에서 털이 조금 섞여 나왔다. 기침을 하자 목에 걸린 고양이 눈알이 튀어나오기도 했다"(57쪽), "피로 물든 누이의 가랑이에서 나온 것은 다리가 가늘고 몸통이 큰 개구리였다"(60쪽), "그녀는 누이의 뱃속에서 나온 수십 마리의 붉은 개구리들을 바깥에 쏟았다"(60쪽) 등의 표현이 등장한다. 그리고 또 다른 단편집 『사육장 쪽으로』에 수록된 단편 「동물원의 탄생」을 보면, "시신은 참혹했다. 이빨이 박힐 만한 곳은 죄다 물어뜯겼다. 내장이 찢어진 채 아스팔트에 납작하게 깔려 있었다"(70쪽)와 같은 문장이 나온다.

이 대목들은 읽은 지 3년이 된 지금, 반성이나 비전 혹은 치밀한 사유의 공간에 대한 메시지보다는 편혜영의 문학 하면 먼저 떠오르는 강렬한 이미지로 남아 있다. 그러던 차에 마주한 『재와 빨강』은 또 한 번 편혜영의 이미지를 추억하게 하면서, 동시에 그녀가 이런 조각조각의 이미지를 통해 어떤 메시지를 들려주고 싶은 것인가를 곰곰히 생각하게 한다.

　『재와 빨강』을 시간적 서사 순서에 따라 키워드로 정리하면 이럴 것 같다. 일상, 우연, 혼돈, 극한 상황, 선택(혹은 결단), 본능(혹은 원죄), 공포, 질서 그리고 다시 일상. 이것을 풀어 정리하면 또 이럴 것 같다. 수많은 형태의 퍼즐 조각들로 잘 맞춰진 '한판'의 평범한 일상에서 사소하고 우연한 사건이 벌어지면서 잘 정돈돼 있던 그 '판'이 깨져 혼돈의 정국으로 치닫는다. 그 과정의 중심에 선 인물은 극한 상황에 이르러 생사의 선택 혹은 중대한 결단을 내려야 한다. 그 순간의 판단 혹은 결단의 추동력은 본능(욕망)과 원죄에 대한 흐릿한 기억이 기본으로 작용한다. 그 본능과 원죄는 당사자에겐 하나의 공포이기도 하다. 그러나 그 공포는 선택의 시점부터 다시 일상이 되어간다. 처음에는 극한 상황에서의 공포가 두렵게 작용하지만 나중엔 강도를 잃어 시들해진다. 그러면서 혼돈과 공포는 차츰차츰 퍼즐이 맞춰지듯, 뿌옇던 물이 점차 맑아지듯 질서를 회복하면서 최초와 유사한, 그러나 조금은 다른 일상으로, 아무 일 없었던 듯한 일상으로 되돌아간다. 그러면서 그 중심을 체험한 주인공 '그'는 그제야 그간 도외시했거나 도외시할 수밖에 없었던, 혹은 스스로 망각했던 자신의 존재, 아이덴티티를 확인하기에 이른다.

그렇듯 『재와 빨강』은 끊어진 원이 다시 이어져 원을 이루듯, 흐트러졌던 퍼즐 조각들이 제자리를 찾듯, 혼돈에서 다시 일상으로 돌아가는 한바탕의 (소동) 과정을 그린, 그러나 동시에 베인 상처는 아물어도 그 흔적만은 지워지지 않고 남는 대장정을 치밀한 구도 속에 섬세하게 담아낸다. 이것이 내가 읽고 사유한 『재와 빨강』의 주요 골격이다. 상업적인 시장 구조에서 바라보면 스토리 자체는 흥미롭지 않지만 제법 가독성이 있으며, 특히 인간사의 보편성에 대한 치밀하고 이색적인 편혜영 식의 탐색은 큰 매력으로 남는다.

편혜영은 『재와 빨강』에서 표현을 달리하며 중간중간에 그때까지의 상황을 정리해주는 이정표 서비스를 몇 차례에 걸쳐 친절하게 제공한다. 그 마지막 순서다. 이 부분은 이 소설 전체 내용의 골격이라 표현해도 될 정도다. "그는 더럽고 볼품없는 쥐 한 마리가 우연히 이끈 삶의 궤적을 언제든 떠올릴 수 있었다. 지금 잡는 한 마리의 쥐는 그를 다시 낯선 인생으로 내몰지도 몰랐다. C국에 온 것, 쓰레기 더미로 투신한 것, 공원에서 부랑 생활을 한 것이나 하수도로 떠밀려간 것은 모두 믿을 수 없지만 쥐 한 마리로부터 비롯된 일이었다. 애초에 그를 선발한 지사장이 가장 먼저 고려한 것도 쥐 한 마리를 때려잡은 일 때문이었다."(207쪽)

이 소설의 주인공 '그'가 들어선 세계는 "자신이 이제까지와는 완전히 다른 방식으로 문제를 해결하는 세계"(55쪽)였으며, "도덕과 질서와 교양과 친절이 정당한 세계에서 약탈과 노략질과 폭력과 쓰레기가 정당한 세계"(55쪽)였다. 그리고 그는 "전염병이 들불처럼 걷잡을 수 없이 번지고 있는 도시에서, 약탈자에 의해 거덜난 약국이 있는 도시에서, 쓰레기 천지이며 전신 방역복 차림의 위협적인 검역관들이 활보하는 도시에서, 비상벨 소리에 따라 밥을 먹어야 하는 도시에서"(87쪽) 파견 근무를 하러 온 것이었다. 그것도 '우연'에 기인한 과정을 통해, 그야말로 일상에서 혼돈의 세계로, 소통이 단절된 세계로 진입한 것이다. 휴대전화와 충전기를 비롯한 모든 물품이 든 트렁크를 잃어버렸다는 사실이 그것을 뒷받침한다.

바로 그런 세계에서 그는 전처를 살해한 용의자로 지목된다. 이어서 그가 형사일 거라 판단하는 이들이 어느 날 아파트로 찾아와 현관문을 두드린다. 그러자 순간적으로 희미한 기억에 도사리고 있는, 자신도 확실히 의식하지 못한 원죄(전처의 살해)의 씨앗이 발아하며 우선은 "잡혀서는 안 된다는 본능적인 두려움"(106쪽)을 느낀다. 바로 그 순간이 그에겐 크나큰 공포의 순간이자 극한 상황이었을 것이다. 잡히느냐, 아니면 죄를 지었건 안 지었건 간에 우선 그 상황으로부터 벗어나야 하는 것이냐에 대한 선택의 순간 말이다. 결국 그는 베란다 밖 쓰레기더미로 투신한다(107쪽). 극한 상황에서의 이런 본능적인 행동은 그가 전처와 T국으로 여행 갔을 때 난폭한 원숭이들이 출몰하는 어두운 숲 속에서(161~3쪽 참조)도 나타난다.

그런 행동은 현실에서는 상식적으로 상상이 되지 않는, 그래서 나중에 돌이켜봐도 낯설기만 한 의외의 것들이다. 그것은 인간이 지닌 본능적인 선택에 의한 행동이며, 살아남기 위한 최후의 선택과도 같은 몸짓이다. 그 절체절명의 순간이 지나면 평상의 시공이지만,

질서가 와해되고 통제가 단절된 질서 이전의 혼돈 속에서 보이는 공포에 찬 인간의 본능적인 몸짓은 지극히 자연스럽기도, 추악하기도 하고, 때로는 악마의 몸짓과도 같다. 이런 면에서 편혜영의 문학은 일면 영국의 대문호 조지프 콘래드의 『어둠의 속Heart of Darkness』과 『로드짐Lord Jim』 등의 소설을 떠올리게 한다.

그래서 나는 편혜영의 첫 데뷔 장편 『재와 빨강』을 최초로 미국 에이전트에게 전하면서 이 느낌을 언급했다. 그리고 2010년 여름, 프랑스 출판사 필립피키에에 이 소설을 소개했다. 한번 검토해보겠다는 반응이 왔다. 그래서 나는 미국에 있는 에이전트에게 그 사실을 알렸다. 그러자 에이전트는 곧바로 프랑스어권을 관리하고 있는 프랑스 현지 에이전트에게 그 상황을 통보했다. 그것이 에이전트들의 파트너십에 대한 기본 룰이다. 이어서 나는 프랑스 출판사로 검토용 도서 한 부를 발송했다. 그러면서 그들에게 이르기를, 검토 결과와 더불어 출판 계약 의사가 있으면 구체적인 내용은 프랑스 에이전트에게 연락하라고 일렀다. 나는 그 결과를 미국 에이전트로부터 9월에 들었다. 10월에 열린 프랑크푸르트도서전 직전이었다. 번역, 출판을 하겠다는 내용이었다. 이렇게 해서 편혜영의 소설 『재와 빨강』의 첫 해외 번역 판권은 프랑스로 가게 되었다. 이어 2010년 10월 6일부터 10일까지 열린 프랑크푸르트도서전 기간 중에 이 작품에 대해 해외 여러 나라 에이전트와 편집자들이 보인 현지 반응이 속속 이메일로 날아들었다. 시시각각 날아오는 메일의 행간에서 상대방의 불규칙한 호흡이 그대로 느껴졌다. 대부분의 사람들이 이 소설에 관심을 보이고 있다는 반가운 소식이었다. 그중에서도 이탈리아, 네덜란드, 중국, 대만에서는 더욱 적극적인 관심을 내비쳤다는 자못 흥분되는 이야기도 있었다. 일부의 언어권에서는 오퍼 경쟁까지 조심스럽게 점칠 정도였다. 결과는 수개월 정도 지나면 나올 것이다.

나를 가장 흥분시킨 건 해외의 여러 출판 관계자들이 편혜영의 문학에 큰 관심을 보이고 있다는 사실 그 자체다. '시집간 딸이 시댁에서 큰 사랑을 받고 있다는 소식을 전해 들은 친정 어미의 심정'이라고나 할까. 무엇보다도 다양한 개성을 지닌 한국 문학을 해외로 진출시켜야 하는 에이전트로서는 더할 나위 없이 자신감을 얻게 되는 순간이 아닐 수 없다. 어떤 유형의 한국 문학이 해외에서 어필할지에 대한 예상과 판단이 내 선에서 끝나는 것은 무의미한 일이다. 에이전트의 예상과 판단은 해외 출판 시장에서의 긍정적인 반응이나 평가와 일치할 때 그 가치가 빛나기 때문이다. 이렇게 해서 편혜영의 문학은 내게 또 다른 가능성과 보람을 안겨주었다. 그리고 그것은 앞으로도 계속될 것이다. 지금은 단지 시작에 불과하다.

한국형 팩션의 시작, 이정명의 『바람의 화원』

그림 한 점 한 점을 가로세로로 엮어 골격을 짜고, 거기에다 그림에 대한 그럴듯하고 재미있는 읽기와 해석으로 장식한 한 편의 멋진 소설. '아, 이 그림의 저 장면을 그렇게도 볼 수 있구나', '이 그림의 이 선과 이 색상을 또 이렇게도 읽을 수 있구나', '이 그림과 저 그림의 차이를 저렇게도 해석할 수 있겠구나' 하는 감탄을 자아내면서 끊임없이 무릎을 치게 하는 소설. 이정명은 놀라운 상상력과 추론을 바탕으로 거장인 단원 김홍도와 혜원 신윤복의 수많은 그림을 새롭고 화려하게 부활시키며 독자 앞에 불러세웠다. 이 모든 것은 순전히 소설가 이정명의 세밀한 관찰과 탁월한 상상력 덕택이다. '예술 행위는 차별화된 개성으로 자기만의 목소리와 색채를 아름답게 창조하는 행위다'란 내 나름의 정의가 틀리지 않다면 이정명의 소설 『바람의 화원』(2007, 밀리언하우스)은 또 하나의 독창적 영역을 개척

하여 선보인 예술작품이라 할 만하다. 이따금씩 문학적 전략과 장치라는, 몸에 맞지 않는 거대하고 무거운 옷을 걸치고 그 속에서 헉헉거리면서 잔재주를 자아내며 뭔가 대단한 문학예술을 보여주려 안간힘을 쓰는 이들이 내놓는 어정뜬 작품에 비하면, 이정명의 소설은 선명하고 깔끔한 개성을 지닌 역작이다.

10년 후 발견한 이정명의 가능성

지금으로부터 10여 년 전에 나는 처음으로 이정명이란 작가의 이름을 들었다. 한 지인으로부터 그의 장편소설을 건네받으면서다. 자신이 몸담고 있는 출판사에서 펴낸 책이라며 건넨 소설의 제목은『해바라기』(2001, 광개토)였다. 그러나 곧바로 읽지 않고 후일을 기약하며 책꽂이에 꽂았다. 그렇게 '이정명'이란 소설가의 이름만을 기억한 채 10년의 세월을 보냈다. 그의 이름을 새삼 상기하며 차츰 관심을 갖기 시작한 것은 그의 출세작『뿌리 깊은 나무』(2006, 밀리언하우스)가 본격적으로 베스트셀러 대열에 합류하며 독자의 이목을 사로잡을 무렵이었다. 무려 수십만 부가 팔려나갔다는 소식이 들려왔다.

  소설의 배경은 조선시대. 개인적으로 관심을 가지고 있는 궁중에서 벌어지는 사건을 소재로 삼았다. 세종대왕이 쌓은 치적 중 으뜸가는 한글 창제의 과정에 미스터리한 연쇄 살인 사건을 허구적 요소로 접목시킨 소설이라 했다. 사실 조선시대를 통틀어 문학이나 드라마 소재로 흥밋거리가 별로 없는 시대가 세종대왕 때다. 이른바 태평성대라 불리는 시절이라 극적인 사건이 상대적으로 적은 탓일 듯하다. 그러나 이정명은 역으로 그 시대에서 재미있는 소재를 찾았다. 그런데 이번에도『뿌리 깊은 나무』에 깊은 관심의 시선을 보내지 못한 채 또다시 2년의 세월을 보냈다.

그리고 2008년 봄. 일본 고단샤에서 한국을 대표할 만한 젊은 작가의 추리소설을 찾는다는 연락이 왔다. 한국, 중국, 대만, 태국, 인도 등 아시아 주요 국가에서 그 나라를 대표할 만한 젊은 작가의 추리소설을 하나씩 모아 묶어서 출간하려 하는데, 그에 어울리는 작가와 작품을 추천해달라는 것이었다. 나는 부랴부랴 젊은 작가를 찾기 시작했다. 인터넷에서 자료를 검색하고, 동시에 그 분야에서 조언을 해줄 만한 편집인들에게 전화를 걸어 도움을 요청하기도 했다. 그런데 생각보다 해외에, 그것도 비교적 추리문학이 발달한 일본 출판 시장에 자신 있게 내세울 만한 경쟁력을 갖춘 젊은 작가가 눈에 띄지 않았다.

그런 현실에 아쉬움을 토로하고 있던 즈음, 한 편집자로부터 이정명이란 작가와『뿌리 깊은 나무』를 추천 받았다. 이 소설이 일본에서 원하는 스타일일지는 장담할 수 없으나 그가 보기엔 가깝겠다는 의견이었다. 그렇게 해서 나는 처음으로 이정명의 소설을 본격적으로, 그리고 꼼꼼히 읽었다. 그러나 몇몇 이유로 인해 이 소설을 고단샤에 추천하지 않았다. 가장 큰 이유는 이 소설을 본격 추리소설로, 그리고 이 작가를 본격 추리 작가로 명명하여 소개하고 싶지 않았기 때문이다. 좀 더 다양한 영역을 넘나드는 소설가로서 이정명을 보고 싶었다. 그 생각은 지금도 변함이 없다. 그러나『뿌리 깊은 나무』를 찬찬히 읽은 후 큰 관심을 가지게 되었고, 앞으로 이 작가의 작품은 내가 관리해야겠다는 결심으로 이어졌다.

나는 『뿌리 깊은 나무』에 이어 그즈음으로부터 1년 전에 출간되어 드라마로도 제작되는 등 세간의 화제가 되었던 또 다른 소설 『바람의 화원』을 읽었다. 그러면서 이정명이란 작가에 대한 관심은 점차 깊어졌다. 저자와 수차례 미팅과 전화 통화를 한 끝에, 마침내 나는 그의 에이전트가 되었다. 우선 아시아권을 중심으로 그의 작품을 소개했다.

그러던 중 『바람의 화원』에 대한 첫 주문이 일본에서 날아들었다. 동서양을 넘나들며 다양한 작가의 수작과 자국 작가의 추리, SF, 판타지, 의학 스릴러 등 수많은 작품을 출간하고 있는 중견 출판사 하야카와쇼보에서 이 소설을 출간해보겠다는 것이었다. 『DMZ』(1997, 민음사), 『의녀 대장금』(2003, 초록배매직스), 『실미도』(2003, 보스), 『서동요』(2005, 지식공작소), 『미실』(2005, 문이당) 등 다양한 한국 소설을 출간하기도 한 곳이다. 그리고 마침내 2009년 5월 말과 6월 말, 한 달 간격으로 일본어판 『바람의 화원』 1, 2권이 출간되었다. 한편, 중국의 대표 문예 출판사인 인민문학출판사에서도 이정명의 소설에 관심을 보였다. 『바람의 화원』은 물론 『뿌리 깊은 나무』까지 모두 판권을 계약하겠다고 한다. 인민문학출판사는 그간 박완서, 신경숙, 은희경 등의 소설을 번역하여 출간한 바 있는 중국을 대표하는 문학 전문 출판사다. 흡족했다. 내가 작가라도 하야카와나 인민문학출판사 정도의 출판사에서 내 작품을 출판하겠다고 제안하면 단박에 "오케이!" 할 것이다. 이렇게 『바람의 화원』과 『뿌리 깊은 나무』는 중국 인민문학출판사로 번역 판권이 수출되었으며, 이 중 『바람의 화원』은 2010년 3월에 먼저 출간되었다.

한편, 2010년 10월 초 『뿌리 깊은 나무』의 번역 판권은 중국에 이어 『바람의 화원』을 번역, 출간한 하야카와쇼보가 아닌, 또 다른 일본의 중견 출판사인 카와데쇼보河出書房新社에 좋은 조건으로 팔렸다. 한 작가의 작품이 한 언어권에서 꾸준히 번역, 출간된다는 것은 현지 독자와의 관계 유지 차원에서 대단히 중요한 의미를 지닌다.

『바람의 화원』의 아시아권 진출

이 소설에 대한 반응은 미국이나 유럽 출판 시장보다는 아시아권에서 빠르게 나타났다. 김영하의 소설은 미국과 유럽 쪽에서 먼저 관심을 표명했고, 그로부터 몇 년 후에 아시아권에서 번역, 출간되었다. 그리고 조경란의 소설은 미국과 유럽 등지의 8개 언어권으로 진출한 뒤에 아시아권 시장(중국)으로 진입했다. 그렇다면 이정명의 『바람의 화원』이 김영하나 조경란의 소설에 비해 아시아권에서 먼저 관심을 얻은 이유를 몇 가지로 정리하여 그것을 이 소설의 세일즈 포인트로 연결하여 살펴보는 것도 흥미로운 일이 될 것 같다.

첫 번째 이유는 우리나라에서 베스트셀러의 자리에 오르며 수십만 부가 팔려나갈 정도로 대중성과 흥행적 요소를 지니고 있다는 사실과 더불어 그런 배경을 업고 텔레비전 드라마로 제작, 방영되었다는 것이 일본과 중국 시장에서 큰 이슈로 작용한 듯 보인다. 특히,

2009년 출간된 『바람의 화원』의 일본어판(위). 동서
양을 넘나들며 SF, 판타지, 의학 스릴러 등 다양한 작
품을 출간하는 중견 출판사 하야카와쇼보에서 출간
했다. 이미 『DMZ』, 『의녀 대장금』, 『실미도』, 『미실』
등의 한국 소설을 출간했던 곳이기도 하다. 2010년 3
월에는 중국 인민문학출판사에서 출간(아래)되었다.
중국 인민문학출판사는 박완서, 신경숙, 은희경 등의
소설을 번역한 일급 문학 출판사다.

일본 시장에서는 예전같이 열기가 뜨겁진 않지만 텔레비전 드라마나 영화의 원작 소설에는 관심을 보이는 편이다. 한국에서 히트했다는 대중성도 작용하지만, 한국에서 드라마화되고 자국에서도 그 드라마가 방영될 경우 또 한 번의 홍보 효과를 지니고 있다는 것이 중요한 매력 포인트로 작용했다고 봐야 할 것이다.

두 번째 이유는, 어떻게 보면 가장 중요한 이유가 될 텐데, 한국 풍속화와 함께 소설 읽는 재미가 제법 쏠쏠하다는 것이다. 문학적 가치를 부여하기 이전에, 말 그대로 소설 읽는 재미를 한껏 만끽할 수 있다. 결국 누가 보더라도 재미있는 소설이란 그만큼 해외에 팔릴 가능성이 높은 것 아니겠는가. 이런 요소들이 에이전트에게는 중요한 세일즈 포인트가 된다. 문학적 성취도가 높은 작품을 출판하는 곳이 있는가 하면, 대중적 요소가 강한 문학을 출판하는 곳도 있기 마련이다.

두 번째 이유를 좀 더 구체적으로 살펴보면 여기엔 또다시 몇 가지 요소가 어우러진다. 하나는 그림을 읽고 해석하는 이정명의 상상력이 정교하고 세밀하며 기발하다는 것이다. 이정명의 작품은 대략 훑어봐서는 도저히 이끌어내기 어려운 기발한 내용을 화폭에 나타난 선과 색상에서 이끌어내고 있다. 그리고 활기찬 동력을 유지시킨 채 그 독법을 점점이 연결하며 일관된 하나의 서사로 매끈하고 팽팽하게 이어간다. 사실 이것은 소설가 이정명이 이 소설을 통해 거둔 가장 훌륭한 성과물이기도 하다. 그렇다면 그 추동력은 어디에서 온 것일까? 화원 신윤복의 출생 배경과 함께 그만이 지닌 개인적 내밀함과 사도세자의 어진을 둘러싼 살인 사건에 대한 보이지 않는 추적이 단단한 고리로 연결되어 끝까지 팽팽한 긴장감을 유지시키고 있다는 데서 찾을 수 있다.

지금까지 거론한 이 소설의 미덕은 아시아권에서 빠르게 반응을 얻은 이유를 정리한 것이지만, 이는 미국이나 유럽 쪽으로 진출하는 데에도 중요한 역할을 할 것으로 기대한다. 출판인이 갖는 본능과 독자들이 지닌 본능은 동서양이 크게 다르지 않다는 판단에서다. 다만 당대가 아닌 조선시대를 배경으로 하고 있으며, 작품 소재도 서양화가 아닌 동양화, 그것도 조선시대의 풍속화를 골격으로 삼고 있다는 사실이 자칫 걸림돌로 작용할 수도 있겠다. 그러나 그림이란 장르 자체가 시대나 영역을 초월하는 것이고, 오히려 동양화가 서양인들에게 이국적인 신비감이나 신선함을 줄 수도 있다는 생각이 든다. 특히 그림 한 폭 한 폭에 대해 놀라운 상상력을 기반으로 관찰하고 해석한 점은 서양 독자들의 탄성을 자아낼 것이다. 그리고 이 소설에서 즐길 수 있는 또 하나의 덤이 있다면, 화원 김홍도와 신윤복의 팽팽한 대결 구도와 함께 사제지간을 뛰어넘는 묘한 이끌림이 전면에 은은하게 깔려 있다는 사실이다.

정교하고 세밀하며 기발한 상상력

작가 이정명이 두 화원의 그림을 어느 정도로 꼼꼼히 살폈는지는 소설에서 쉽게 확인되지만, 특히 세심한 관찰력에 혀를 내두르게 하는 대목이 있다. 단원과 혜원이 그림 대결을 하는 장면인데, 단원은

「씨름」을 그렸고 혜원은 「쌍검대무」를 그렸다. 두 그림을 두고 내기를 벌이고 있는 무리 중 한 인물이 단원의 「씨름」에서 오류를 잡아낸다. 이는 작가가 직접 이들 그림과 관련하여 해당 전문가가 치밀하게 분석한 자료를 발굴하여 안성맞춤하게 자신의 소설에 차용한 이정명의 기지가 돋보이는 대목이다.

"두 화인의 그림에 실수가 있다는 말인가?" 부원군의 물음에 김조년은 여유로운 미소를 떠올렸다. "두 화인이 아니라 그중 한 화인의 그림이지요." "누구의 그림인가?" "단원의 그림을 자세히 살펴보십시오. 오류는 아래 구경꾼의 손입니다. 씨름꾼이 자기를 덮칠까 봐 놀라서 뒤로 손을 내짚은 사내의 왼손과 오른손이 바뀐 것을 볼 수 있을 것입니다." 부원군은 찬찬히 아래쪽의 구경꾼을 보았다. 김조년의 말대로 구경꾼의 양손은 분명 좌우가 바뀌어져 있었다.(2권 215쪽)

이처럼 그림을 읽어내는 작가의 놀라운 재주에 감탄하며 『바람의 화원』을 시종 재미있게 읽었다. 거의 흠잡을 데가 없어서 막힘없었다. 그러나 '옥에도 티가 있다'는 말을 증명이라도 하듯 '티' 같은 게 눈에 띈다. 1권 183쪽에 보면, "윤복은 서둘러 발걸음을 옮겼다. 견평방에서 계월옥까지는 그다지 멀지 않은 길이었다. 실눈썹 같은 초승달조차 없는 그믐밤이어서 발걸음은 더뎠다. 싸늘한 초겨울 바람이 싸하게 귓전을 훑고 지나갔다. 광통교를 건널 무렵 문득 동네 개 짖는 소리가 어둠 속에 퍼졌다. 희미한 달빛 아래 광통교 저

편에서 두런거리는 소리가 들렸다"는 내용이 나온다. 서두에는 "초승달조차 없는 그믐밤"이라 했다. '초승달' 대신 '그믐달'이란 단어를 쓰지 않은 것은 일단 접어두자. 어쨌든 달이 없어 칠흑같이 어두운 밤이라는 상황을 서술한 것일 터. 그러니 여기까지는 크게 문제될 게 없다. 그런데 그 말이 끝나기가 무섭게 곧바로 '희미한 달빛 아래'란 표현이 이어진다. 앞 내용의 서술과 충돌하는 대목이다.

그리고 또 "도성 안 통행금지도 훨씬 지난 시간에 양반 사내와 기생, 그리고 대전 별감의 은밀한 거래가 이루어지고 있었다. 거나한 술자리를 파한 양반은 반반한 기생년을 데리고 기방을 나선 참이었고, 기생오라비 별감은 묵직한 돈뭉치를 받아 챙긴 후 은밀한 눈빛을 보내고 있었다. (…) 계월옥 앞에 당도했을 때는 그믐달이 꽤 높이 떠 있었다. 솟을대문을 지나자 윤복의 낯을 기억하는 기생 하나가 반색을 했다."(183~5쪽) 이 장면에서 소개된 그림은 「야금모행夜禁冒行」으로 저자는 이 그림에 대해 "늦은 겨울 밤 기생이 동침을 원하는 양반을 따라 어디론가 가는 모습. 붉은 옷을 입은 별감이 양반과 기생의 성매매를 중개하고 있다"라고 소개한다.

실제로 소개된 화폭엔 희미한 그믐달이 그려져 있다. 그리고 인용하였듯이 "그믐달이 꽤 높이 떠" 있다고 표현돼 있다. 실제와는 맞지 않는 묘사로 보인다. 보통 그믐달은 음력으로 그믐날 며칠 전, 해 뜨기 전에 동쪽 하늘에서 먼저 낮게 뜬다고 한다. 결국 "초승달조차 없는 그믐밤"과 "희미한 달빛 아래", 그리고 "그믐달이 꽤 높이 떠"라는 대목은 아귀가 잘 맞지 않아 보인다. 본문에서 '그믐밤'이라 했는데,

음력으로 그믐밤과 그다음 날인 1일에는 달을 볼 수가 없다고 한다. 문학적인 정서와 분위기를 고려하여 표현했다는 점을 감안하더라도 앞뒤가 맞지 않아 아쉬움이 묻어나는 표현이다.

지금 무척이나 멋대가리 없이 문학적 표현에 어쭙잖은 사실적 잣대를 들이대어 작품에 흠집을 내며 경망스럽게 접근하는 우를 범하고 있지만, 그림을 읽어내고 소설을 그리는 작가 이정명의 솜씨가 하도 뛰어나서 나도 모르게 그림과 소설 내용을 자세히 따라가며 탐닉하다 보니 그런 표현이 우연히 눈에 들어와 지적하게 되었다. 그저 애교로 봐주길 바랄 뿐이다.

한국 추리문학의
기대주, 이은

"고단샤 문예국 문예출판부는 본격 미스터리 작가의 '신'으로까지 존경 받고 있는 시마다 소지와 협력하여 아시아 각국에서 활약하고 있는 기예 넘치는 본격 미스터리 작가들의 작품선집을 기획, 출판하려 하고 있습니다."

2008년 4월 30일, 일본 고단샤 문예국 소속의 한 출판부장으로부터 날아온 장문 메일의 첫 대목이다. 시마다 소지선選, '아시아 본격 리그'는 본격 미스터리에 한정하여 각국으로부터 재기 넘치는 작가를 소개 받아 그에 어울리는 걸작을 선정하여 번역, 출판할 예정이라는 내용의 메시지였다. 한국, 중국, 대만, 태국, 인도, 일본 등 아시아의 젊은 본격 미스터리 작가의 네트워크를 구축해보겠다는 의지를 천명한 셈이다. 시마다 소지는 일본을 포함하여 아시아 여러 나라에서 인지도가 높은 추리 작가로, 활발하게 작품 활동을 하는

일본 고단샤는 미스터리 대가인 시마다 소지가 엄선한 '아시아 본격 리그' 시리즈를 만들며 한국, 중국, 대만, 태국, 인도, 일본 등 아시아의 젊은 본격 미스터리 작가를 소개하겠다는 야심찬 계획을 세웠다. 일본에 소개할 한국 미스터리 작가로 이은이 발탁되었고, 그의 추리소설 『미술관의 쥐』가 2009년 11월에 번역, 출간되었다.

한편 다양한 미스터리 작가상을 마련하는 등 추리문학 저변 확대에도 남달리 기여한 인물이다. 그런 그가 일본 굴지의 출판사인 고단샤와 함께 본격 미스터리 작가의 작품선을, 그것도 일본 작가가 아닌 아시아 주요 국가의 작가들을 엄선하여 그들의 작품을 출간하겠다는 것이다.

특히 시선을 강하게 이끈 대목은 "재능 있는 (가능하면 젊은) 본격 미스터리 작가와 그 작품을 소개해주십시오"라는 구절이었다. 고단샤 담당 출판부장은 순수문학 분야가 한중일 정부 및 후원 단체들에 힘입어 활발히 교류하고 있다고 지적하면서, 시마다 소지와 구상하고 있는 작업은 어디까지나 민간 주도로 이루어지며 출판사와 작가, 번역가에 의한 이익 추구가 가능한 프로젝트로 진행할 생각이라고 밝혔다. 그러면서 덧붙이기를, "최종적인 목표는 범태평양, 아메리카, 유럽 등으로 네트워크를 확대하는 것"이라고 했다.

말 한 마디 한 마디 버릴 것 없는, 옳은 얘기면서도 솔깃한 의견이었다. 그런데 그의 기획안을 흥분해서 세심히 살피고 난 뒤 순간적으로 머릿속이 아득해지는 느낌이었다. 분명 기회는 왔는데 그들 앞에 누굴 세워야 한단 말인가? 이 자문에 당장 떠오르는 인물이 없었기 때문이다. 누가 의견을 제안하면 어떤 답을 전할 것인지 즉각적으로 떠오르는 것이 있어야 하는데, 당시 내겐 그게 없었다. 자칫 좋은 기회를 놓치는 것 아닌가 하는 두려움이 앞섰다.

더구나 고단샤 담당 부장은 시마다 소지가 정의하는 '본격 미스터리'의 기본 골격을 강조하면서, 가능하면 그에 어울리는 작품을 소개해달라는 당부의 메시지를 빼놓지 않았다. 짧게 요약하면, "'본격 미스터리 소설'이란 이야기가 전개되기 전 단계에 매력 넘치는 수수께끼를 넣고 이야기가 진행되어 결말에 다다름에 따라 논리적으로 그 수수께끼가 해체, 설명되는 형식을 지닌 소설"이라는 것이다. 내심 답답했다. 추리문학은 제대로 살펴보지도 않았고, 평소 관심을 갖고 많은 작품을 즐겨 읽은 것도 아니며, 한국 추리 작가에 대한 정보를 쥐고 있는 것도 아니었다. 가진 거라곤 프로젝트에 합당한 작가와 작품을 하루바삐 찾아야 한다는 의무감과 열정뿐이었다.

이은이라는 추리 작가의 발견

나는 우선 한국 추리 작가와 관련한 인터넷 정보를 검색했다. 어떤 작가들이 언론이나 독자로부터 주목을 받았는지, 객관적인 평을 참고하기 위해서다. 이어 온라인 서점을 통해 당시까지 발표된 다양한 형태의 작품을 간략하게 메모하면서 검색했다. 추리 유형을 살피고, 해외에 어필할 수 있는 보편적인 공감 요소를 지니고 있는지, 젊은 작가인지, 장래성은 있는지, 독자평은 무난한지 등을 다각도로 살폈다. 처음 생각했던 것보다는 의외로 검색 시간이 짧았다. 검색을 하면서 추리소설을 발표한 작가들의 이름과 발표한 작품명, 출판사명을 나열했다. 많을 줄 알았는데 이것저것 가려내고 보니 A4용지한 장 분량에 모든 메모가 정리되었다.

　문제는 그다음이었다. 아무리 대중적이고 읽기 쉽게 쓰인 소설이라 하더라도 직접 읽어보지 않고서는 그 분위기와 형식을 제대로 가늠할 수 없기 때문이다. 더구나 읽는 속도까지 느린 터라 주어진 시간 내에 열거된 작품을 다 볼 수도 없는 상황이었다. 그래서 하는 수 없이 주변의 도움을 받기로 했다. 주변의 의견과 내 의견이 일치하는 작가와 작품을 소개하겠다고 마음먹은 것이다. 몇몇 작가와는 직접 통화도 했다. 그런데 자기가 쓴 소설은 내가 찾고 있는 것과는 거리가 있다며 솔직하게 말한 작가들도 있었다. 아쉽기도 하고 고맙기도 했다.

이어서 시공사의 유영준 팀장과 노블마인 채영희 대표와 통화했다. 친절하게 내가 묻는 질문에 답변을 해주었으며, 한국 추리 작가에 대한 대략적인 정보도 함께 귀띔해주었다. 감사하게도 내겐 큰 힘이 됐다. 결국, 나는 고단샤에서 구상하고 있는 추리문학과 어울리는 작가와 작품을 찾아내지 못했다. 그러나 관심과 열정이 있는 한 어떻게든 기회는 오는 것 같다. 그것이 필연인지 우연인지는 몰라도.

그로부터 얼마간의 시간이 흘렀다. 2008년 7월 초에 낯선 작가로부터 전화가 걸려왔다. 이은이라고 했다. 처음 들어보는 이름이었다. 그런데 신기한 것은 전화를 한 그 작가가 추리 작가라는 사실이었다. 내가 추리 작가와 작품을 찾고 있는 것과는 무관하게 전화를 한 것이었다. 뿐만 아니라 일전에 검색한 목록에도 없던 작가였다. 열심히 검색한다고 했지만 받친 체에 물 빠져나가듯 새는 경우가 있는 모양이다. 그즈음, 그는 한 권의 추리소설을 막 출간하고 나서 그 책을 해외 출판 시장에 에이전트를 통해 소개해보고 싶은 마음에 내게 전화를 했던 것이다. 얘기를 자세히 들어보니 나뿐만 아니라 이미 다른 에이전트에게도 해외로 소개해줄 것을 부탁했다고 한다. 통화를 마치고 그로부터 얼마 후인 7월 18일 서교동 사무실에서 만났다. 그는 내게 세상에 나온 지 채 한 달도 되지 않은 소설『코미디는 끝났다』(2008, 랜덤하우스)를 내밀었다. 이것 외에도『미술관의 쥐』(2007, 예담)와『누가 스피노자를 죽였는가?』(2003, 문학수첩)라는 작품을 발표한 적이 있었다. 나는 작품을 받고 구체적인 검토에 들어갔다.

먼저 신간인『코미디는 끝났다』부터 읽었다. 추리소설을 많이 읽어서 패턴을 꿰뚫어볼 만한 혜안은 없었어도 공감 가는 요소가 적지 않은 본격 심리추리물로 보였다. 잘 짜인 전개 구도, 밀도 높은 세밀함, 끝까지 작품을 이끌어가는 추진력, 그리고 여지가 남는 열린 결말까지, 일반 문학작품이라 하더라도 그다지 흠잡을 데가 없어 보였다. 더 이상 고민하지 않고 곧바로 고단샤에 추천하기로 결정했고, 이은에게도 뜻을 알렸다. 일본어권 담당 실무자에게『코미디는 끝났다』의 일독을 권했다. 그리고 일어로 간략하게 작품 소개를 준비하라고 일렀다. 작품을 읽은 후의 반응도 나쁘지 않았다.

곧바로 본격적인 소개 작업에 착수했다. 자료가 준비되자 견본도서와 함께 일본 고단샤로 발송했다. 그로부터 얼마간의 시간이 흘렀다. 회신이 없기에 상황이 궁금하여『코미디는 끝났다』에 대한 검토 의견이 나왔느냐고 물었다. 그랬더니『미술관의 쥐』라는 또 다른 작품이 있던데 그 작품을 함께 검토해볼 수 있느냐는 의견이 돌아왔다. 완성도는 높지만 심리추리 성격이 강해서 그것이 마음에 걸리나 보다 싶어서, 곧바로 간략한 작품 소개서와 함께 책을 일본으로 발송했다.

그로부터 2개월여가 흘렀을까. 최종 회답이 왔다. 『코미디는 끝났다』가 아닌 『미술관의 쥐』로 출간을 결정했다는 통보였다. 그러면서 구체적인 계약 조건을 보냈다. 마침내 이은의 추리소설 『미술관의 쥐』는 2008년 말에 판권 계약이 진행되었으며, 김훈아의 번역으로 지난 2009년 11월 20일 일본에서 출간되었다. 2009년 12월 중순에 한국, 중국, 대만, 인도 등의 작품이 '아시아 본격 리그'로 출간되었으며, 태국 작가의 작품도 뒤이어 출간 일정이 잡혀 있었다. 고단샤의 담당 책임 편집자는 이번에 첫선을 보인 '아시아 본격 리그' 작가선이 일본 출판 시장에서 어느 정도 성공을 거둘 경우 두 번째 단계의 작업이 이어질 거라고 했다.

2010년 5월에 『미술관의 쥐』는 아시아를 넘어 유럽의 땅으로 건너가게 되는 기회를 거머쥐었다. 프랑스 출판사 필립피키에 출판사가 이 소설을 번역, 출간하겠다고 선언한 것이다. 내 개인적인 생각으론, 이 소설보다는 본격 심리추리물 범주에 포함시킬 수 있는 『코미디는 끝났다』가 비교적 더 짜임새 있고 완성도가 높아 보인다. 그러나 해외 출판 시장에서의 판권 세일즈 현실은 그와 다른 결과를 보이고 있다. 그 원인 중 하나는, 단순한 플롯에 스토리 전개가 명료하고, 아울러 미술품 거래 시장의 흑막 뒤에서 벌어지는 흔하지 않은 소재가 출판 기획자들에겐 관심거리로 작용했을 거라는 짐작이다.

한국 추리문학의 미래

『미술관의 쥐』는 의문의 살인과 실종 사건, 미술관장의 석연찮은 자살 등이 맞물리며 긴박감 넘치게 전개되는 추리소설이다. 특히 국내 유명 화가의 그림 모작을 둘러싸고 벌어지는 고도의 두뇌 게임이 돋보인다. 작가 이은은 실제로 미술계에 종사하고 있는 전문가로서, 그간 쌓아온 다양하고 해박한 정보와 지식을 본격 미술 관련 추리소설 『미술관의 쥐』에 생생하게 불어넣었다.

이은의 미술 관련 추리소설은 여기에 그치지 않고 『수상한 미술관』으로 이어진다. 이정명의 소설 『바람의 화원』이 김홍도와 신윤복의 그림을 집중 탐구하여 엮었다면, 이은의 『수상한 미술관』은 서양의 여러 유명 화가의 그림을 찬찬히 비교해가며 살피는 소설로, 모방과 패러디에 대한 다양한 의견과 해석을 곁들인 작품이다. 그래서인지 화가들의 다양한 그림이 조목조목 소개될 때에는 서양미술사 내지는 미술 관련 교양서를 읽는 듯한 착각에 빠지게 되고, 모방과 패러디에 대한 등장인물들의 열띤 논쟁을 지켜보노라면 학술 세미나의 한 장면을 바라보는 기분이 든다. 특히 중간중간에 삽입된 그림들은 『바람의 화원』과는 또 다른 차원의 소설 읽는 재미를 선사한다.

이 시점에서 나는 본격 추리소설로서 『미술관의 쥐』가 일본에 진출한 데 의미를 부여하지 않을 수 없다. 2009년 말 현재를 기준으로 일본의 해외 저작물 수입은 크게 감소했다. 일본 출판 시장에서 영미권 출판 저작물 수입이 크게 둔화된 것만 보더라도 일본 출판계의 해외 출판 저작물 수입에 대한 관심이 얼마나 시들해졌는가를 짐작할 수 있다. 따라서 이 시점에서 한국 출판 저작물에 대한 분위기를 묻는 것은 무의미할 정도다. 그만큼 대중문학, 순수문학 가릴 것 없이 일본에 대한 한국 문학 수출세는 최근 몇 년 새 취약해져만 가고 있다. 신경숙의 『엄마를 부탁해』가 한국에서 100만 부 판매 돌파를 목전에 두고 있다고 해도 꿈쩍 안 하고 있다가 서양에서 호평을 받으며 판권이 팔리자 판권 경쟁에 뛰어들 정도다. 이런 상황을 보더라도 일본 출판 시장에 한국 문학이 도입되기가 얼마나 어려운 상황인지를 짐작해볼 수 있을 것이다. 이런 마당에 아시아권에서는 추리의 본고장이라 할 수 있는 일본에 우리 추리문학이 진출했다는 것은 분명 큰 의미가 있다.

이제 앞으로가 문제다. 한국에서 추리문학의 위상과 역할, 그리고 대중적 관심도가 극도로 취약한 상태이기 때문에 더욱 그렇다. 잠시 일별하더라도 미래를 이끌어갈 추리 작가군이 두텁지 않다 보니 독자층마저도 그렇다. 설상가상으로 출판사들 또한 추리문학 출간에 그다지 큰 관심을 보이지 않아 신예 작가 발굴에도 미온적이고 소극적이다.

그나마 다행인 것은 최근 일부에서 이런 악조건을 극복하기 위해 거액의 당선 고료를 내걸고 관련 문학상을 제정하여 신진 작가 발굴에 정성을 기울이고 있다는 점이다. 그러나 한국 출판 시장에서 추리문학의 저변이 워낙 약하다 보니 여러모로 힘든 상황인 것만은 분명해 보인다. 따라서 추리문학의 발전을 위한 노력이 절대적으로 필요한 시점이다.

그 노력의 첫 단계로 우선 문학 시장이 지금보다 더 활성화되어야 할 것이다. 그리고 문학 시장 전반이 균형 있는 발전을 이뤄야 한다. 즉 순수문학과 대중문학이 골고루 발전해야 한다는 뜻이다. 그래야 다양한 취향을 가진 독자들을 만족시킬 수 있다. 그중에서도 대중문학의 발전과 활성화는 더욱 필요하고 중요하다. 문학 시장은 물론 출판 시장 전체를 이끄는 무한한 잠재력과 추동력을 지닌 분야이기 때문이다.

그런데 대중문학이 활성화되기 위해서는 그 범주에 속하는 추리문학, 로맨스문학, SF, 판타지문학 등이 각기 제 몫을 다해야 한다. 훌륭한 문학(상품)은 어떤 악조건 속에서도 위력을 발휘할 수 있는 잠재력을 지닌다. 해외로의 수출도 마찬가지다. 세계 출판 시장에서 한국에 대한 인지도가 취약하고 한국 작가의 유명세가 없어도 뛰어난 잠재력을 지닌 작품이라는 사실만 어필한다면 언제든 해외 진출이 가능하다고 확신한다. 이는 누구 한 사람의 노력만으로는 어렵다. 작품(상품)의 창조자(생산자)인 저자는 저자대로, 편집자는 편집자대로, 에이전트는 에이전트대로 자신의 역할을 다 해낼 때 비로소 성공이 보장되기 때문이다. 빠끔히 열린 문이 그대로 닫히지 않도록, 열린 문을 더욱 활짝 열고 들어갈 수 있도록 모두가 노력해야 할 것이다.

해외에 소개한
북한 소설
홍석중의『황진이』

나는 1970년대에 초등학교를 다녔다. 반공포스터, 반공표어, 반공
글짓기, 반공웅변, 반공영화, 반공드라마… 온통 '반공'이었다. 거기
다 왼쪽 가슴에 달고 다니는 학교 명찰에도 '반공' 혹은 '승공'이란
두 글자가 선명히 새겨져 있었다. 동네 어귀와 야산 곳곳에는 'ㄷ' 자
모양으로 1미터 남짓 깊이로 땅을 파서 만들어놓은, 어른 서넛 들어
갈 만한 크기의 방공호도 많았다. 분위기가 그렇다 보니 "전쟁 일어
나면 어떻게 할 거야?" 같은 식의 말로 시작하는 조무래기들의 대
화는 흔한 일상이었다. 어디 그뿐인가? 마을 뒷산 솔밭으로 놀러 가
서도 나뭇가지 하나씩 꺾어 총이라고 들고는 편을 갈라 진영을 만
들고 전쟁놀이 하기가 일쑤였다. 그리고 후미진 산자락 모퉁이에 날
아와 떨어진 '삐라'(불온 선전물을 그렇게 불렀다)라도 줍게 되면 뛰는
가슴을 달래며 호주머니에 넣었다가 담임선생님께 드리곤 했다. 그

러면 어떤 때에는 공책도 받았다.

그 시절에는 공산당은 모두 빨간 얼굴에 머리에 뿔난 짐승인 줄 알았다. 이제는 그 모든 것이 정말 아련한 추억(?)이 되었다. 그런데 시절이 바뀌자 이제는 이런 소리가 들린다. "안보 의식이 너무 희박해졌다." 나는 프랑크푸르트도서전에 가서야 북한 남성을 보았고, 베이징 시내에 있는 북한 식당에 가서 북한 여성을 처음 보았다. 그들과 일정한 거리를 두고 마주 섰을 때, 뭐라고 표현하기 어려운 다양한 감정의 물결이 교차하며 일렁이는 기분을 느꼈다. 나와 말도 같고, 피부색도 같고, 생김새도 같았다. '빨간' 피부도 아니고, 무시무시한 '뿔'도 없는, 지극히 소박하고 평범한 사람들이었다. 그러고 보면 어릴 적 그 기억은 분명 정겨운 추억이랄 것도 없고, 되돌아가고 싶은 공간이랄 수도 없는 그저 씁쓸한 기억인 것 같다.

홍석중의 『황진이』를 만나다

내가 읽은 북한 책(문학)은 홍석중의 『황진이』(2006, 대훈닷컴)가 처음이다. 2006년 10월 19일에 마지막 쪽을 읽었으니 벌써 여러 해가 흘렀다. 황진이를 소재로 드라마를 만든다, 영화를 만든다, 말이 많았다. 아시아권에선 절정기에 비하면 한풀 꺾이기는 했어도 출판계에 미치는 드라마나 영화의 여운이 아직 남아 있던 터라, 그 배경을 업고 황진이에 관한 소설을 주변국의 출판 시장에 소개해보고 싶었다. 그래서 조사를 해봤다.

먼저 전경린의 『황진이』(2004, 이룸)가 시야에 들어왔다. 김탁환의『나, 황진이』(2006, 푸른역사)도 검토 목록에 추가했다. 이 밖에도 황진이 관련 작품이 더 있었지만 집중하기 위해 그 선에서 정리했다. 그리고 최종 두 작품 중 마지막으로 한 작품을 선정했다. 전경린의『황진이』였다. 이때까지만 해도 홍석중의『황진이』는 관심 밖이었다. 마침내 중간 결과가 나왔다. 중국에서 전경린의『황진이』를 출판해보겠다는 후보자가 나선 것이다. 그들이 제시한 선인세 조건은 그다지 나쁜 편이 아니었다. 그러나 한국 출판사에서는 그 금액이 적다고 했다. 황진이를 소재로 한 드라마가 본격적으로 제작, 방영될 텐데, 중국 출판사에서 제시한 조건이 여러 조건을 감안할 때 기대치에 크게 못 미친다는 의견이었다. 이해 못할 바는 아니었다. 그런데 중국에서는 더 이상 선인세를 인상할 수 없다고 했다. 그들이 제시한 금액이 최상의 조건이라는 것이다. 나와 중국어권 담당자는 양쪽을 오가며 수차례에 걸쳐 협상 의지를 보였다. 때에 따라서는 사정에 가까운 설득전까지 벌였다. 그러나 모두 허사였다. 특히 한국 출판사는 일정 기준을 제시하며 그 조건을 맞추지 못하면 계약할 수 없다는 입장만 되풀이했다. 2006년 베이징도서전 기간을 전후로 한 상황이다.

누굴 탓하겠는가. 결국 나는 합일점을 찾지 못했다. 세일즈 실패였다. 이어 김탁환의『나, 황진이』를 중국 출판사에 소개했다. 그러나 그것은 마다한다. 서간문 형식으로 된 것이 맘에 안 드는 모양이었다. 그래서 속으로 황진이는 이렇게 나와의 인연을 뿌리치고 속절없이 떠나가나 보다 싶었다. 바로 그즈음에, 안타깝게도 지금은 고

인이 된 대훈닷컴 김주팔 사장을 베이징의 한 호텔 로비에서 만났다. 그리고 그분으로부터 홍석중의 『황진이』를 소개 받았다. 전혀 예상치 못한 일이었다.

그러나 손에 들면 뭐하나, '그림의 떡' 아닌가. 북한 작가의 소설을 가지고 내가 뭘 어찌한단 말인가. 마음속 윗목 저만치로 쓱 밀쳐놓았다. 그런데 그게 아니란다. 가능성이 있다고 했다. 그가 북한 작가 홍석중을 대신해 해외 번역 판권을 대행할 수 있는 권한을 이미 위임 받았다는 얘기였다. 그것을 증빙할 수 있는 서류 또한 있다고 했다. 순간 뭔가가 퍼뜩 스쳐간다. 당장에 보면 '꿩 대신 닭'인지는 모르겠지만, 의미를 부여하면 그 또한 중요한 일이 될 것 같았다. "그렇습니까?" 상기된 어조로 나는 되물었다. 분명 가능성이 있다는 답을 거듭해서 들었다.

나와 중국어권 담당자는 김주팔 사장과 헤어진 후 이 책을 가지고 어떻게 움직일 것인지 깊이 고민했다. 서울로 돌아와서도 대훈닷컴 실무자와 계속 통화하고 몇 차례에 걸쳐 만났다. 결국 우리는 대훈닷컴을 통해 수차례의 확인 절차를 거치며 홍석중 작가와 대훈닷컴을 대신하여 『황진이』의 해외 판권 세일즈 대행을 공식적으로 허락 받았다. 사실 대훈닷컴도 홍석중 작가의 의견을 듣기 위해 제3자를 거쳐 간접적으로 커뮤니케이션한 것으로 알고 있다.

곧바로 전경린의 『황진이』 세일즈를 실패한 그 출판사에 홍석중의 『황진이』를 내밀었다. 법적으로 하자만 없다면 번역, 출판하겠단다. 이어 우리는 그 부분에 있어서는 이미 사전 정리가 끝났다는 사

위는 대만의 문예물 전문 출판사 중 하나인 맥전출판사麥田出
版社가 2007년 9월에 출간한 번자체판『황진이』. 맥전출판사
는 대만에서『소설 동의보감』과『대장금』등 다양한 한국 소설
을 성공적으로 출간하여 한류 문화의 붐을 이끈 곳이다.

2008년 8월에 아사히신문사출판부가 출간한『황진이』의 일본
어판(중간). 홍석중 소설『황진이』를 원작으로 한 영화〈황진이〉
의 주연배우 송혜교의 이미지를 표지로 써서 눈길을 끈다.

아래는 중국의 대표 출판 그룹 중 하나인 봉황출판그룹 소속
의 역림출판사가 2007년 4월에 출간한 간자체판『황진이』.

실을 알려주고 계약을 진행시켰다. 지금 와서 하는 말이지만 당시엔 기분이 묘했다. 한국 작가의 작품을 팔 기회는 놓치고 전혀 예상하지 못했던 북한 작가의 작품을 판다는 것은 분명 색다른 체험이다. 그때 나는 '에이전트라는 것이 상황만 허락한다면 정치의 벽도, 이념의 벽도, 국가의 벽도, 나아가서는 언어의 경계도 넘어설 수 있는 직업이구나. 앞으로 내가 할 역할을 두루 찾으면 그 영역이 한없이 넓어질 수도 있겠다'라는 생각을 다시금 했다. 좀 더 확대해석하면, 문화 공유 내지는 문화 교류 차원에서 기존에 있었던 여러 장벽도 뛰어넘을 수 있겠다는 생각이다. 그렇게 해서 홍석중의 『황진이』는 중국에 이어 대만으로까지 수출되었다.

그로부터 수개월이 흐른 어느 날, 일본에서 연락이 왔다. 아사히신문사출판부에서 홍석중의 『황진이』에 관심이 있다는 내용의 전화였다. K라는 분이 아사히신문사출판부 편집자를 대신해서 내게 연락한 것이다. 2007년 초의 일이다. 마침 한국 문학에 대한 일본 현지의 관심을 두루 타진해볼 작정으로 혼자서 일본에 건너가려던 차였다. 잘됐다 싶어서 곧바로 일본 출장 일정을 잡았다. 그리고 여러 출판사 방문 일정 중에 K가 일러준 편집자를 만나러 아사히신문사로 향했다. 그를 만났고 그 자리에서 구체적인 계약 조건도 제시받았다. 나쁘지 않은 조건이었다. 이른바 한류 열풍도 한풀 꺾인 상황에서 현지 인지도가 전혀 없는, 그것도 북한 작가의 작품에 대한 조건치고는 넘친다고 할 만했다.

그러나 일이 그렇게 단시간에 쉽게 풀리진 않았다. 정식으로 계약이 체결되기까지는 1년의 세월이 더 필요했다. 저작권자 측에서 더 높은 조건을 요구했기 때문이다. 그렇게 서로 줄다리기를 하는 사이 일본 출판사의 관심도 떨어졌으며, 일본 출판 시장에서는 한국 책에 대한 관심도 동반 하락했다. 그러다가 드라마 〈황진이〉의 현지 방영 일정이 잡히면서 가라앉았던 관심은 다시 수면으로 떠올랐다. 마침내 2008년 4월에 정식으로 이 소설의 일본어 판권이 아사히신문사에 팔렸다. 사실 그즈음, 이 소설을 영미권과 유럽 쪽에도 소개해볼까 고민했다. 대훈닷컴과도 수차례에 걸쳐 논의하였다. 그러나 북한을 적국으로 간주하는 미국에 북한 작가의 소설을 소개하는 데는 일면 현실적으로 한계가 있었다. 그래서 그 작업은 더 진척시키지 못한 채 중단되었다.

여기서 한 가지 언급하고 싶은 게 있다. 출판계에 종사하는 사람들은 대부분 아는 내용이지만, 대훈닷컴 고 김주팔 사장의 북한 서적(작가)에 대한 남다른 관심과 열정에 대해서다. 나는 그분을 오랜 시간 알지는 못했다. 그저 베이징의 호텔에서 한 번, 베이징 대로변의 선술집 앞에서 저녁에 간이 식탁을 마주하고 앉아 소박한 술자리를 한 번 가져본 것밖에는. 그러나 얼핏 뵙기에도, 지난 세월 쉽지 않은 환경에서 남다른 노력을 통해 많은 업적을 남긴 분임에는 분명하다는 생각이 든다. 개인적으로 보더라도 그분 덕택에 북한 작가 홍석중의 『황진이』 번역 판권을 중국, 대만, 일본의 세 나라에 수출하는 귀한 경험의 기회를 누렸으니 더욱 감사하다.

남과 북의 언어 차이를 실감해

1941년 서울에서 태어난 홍석중은 1948년에 조부인 벽초 홍명희 선생(소설 『임꺽정』(1985, 사계절)의 작가)과 함께 월북했다. 1970년 단편소설 「붉은 꽃송이」를 시작으로 다양한 작품을 선보였으며, 화제작 『황진이』는 2002년에 평양의 문학예술출판사를 통해 출간되었고, 한국에서는 2004년 대훈닷컴이 출간했다. 그리고 홍석중은 그해에 창비가 주관하는 만해문학상의 열아홉 번째 수상자라는 영예를 안았다.

한편, 에이전트 이전에 평범한 독자 입장에서 홍석중의 『황진이』를 읽으며 이런저런 생각을 해봤다. 해외 시장으로 번역 판권을 진출시키기 위해 작품을 읽고 관리한다는 일차적 목표와는 또 다른 차원에서다. 가장 큰 이슈는 남북의 언어 간에 드러나는 간극이었다. 개인에게나 민족에나 나라에나, 어느 시각에서 보더라도 '언어'는 정체성을 상징하는 주요한 잣대 중 하나임이 분명하다. 언어는 집단이나 사회 혹은 국가나 민족을 구분하는 기준이 되지 않던가. 더구나 언어는 하나의 집단을 만들어 그 영역 내에 존재하는 족속에게 동질감은 물론 공동의 정체성을 부여하기도 한다. 이것이야말로 언어가 지니는 역할이며 힘이다.

그런데 남북 간에 '공유'되어야 할 언어가 서로 소통되지 못하고, 한쪽이 다른 한쪽의 언어를 온전히 이해하지 못하는 상황에 이른 것이다. 이는 분명 우리 모두가 안고 있는 큰 문제가 아닐 수 없다. 정치적, 외교적 맥락으로 볼 때 남과 북은 유구한 세월 동안 역사와 문화를 함께했다는 측면에서 하나의 언어를 공유한 하나의 민족이다. 그러나 같은 하늘을 나누어 각각의 하늘을 머리에 이고 60년의 세월을 살아왔다. 지금은 서로를 하나로 묶을 수 있는 강력한 토대인 언어와 그것을 기반으로 한 공동의 역사마저 흔들리는 국면이 아닌가 하는 생각이 든다.

홍석중의 소설은 전경린의 동명 소설이나 김탁환의 『나, 황진이』와는 달리 같은 인물을 다루면서도 전혀 색다른 분위기를 자아낸다. 무엇보다도 과거의 서울과 경기 지방의 말씨에다 지금의 북한 말씨라는 재료를 섞어 한껏 맛깔스럽게 버무려 내놓은 향토 음식 같은 향취를 지녔다. 그리고 이 소설에서 풍겨 나오는 향취는 종종 만나는 생경한 언어 표현과 낯설음을 뛰어넘어 동일한 언어와 소재라는 하나의 관을 통해 동질감으로 연결되면서 때로는 신선함마저 느끼게 한다.

특히 홍석중이 시종 뿜어내는 생생한 표현은 흥미로울 정도로 기발하다. 빙산의 일각이나마 그중 몇 가지를 들었다. "마실군들이 등겨 섬에 생쥐 엉키듯 저절로 모여들었다."(1권 8쪽), "짧은 혀바닥에 긴 모가지 달아 매구 죽은 수다쟁이가 한둘인 줄 아니? (중략) 학춤 추다가 뼈도 못 추릴 놈이…"(1권 17쪽), "아씨, 못생긴 년이 달밤에 삿갓 쓰구 나선다우. 곱구 밉구가 상관 있소?"(1권 54쪽), "몸을 파는 계집들인 논다니와 더벙추들이 헌 머리에 이 꼬이듯, 개털에 벼룩 끼듯, 서울 혼인에 깍쟁이 모이듯"(1권 62쪽), "봄바람은 첩이 죽은 귀신이라더니 쌀쌀한 바람이 겹저고리 안으로"(1권 68쪽), "난봉꾼들이 쥐엄나무에 도깨비 꼬이듯 청교방으로 모여들고"(1권 98쪽) 같은 표현이다. 이 외에도 재미있는 표현들이 수두룩하다. 모두 우리말이 풍기는 정겨움이 그대로 되살아나 다가오는 대목들이다.

그러나 한국 독자를 위해 출간된 책의 권말에 '어휘 풀이'가 두툼하게 실려야 할 정도로 이 소설에서 동원되는 언어 중 적지 않은 어휘에서 이질감이 느껴진다. 역사소설이라는 특성을 고려해보더라도 그런 현실로부터 자유로울 순 없을 것 같다. 남과 북의 언어 사이에 어느새 간극이 벌어지고 있다는 분명한 징후다. 이런 지적이 새삼스러운 일은 아니다. 그런데도 이 문제를 지적하는 것은 남과 북이 서로 교류하고 소통해야 하는 분명한 이유와 명분이 우리 모두에게 있다는 것을 다시 한 번 상기시키고 싶어서다. 함께 공유했던 역사이며 지금도 공유하고 있는 언어지만, 소통 부재의 시공이 길어질수록 서로간의 왜곡과 오해의 층은 그 두께를 더할 것이다.

에이전트로서 한 작가의 문학작품 하나를 해외에 진출시키기 위해 최소 6개월에서 보통 1년 동안 전략적으로 여러 가지를 준비한다. 지금까지 줄곧 그렇게 해왔다. 그러나 홍석중의 『황진이』는 시작부터 그런 준비 절차나 구체적인 전략이 수반되지 않았다. 그렇다고 해서 관심과 열정과 전략이 없었던 것은 결코 아니다. 다만 이 소설을 읽고 번역 판권을 해외에 수출하면서, 다른 한국 작가들처럼 북한 작가를 세계 출판 시장에 진출시켜 그의 입지를 구축해야겠다는 생각은 들지 않았다. 그보다는 우연히 인연을 맺은 기쁨과 더불어 한국과 북한의 근원은 하나라는 사실과 동일한 언어를 쓰고 있다는 사실을 해외 현지 출판인들뿐 아니라 독자들에게도 다시 한 번 상기시키고 싶었다.

처음으로 밝히는 사실이지만 홍석중 작가와는 관계없이 해외 에이전트로부터 북한 작가의 작품을 관리할 수 있느냐, 혹은 그럴 기회가 있겠느냐는 문의를 받은 적이 몇 차례 있었다. 그러니까 한국 작가가 북한의 현실을 그린 문학이 아닌, 북한 작가가 직접 북한의 정치, 경제, 사회, 문화의 현실을 생동감 있게 표현한 문학(혹은 비문학)작품을 접할 수 있겠느냐는 주문이었다. 당연히 현재로서는 가능성 제로다. 그러나 앞으로 그런 기회가 생기길 기원한다.

2부

에이전트의
고민

너무나 유럽적인 하일지의 『우주피스 공화국』

장편 발표를 기다려 만난 이기호의 『사과는 잘해요』

다양한 무늬의 작품을 짜내는 권지예

분단의 현실을 다룬 이응준의 『국가의 사생활』

보편적 정서를 지닌 작품, 구효서의 『나가사키 파파』

가장 가까운 책꽂이에 두고 읽는 심윤경의 『달의 제단』

미래를 기대하게 하는 작가, 주영선

양극의 미를 감상하는 즐거움, 김훈

김별아의 역사소설

너무나 유럽적인
하일지의
『우주피스 공화국』

늦었지만, 늦어도 한참 늦었지만, 이제라도 그를 알게 된 것이 여간 다행이 아니다. 그가 『경마장 가는 길』(1990, 민음사)을 들고 세상에 나온 지 어언 20년이 다 되어가는 마당이지만 말이다. 그러면서도 속으로는 그간 그를 놓쳤던 자신이 조금은 부끄럽다. 그러고 보면 나는 아직 멀어도 한참 멀었다는 생각이다. 앞으로 가도 한참을 가야 하고, 주위를 둘러봐도 한참을 둘러봐야만 할 것 같다.

터놓고 말해 한국에서 문학에 관심 있는 사람치고 하일지의 작품 한 편 읽지 않은 사람이 몇이나 있겠는가. 1990년대 초, 석사 과정 시절에 문학을 공부한답시고 당시에 화두로 떠올랐던 '포스트모더니즘'이나 '탈구조주의' 등에 적잖은 관심을 보이며 동기생들과 함께 이런저런 작품들을 읽었다. 모방이나 짜깁기냐 패러디냐에 대한 논쟁이 들불처럼 뜨겁고 무서운 기세로 번져가던 그 시절, 이인화의

『내가 누구인지 말할 수 있는 자는 누구인가』(1992, 세계사), 박일문의 『살아남은 자의 슬픔』(1992, 민음사), 복거일의 『비명을 찾아서』(1987, 문학과지성사) 등을 읽으며 작품에 대해 토론을 벌였다. 문학적, 철학적 사유는 일천했지만 작품에 나타난 뭔가를 열심히 캐고펼쳐서 각자가 구상하는 이론적 틀에 맞춰 논리를 전개했다. 그리고 해외 작가로는 커트 보네거트, 존 파울즈, 밀란 쿤데라, 블라디미르 나보코프, 가브리엘 가르시아 마르케스 등에 관심을 가지고 그들의 작품을 읽으며 열띤 토론을 벌였다. 그때 한쪽에서 나왔던 소리가 새삼 기억난다. 하일지의 『경마장 가는 길』을 읽어봐야 하지 않겠느냐고. 그러나 결국 읽지 못했다. 그 후 문성근과 강수연 주연의영화 〈경마장 가는 길〉만, 그마저도 얼핏 봤지 제대로 보질 않았다.

그렇게 세월이 흘러 2009년 여름 한복판에 와 있다. 아직도 하일지의 장편소설 『경마장 가는 길』을 제대로 탐독하지 못한 채. 그런데도 용기를 내어 하일지에 대해 얘기하려는 것은 그가 최근에 발표한 소설 『우주피스 공화국』(2009, 민음사)을 읽고 난 뒤의 감동과 감흥이 나를 그냥 놔두지 않아서다. 『우주피스 공화국』에 이어 그가2000년에 발표했던 장편소설 『진술』(2000, 문학과지성사)을 내처 읽었고, 이어서 『새』(1999, 민음사)를 읽었으며, 이 글을 쓰고 있는 지금은 하일지의 출세작인 『경마장 가는 길』을 읽고 있다. 책이 두꺼워 가방에 넣고 다니진 못하고 퇴근 후 집에서 저녁마다 수십 쪽씩보고 있다. 이 작품을 탐독한 뒤엔 『그는 나에게 지타를 아느냐고 물었다』(1994, 세계사), 『위험한 알리바이』(1995, 세계사) 등을 차례로 읽을 계획이다. 읽을 책은 이미 여기저기에서 구해 책상 옆 책꽂이에 잘 쌓아놓았다.

21세기 한국 문학의 걸작 탄생

시내의 한 대형 서점에 들렀다. 『우주피스 공화국』과 『진술』 외에도 하일지의 다른 장편을 아예 한번에 구해놓고 차례로 읽어볼 생각에 서였다. 'ㄱㄴㄷ' 순으로 한국 작가의 작품이 차례로 꽂혀 있는 서가 앞으로 갔다. 그리고 차례를 눈으로 훑어가며 'ㅎ' 앞에 바짝 다가가 섰다. 그 영역을 모조리 훑었다. 주변까지 몇 번이나 훑고 또 훑었다. 그런데 하일지의 책은 신간 『우주피스 공화국』 단 한 권밖에 보이질 않는다. 순간, 나는 적잖이 놀랐다. '이거 뭐 잘못된 것 아냐?'라며 혼자 흥분하며, 혹여 사람들이 와서 잠깐 꺼내보고 다른 자리에 꽂아놨나 싶어서 그 언저리를 찬찬히 살폈다. 그러나 상황은 마찬가지였다. 그래서 직원에게 다가가 물었다. 그랬더니 아니나 다를까, 신간 『우주피스 공화국』 외에는 다른 작품의 재고가 하나도 없다는 것이다. 답답함을 넘어서 짜증이 밀려왔다. "어떻게 이런 작가의 책이 달랑 신간 하나밖에 없을 수 있죠? 그것도 이렇게 큰 대형 서점에서 말입니다. 제가 하는 이 말은 직원분께 드리는 게 아니라 이 서점에 정식으로 건의드리는 것이니 꼭 반영해주시기 바랍니다"라고 말해놓고 그 길로 서점에서 나와 곧장 근처에 있는 또 다른 대형 서점에 갔다. 다행히 그곳은 그나마 나았다. 그곳에서 『경마장 가는 길』과 『그는 나에게 지타를 아느냐고 물었다』를 사 들고, '이거 아무

소설가 하일지(가운데), 브루스 풀턴 교수(왼쪽), 그리고 필자(오른쪽)
가 함께 찍은 사진. 캐나다 브리티시컬럼비아 대학교에 재직 중인 브루
스 풀턴 교수가 『우주피스 공화국』의 영문 번역을 맡았고 한국문학번
역원이 지원했다. 풀턴 교수가 캐나다대사관이 지원한 한국 문학 관련
포럼에 연사로 나오게 된 덕분에 세 사람이 만날 기회가 생겼다.

래도 헌책방을 일일이 찾아다녀야 하는 것 아냐?'라고 중얼거리며 씁쓸한 여운을 머금은 채 서점을 나섰다.

남한테 빌려서는 못 읽는 스타일인지라 그에 따르는 불편함을 새삼 느끼는 순간이었다. 오래된 구간일지라도, 하다못해 품절이나 절판이 되었더라도, 어느 정도 인지도가 있는 작가의 경우에는 주요작 정도는 서가에 구비해두는 게 상식인 줄로만 알았던 내 생각은 더이상 상식이 아니었다. '하일지의 경우만 그럴까?' 그 원인이 서점 측에 있는 것인지, 출판사 측에 있는 것인지, 아니면 독자 측에 있는 것인지, 이런저런 생각을 하며 집으로 돌아왔다. 인터넷으로 검색해보니, 실제로 그의 작품 상당수가 품절되었거나 절판된 것으로 나타났다. 그러고 보니, 낮에 그 서점 직원에게 한마디 하고 온 게 미안했다. 그러나 그 상황에 대한 아쉽고 답답한 마음만은 여전하다.

지난봄부터 『우주피스 공화국』에 우연히 끌렸다. 구체적으로 어떤 내용의 무슨 작품인지도 모른 채. 단순히 중견 작가 하일지의 장편이 오랜만에 나왔는데 여태껏 그의 작품을 하나도 접해보지 못했다는 사실이 이끌림에 무게를 더했다. 그러던 차에 7월 중순 무렵, 서점에 들러 그 소설을 구입했던 것이다. 서평은 〈아잘레아Azalea〉 편집장이면서 하버드대에서 강의를 하고 있는 문학평론가 이영준이 썼다. 책장을 훌훌 넘기는데 문구 하나가 내 시선에 들어왔다. 쇠 못이 큰 자석에 끌려와 철커덕 달라붙듯이. "21세기 한국 문학의 걸작이 탄생했다." 그리고 "문학이 이토록 아름다울 수 있다는 것을 보여준 이 작품 앞에 모자를 벗는다." 이 두 문장은 그 글의 첫 문장과 마지막 문장이다.

이보다 더 큰 찬사가 또 있으랴. 나는 이런 찬사를 여태 보질 못했다. 과연 그런 찬사를 이 소설에 올릴 만한가. 모르겠다, 그 말에 지레 압도되었는지도. 그러나 내 나름대로의 독법과 그에 따른 판단과 기준이 있는 법. 책을 한 쪽 한 쪽 읽어갔다. '음… 음… 응?' 내 안에서 서서히 잔물결이 일기 시작했다. 50쪽, 100쪽. 가슴이 두근거린다. 다소 과장처럼 보일지 몰라도 분명 그랬다. 흥분과 감동의 정도가 가파르게 상승한다. '이 작가에게 연락해봐야겠는걸. 어디로 연락하지? 출판사로? 학교로? 아니, 메일로 할까?'

그러면서 소설 중반부로 접어들었다. 나는 작가에게 연락할 수 있는 방도를 모색했다. 작품을 읽는 도중에 인터넷으로 작가에 관한 자료를 읽어보기도 하고, 작가가 몸담고 있는 학교 홈페이지에 들어가보기도 했다. 그러나 어디에도 그에게 연락할 만한 이메일 주소나 전화번호는 보이질 않았다. 학교로 했더니 전화를 안 받는다. 방학이라서 그런가? 점점 더 불안해진다. 어느덧 소설은 종반부로 치달으며 더욱 매력적으로 흘러갔다. 그런데 작가에게 연락할 방도가 서질 않는다. 사실 출판사로 연락하면 금방 얻을 수도 있으련만, 일단은 개별적으로 연락해보고 싶은 이상한 고집 때문에 고민을 사서 한다. 그래서 이영준에게 전화를 걸었다. 시차를 고려하여 이틀 연속으로 했다. 그런데 여기도 전화를 안 받는다. 그러는 사이 『우주피스 공화국』을 다 읽었다. 7월 23일이었다. 그래서 이번엔 이메일로 이영준에게 연락했다. 이만저만하니 하일지 작가의 연락처를 아시면 알려주십사

하고. 감사하게도 그 이튿날인 7월 25일, 곧바로 회신이 왔다. 하일지 작가의 휴대전화 번호와 함께. 너무나도 반갑고 고마웠다. 그새 이영준의 전화번호가 바뀌었단다. 그래서 전화가 안 됐던 것이다.

어쨌든 나는 하일지 작가의 연락처를 손에 넣은 이틀 후에 전화를 걸었다. 내가 전화 건 이유를 상세히 말씀드렸다. 보자 한다. 잘됐다, 참으로 잘됐다. 마침내 나는 8월 6일, 대학로에서 그를 만났다. 다소 헐렁한 셔츠에 양복바지를 받쳐 입었다. 검은 구두가 반짝이진 않는다. 그야말로 소탈한 외모. 그에 맞게 매너도 격의가 없다. 직선적이긴 하나 대단히 솔직담백한 성격이었다. 동숭아트센터 1층에서 한 시간 정도 커피를 마시며 대화를 나눴다. 그리고 그 맞은편에 있는 평범한 음식점에서 매콤한 갈비찜에 소주 한 병 곁들여 마시며 세 시간 정도 문학, 창작, 『우주피스 공화국』을 쓰게 된 배경, 그의 영문 시집 등등에 대해 이야기를 나눴다. 허심탄회한 대화였다.

그리고 나왔더니 태풍의 영향인지 비가 내린다. 바로 옆의 맥주집으로 들어갔다. 자정까지 하일지 문학과 한국 문학에 대해 얘기를 나눴다. 여섯 시간이 눈 깜짝할 새에 흘러갔다. 그리고 택시를 함께 탔다. 감사하게도 내가 살고 있는 한성대 후문 쪽에 내려주고 그대로 돌아갔다. 송구스럽기도 하다. 늦은 시각이었지만 돌아서는 내 발걸음이 가벼운 듯 무거웠다. 문학에 대한 얘기만으로도 시간을 보낼 수 있어 즐거웠고, 그의 문학을 제대로 세계에 알리는 에이전트의 역할을 맡아 뿌듯했다.

유럽 작가의 흥취를 느끼게 하는 작품

주인공 할이 찾아 나선 '우주피스 공화국'은 눈으로 볼 수 없고, 손으로 잡을 수 없는 향수이자 추억이며 기억의 공간이다. 그러나 주인공은 그 공간을 실재하는 공간으로 여기고 그곳을 찾아 나선다. 그는 향수와 추억, 기억과 직간접적으로 관련 있는, 실재하는 몇 가지의 물건을 지니고 있다. 그 물건들은 비록 지금은 실재하고 있으나, 그 물건이 최초로 존재했거나 관련 있었던 그 시간의 공간 속에서 실재했었는지는 아무도 모른다. 다만 주인공이 그렇다고 믿고 있을 뿐이다. 이처럼 주인공 할은 작가에 의해 장치된 전략적 소품들을 매개 삼아 실재의 공간과 향수나 추억, 기억 같은 가상의 공간을 수시로 자연스럽게 왕래한다. 따지고 들자면, 이런 현상이 꼭 문학 속에서만 일어나는 것은 아닌 듯하다. 우리가 현존하는 지금 이 순간에도 충분히 일어날 수 있을 뿐만 아니라 수시로 일어나고 있다. 하일지는 이 지점을 예리하게 포착하여 『우주피스 공화국』에서 문학적 상상력을 동원하여 더욱 치밀하고 정교하게 그려낸다.

여기서 흥미로운 것은, 어떻게 보면 지극히 상식적인 언급일지 모르겠지만 주인공 할의 추억은 늘 과거에서만 존재하며, 실재하는 사실(혹은 물건이나 사물)은 과거(혹은 역사)와 모자이크되거나 톱니바퀴처럼 맞물려 있다는 점이다. 또한 현재의 말과 행위는 과거에 있었거나 현재 바라는 욕망의 재현과 반복이며, 미래에 등장할 말과 행위 역시 현재라는 과정을 통해 과거에 보였던 사실의 재현으로 끊임없이 되풀이되고 있다. 같은 색상의 무늬가 끊임없이 연결된 채

이어져 돌아가는 것처럼 보이는 네온사인 등처럼 말이다. 그러다 보니 이런 현상을 따라가며 가까이에서 각각의 상황을 경험하게 되는 독자들은 어떤 것이 현실이고, 어떤 것이 추억(혹은 과거)인지 가늠하기 어려워진다. 우리가 꾼 꿈이 꿈인지 현실인지, 동시에 내가 말하거나 행동한 것이 실제 있었던 것인지, 아니면 꿈속에서 있었던 것인지 분별하기 어려워서 당혹스러워했던 경험처럼 말이다. 그야말로 현실과 과거(혹은 기억이나 추억)가 시공이라는 경계로 구분되지 않고 서로 맞닿아 끊임없이 맞물려서 반복되며 재현된다.

그것은 오늘 아침 할이 알비다스로부터 얻은 팸플릿과 똑같은 것이었다. 그러나 할은 그 사실을 전혀 의식하지 못하는 것 같았다. 할은 팸플릿을 진열장 속 본래 있던 자리에 갖다 놓았다. 팸플릿을 제자리에 놓던 할은 색다른 것을 또 하나 발견했다. 그것은 '리마스에게'라고 쓰여 있는 편지 봉투였다. 그때 요르기타 노파가 방으로 들어오며 말했다. "그건 내 남편이 친구 리마스에게 보낸 편지랍니다." (248쪽)

여기에 나오는 팸플릿은 언급된 바와 같이 주인공 할이 현재의 공간에서 실제로 손에 넣었던 물건이다. 그런데 그가 현재의 공간에서 만난 요르기타의 말에 따르면 그것은 요르기타의 남편 것으로, 오랜 세월 보관해온 것과 동일한 것이다. 뿐만 아니라 '편지 봉투' 역시 현재의 공간에서 할이 직접 작성한 실제의 사물인데, "그건 내 남편이 친구 리마스에게 보낸 편지랍니다"라는 요르기타의 말처럼 과거(기억)에 존재했던 것으로 현재에 언급되는 것이다. 달리 표현하자면, 현재 실재하고 있는 사실이 과거에 재현되고 있으며, 현재에서의 미래가 과거로 재현되어 현재에서 확인되기도 한다. 일례로, 요르기타 등과의 상황을 살펴보면 현재는 다른 사람의 기억 속에서 과거로 존재하며, 현재의 공간에서 바라본 과거의 현실은 현재의 현실 속에서 주인공에 의해 다시 그대로 재현된다.

나는 "이런 한국 문학도 있네!", "이렇게 소설 쓰는 한국 작가가 있었네!"라는 감탄사를 연발하며 이 소설을 읽었다. 많다고는 할 수 없지만, 내가 지금까지 읽었던 그 어떤 소설과도 사뭇 분위기가 다른 독창적인 소설이다. 처음에 느낀 감동과 기대가 끝까지 유지되는 흔치 않은 소설이다. 분명 나는 색다른 독서를 경험했다. 문체와 형식 등 모든 면에서 영미와 유럽 작가의 흥취를 느끼게 하는 개성 있는 작품이다. 『우주피스 공화국』이 해외 독자에게 크게 어필할 것으로 큰 기대를 걸어본다.

끝으로, 전에 만났던 하일지 작가의 말이 지워지지 않고 떠오른다. "나는 작품 속의 주인공이 느끼고 있는 기분을, 그 작품을 읽는 독자들도 똑같이 느끼게 하고 싶다." 작품 속 주인공이 스트레스를 받으면, 독자들도 그 소설을 읽으면서 작중 인물이 느끼는 것과 똑같이 스트레스를 느껴야 한다는 것이다. 그 말을 듣는 순간 다시 한번 속으로 '아!' 하는 감탄사를 삼켰다. 하일지는 실제로 작품을 쓸 때 그 점을 늘 염두에 둔다고 한다. 『경마장 가는 길』의 세부적이고 반복되는 묘사는 모두 그런 그의 생각과 닿아 있었던 것 같다.

그는 작품을 쓸 때 '카메라 눈camera's eye' 기법을 활용한다고 한다. 그러니까 작중인물의 사고나 심리 상태에 대해 화자가 거의 정보를 제공하지 않는다는 것이다. 그러니 작중인물들은 자기들의 일거수일투족을 바라보는 독자들만큼도 자신들에 대해서, 그리고 작중의 상대방에 대해서 잘 모를 수 있다는 얘기다. 그렇다 보니 이런 문학을 읽다 보면 자칫 우리네 독자들이 답답해할 수도 있을 것 같다. 분명 이것이 하일지만의 문학 양식은 아니지만, 이런 기법에 익숙하지 않은 독자는 자칫 하일지 문학을 낯설어할지도 모르겠다. 그것이 조금 안타깝기는 하다.

2010년 10월 중턱, 이제 캐나다 브리티시컬럼비아 대학교에 재직 중인 브루스 풀턴 교수의 번역으로 『우주피스 공화국』의 영문 원고가 마련됐다. 한국문학번역원이 번역 지원을 했다. 하일지 작가와 역자인 풀턴 교수, 그리고 에이전트인 나, 이렇게 셋이서 만나 몇 시간에 걸쳐 대화를 나눴다. 작품에 대한 얘기를 하면서. 이제 나는 그 원고를 가지고 해외 출판 시장에 부지런히 소개할 채비를 서두른다.

장편 발표를 기다려 만난 이기호의 『사과는 잘해요』

천재가 되어 비상하려다 땅으로 떨어진 뒤 바보가 되어 살아가는 듯한 젊은이를 등장시켜, 처절할 정도의 슬픔을 씁쓸한 뒷맛이 도는 경쾌한 웃음으로 포장하여 전하는 소설가 이기호. 그는 젊은 작가다. 2009년 현재 마흔을 넘기지 않았고, 보통 40대 중반 이전의 작가들을 '젊은 작가'라 칭하니 부자연스러워 보이진 않는다. 그런 그가 첫 장편소설을 발표했다. 2009년 봄에 온라인에 연재됐던 꼭지들을 묶었다고는 하나, 작가의 말에 따르면 큰 틀만 유지한 채 대대적으로 손봤다고 한다. 그래서 연재가 끝난 후 독자들에게 한 권의 책으로 다시 선보이기까지 시간이 좀 걸렸다는 것이다. 무척 힘들었을 테지만, 진심으로 축하할 일이다.

한 지인으로부터 이기호라는 소설가에 대한 얘길 처음 들었다. 그 전까지는 솔직히 전혀 몰랐다. 그때가 2005년쯤이다. '개성 있고 독특하며 재미있다'는 평이었던 것으로 기억한다. 그의 단편 중 하나인 「버니」가 영문으로 번역되어 해외에 소개되기도 했다는 정보를 함께 귀띔해주었다. 그의 유일무이한 단편집 『최순덕 성령충만기』(2004, 문학과지성사)도 지인에게서 한 권 건네받았다. 그에게 고마움을 느끼며 새로운 작가를 알게 되었다는 설렘에 우선 인터넷 검색부터 시작했다. 영문으로 번역되어 실린 그의 단편을 온라인상에서 확인하기 위해서다.

단편의 영문 번역 제목은 'Earnie'. 게재된 곳은 'Words Without Borders'다. 여러 나라 작가의 문학을 온라인 잡지 형식으로 구성하여 구축한 사이트(www.wordswithoutborders.org)다. 확인해보니, 이기호의 단편을 포함하여 한국의 시인과 소설가의 시와 단편이 함께 번역되어 실려 있었다. 몇몇 북한 작가의 작품도 올라 있다. 영국과 미국은 물론 아시아와 유럽 등 세계 전역에서 활동하고 있는 작가의 단편이 고루 실려 있는 사이트다.

독특하고 기발하고 재미있고

소설가 이기호는 인지도 면에서 보더라도 단편집 하나밖에 발표한 게 없는 그야말로 '젊은 신예 작가'였다. 무척 개성 있는 작가라는 추천평에 화답하기 위해, 그리고 정말 그런 작가인지 확인하기 위해 그의 데뷔 단편집 『최순덕 성령충만기』를 부지런히 읽었다. 단편집 한 권에 수록된 작품을 하나도 빠짐없이 읽는 경우가 흔치 않았기에 그간의 전례를 깬 셈이다. 차례대로 읽진 않았지만 수록된 단편은 모두 읽었다. 그런 다음 처음으로 든 생각은 '정말 독특한 작가네. 기발한 작가야. 신기해. 어떻게 이런 식으로 소설을 쓰지? 이 작가는 대체 어떤 사람일까? 한 번 만나봐야겠는걸'이었다.

그러나 그를 만나기까지는 시간이 조금 걸렸다. 처음 그에게 메일을 보낸 것이 2006년 1월 13일이었다. 새삼 다시 메일을 열어보니 조금 쑥스럽긴 하다. 그러나 용기를 내어 그때의 느낌을 전하고 싶어 메일 내용을 가감 없이 소개해본다.

임프리마코리아 에이전시의 이구용입니다. 국내외 저자들의 번역 판권을 관리하는 에이전트입니다. 저는 문학과지성사 박영록 씨의 추천으로 선생님의 작품을 처음 소개 받았습니다. 그리고 단편 「버니」를 읽었습니다. 박영록 씨가 왜 선생님의 작품을 칭찬하며 추천했는지 단편 하나만 읽고도 느낌이 오더군요. 무척 인상적인 작품이었습니다. 그간의 룰 아닌 룰 같은 것이 와르르 무너져 내리는 기분이었습니다. (중략) 한번 뵙고 싶습니다. 그리고 미래를 함께해나가고 싶습니다. 선생님의 장편이 언제 처음 탄생할지 아직은 모르겠지만 기대하고 있겠습니다. 그리고 선생님의 작품을 해외로 소개하여 해외여러 나라 독자들에게 읽히게 되기를 바라며 그 일을 제가 추진해봤으면 합니다. 선생님께서 허락하여주신다면….

메일을 보내고 닷새 뒤인 1월 18일 새벽에 회신 메일을 받았다. 원고 마감이 닥쳐 회신이 늦었다는 사과의 말로 시작되는 정중한 메

이기호 작가의 『최순덕 성령충만기』나 『갈팡질팡하다 내
이럴 줄 알았지』도 재미나지만 단편집이라서 해외 수출에
는 한계가 있었다. 그래서 그의 장편을 오래 기다렸다. 첫
장편소설 『사과는 잘해요』가 2009년에 출간되자마자 기
쁜 마음으로 이기호 작가를 만났다. 이기호 작가가 전라
도 광주에서 서울로 올라와 필자의 사무실을 방문했을
때 함께 찍은 사진.

일이었다. 그 후 6월 중순경에 그로부터 또 한 통의 메일을 받았다. 두 번째 소설집(『갈팡질팡하다 내 이럴 줄 알았지』(2006, 문학동네)) 출간을 앞두고 있어서 만나기 힘들게 되어 미안하다는 내용이었다. 그리고 이따금씩 간단한 소식을 주고받으며 1년여의 시간을 보내다가 2007년 8월 24일 5시에 드디어 서교동 사무실에서 만났다. 당시 그는 문학 전문 인터넷방송을 진행하고 있었다.

그는 외모에서 풍기는 이미지와는 달리 '수수함, 소탈함, 솔직함'을 지니고 있었다. 내게 보낸 메일에도 묻어났듯, 상대방을 배려할 줄 알고 겸양의 미를 갖춘 작가였다. 그날 우리 두 사람은 사무실에서 간단한 대화를 나눈 후, 근처에 있는 음식점으로 이동하여 이른 저녁 식사를 하며 여유 있는 시간을 가졌다. 처음 함께한 자리였지만 일부 작가들에게서 느껴지는 격식과 불편함이 전혀 없는 편안한 시간이었다. 첫 단편집 『최순덕 성령충만기』는 다 읽었고, 2006년 10월에 나온 두 번째 단편집 『갈팡질팡하다가 내 이럴 줄 알았지』는 반 정도 읽은 시점이었다.

장편소설 발표 계획에 대한 얘기부터 꺼냈다. 해외로 첫 발을 내딛는 데 단편집을 들고 나가는 것이 쉽지 않을뿐더러 현지에서의 영향력 또한 약하기 때문에 에이전트로서는 장편 발표가 궁금할 수밖에 없다. 당시 첫 장편소설에 대한 구체적인 정보는 듣지 못했지만, 앞으로 어딘가에 장편 연재를 하게 될 것 같다는 이야기를 들었다. 반가운 소식이었다. 그러나 기다림이 클수록 실현은 더딘 걸까. 그로부터 2년여가 흐른 시점인 2009년 11월까지 그의 장편을 기다려야 했다. 그제야 첫 장편 『사과는 잘해요』(2009, 현대문학)가 나온 것이다. 그를 처음 안 지 4년이 넘었다. 직간접적으로 들으니, 그사이 그는 결혼을 했으며 두 명의 자녀를 보았다고 한다. 그 밖에도 축하할 일들이 더 있었는데 제때에 축하 인사 한 번 할 기회를 갖지 못했던 것이 아쉽고 미안하다.

어쨌든 이제 그를 위해서, 아니 나를 위해서 본격적인 비즈니스의 첫발을 내디딜 시점이 온 것 같다. 이기호 식으로 표현하자면, 씨앗을 뿌리고 꽃을 피워 결실을 이루기 위한 첫 단계로 '땅을 팔 수 있는 삽자루 하나와 씨앗 한 줌 손에 쥔' 그 시점이 온 것이다.

절망과 희망을 그리다

「버니」라는 단편을 읽고, 또 'Earnie'라는 제목으로 영문 번역된 단편을 손에 들었던 지난 몇 년 전의 얘기로 다시 거슬러 올라간다. 나는 이기호에 대한 이력과 그의 단편집 『최순덕 성령충만기』에 대한 간단한 인상을 영문으로 준비하여 미국의 에이전트에게 보냈다. 그리고 온라인 잡지에 영문으로 번역 게재된 단편이 있으니 읽어보라고 일러주었다. 그러나 반응은 예상한 대로다. 작품에 대한 평도, 작가에 대한 평도, 그리고 번역된 영문의 질적 수준에 대한 특별한 언급도 없다. 장편도 아닌 단편집을 미국을 포함한 유럽 출판 시장에 소개한다는 것이 쉽지 않고, 당장에 단편 하나 읽고 그 작가에 대해 이러니저러니 판단할 수가 없다는 것이었다.

작가의 기발한 개성과 단편집에 수록된 작품들이 흥미로워서 어서 소개하고픈 마음에 재빨리 접근했지만, 성급한 희망사항일 뿐 해외 출판 시장의 현실이 내 정서와 늘 조화를 이루지는 않는다. 그래도 혹시나 하는 마음에 한번 노크해본 것이었다. 굳이 핑계를 대자면, 파트너 에이전트의 입을 통해 그의 입장과 현지 시장의 분위기를 확인하는 과정을 거치고 싶었다. 사실 이런 시도는 줄곧 있다. 그러나 돌아오는 반응은 늘 비슷했다.

입장을 바꿔놓고 보면 상황은 명확하다. 우리 출판계 역시 해외로부터 단편집을 거의 수입하지 않는다. 물론 윌리엄 포크너, 도리스 레싱, 모옌 정도의 단편(집)을 수입한 적은 있다. 그러나 그 정도 수준의 작가이거나, 국내에서 대중적 인지도가 높은 몇몇 일본 작가의 단편집이 아니고서는 국내 출판인들도 거의 단편집을 찾질 않는다. 그것이 세계 출판 시장의 현실이다. 하물며 미국과 유럽 시장에서 인지도가 거의 없는 한국 작가의 단편집을 들고 그곳의 문을 두드린다는 것이 얼마나 비효율적인 행위겠는가.

그런데도 상업적인 저작권 거래를 통해 국내 작가의 단편집이 해외에서 출간된다면 퍽이나 이례적인 현상으로 봐야 할 것이다. 상황이 이렇다 보니 한국 작가들은 물론이고 편집자에게도 늘 "장편소설을 좀 많이 써주세요" 내지는 "작가분들에게 좋은 장편소설을 많이 발표할 수 있는 기회를 만들어주세요"라고 주문할 수밖에 없다. 한국에는 역사와 전통을 가진 문예지들이 다수 있어서 서양에 비해 우수한 단편이 많이 발표되는 편이다. 그러나 장편소설의 발표는 더딘 느낌이다. 물론 단편이 아닌 장편소설을 중심으로 발표하는 작가도 적지 않다. 다행한 일은 최근 수년 사이에 다양한 문학상이 제정되는 등 장편소설을 발표할 기회가 많아졌다는 것이다. 고무적인 일이다. 에이전트 입장에서는 두 손 들어 반길 일이다. 바로 이런 분위기에서 이기호의 『사과는 잘해요』가 나온 것이다.

5~6년 전에 나는 당시 어린 아들과 함께 〈패트와 매트〉라는 비디오테이프를 자주 봤다. 체코에서 제작된 스톱모션 애니메이션으로, 패트와 매트라는 두 꼬마가 등장한다. 둘은 실수를 저지르거나 사고를 치고, 또 엉뚱하고 기발한 발상으로 그것을 풀어간다. 패트와 매트Pat & Mat는 체코어로 절망과 좌절이라는 뜻을 지녔다고 한다. 두 꼬마가 벌이는 행동과 모습 하나하나가 우스꽝스럽고 엉뚱하면서도 절망스럽기도 하지만, 한편으론 희망을 준다. 자기들이 저지른 일을 성공적으로 잘 마무리하며 끝나기 때문이다. 결과적으로 보면 〈패트와 매트〉는 긍정적인 결말을 지닌 애니메이션이다. 겉으로 보이는 행위와 모습은 한심하고 우습지만 우여곡절 끝에 이뤄낸 결과는 기특한 생각까지 들 정도다.

밑도 끝도 없이 애니메이션 얘길 꺼낸 이유는 이기호의 『사과는 잘해요』의 '나'와 '시봉'이 보이는 모습과 행동에서 패트와 매트의 모습이 자꾸 연상됐기 때문이다. 두 작품의 시작과 끝이 똑같진 않다. 그러나 등장인물들의 우스꽝스럽고 바보스러운 행동과 사고에 내재돼 있는, 비슷하면서도 다른 창조적 아이디어가 흥미를 유발한다.

『사과는 잘해요』에서 '나'는 자기가 살던 집이 어딘지 정확히 모른다. 아버지가 누군지도, 어디에 사는지도 잘 모른다. '나'와 늘 붙어 다니는 친구 '시봉' 또한 '나'와 난형난제다. 이들은 이른바 소설에서 말하는 '시설'에서 하루가 멀다 하고 복지사들에게 맞고 얻어 터진다. 그래도 끄떡없다. 흠씬 두들겨 맞아도 씩 웃으면 그만이다. 그들 두 사람은 시설에서 나온 뒤 사과를 대신해주는 일을 직업으로 삼는다. 그 과정에서 그들의 말과 행동은 조금 과장하자면 기상천외하다.

그러나 '나'와 '시봉'이 자아내는 웃음은 즐겁고 재미있을 때 자연스레 터져 나오는 웃음과는 질적, 정서적으로 다르다. 달리 표현하자면 탄식이나 울음을 대신해서 먼저 터져 나오는 웃음이랄까. 그야말로 씁쓸하다. 패트와 매트가 지닌 말뜻과 같이 절망과 좌절의 기분을 자아낸다. 그러는 가운데 인간이 마음 한 켠에 지니고 있는 본능적 속성을 그대로 드러낸다. 가끔 세상 사람들은 이렇게 말한다. "잘못했다고 하면 다냐!", 혹은 "잘못을 저질러놓고 이제 와서 사과하면 되는 거냐!" 사과했다고 해서 죄가 사라지는 것도 아니고, 죄로부터 자유로워지는 것도 아니다. 지은 죄를 알면서도 속죄나 사과를 안 하는 사람도 있다. 나중에 속죄하거나 사과하면 되겠지, 하면서 먼저 죄부터 짓고 보는 사람도 있다.

우리가 사는 세상은 이런 사람들로 가득하다. 이기호는 이런 세상의 단면을 보여주고 싶었던 것 같다. 일례를 들면 이런 식이다. "그래서 우리는 뿔테 안경 남자가 했던 것처럼 시연의 핸드백을 뒤졌다. 핸드백을 뒤지기 전, 시봉과 나는 잠든 시연의 앞에 서서 사과했다. 핸드백을 뒤져서 미안하다고, 돈을 가져가서 미안하다고, 고개를 꾸벅 숙이며 말했다. 시연은 말이 없었다. 시연의 지갑엔 지폐가 한 장밖에 들어 있지 않았지만, 우리는 그것을 들고 나왔다. 우리는 이미 사과를 했기 때문이다."(112쪽)

이기호 문학은 다른 작가들과 구분되는 뚜렷한 개성을 지녔다. 문체나 작품에 동원되는 어휘가 결코 화려하지 않다. 아니, 화려한 것은 고사하고 단순하고 소박하다. 치장도 없다. 캐릭터의 성향 또한 복잡하지 않으며, 서민적이다 못해 저급하고 우둔해 보이기까지 하다. 그러면서도 분명한 것은 흔들리지 않는 인간의 보편적 삶의 근원을 확실하게 건드린다는 사실이다. 그 접근 방식이 우스꽝스러워 폭소를 자아내지만, 그 웃음엔 깊은 슬픔과 절망이 묻어 있다. 이기호는 오히려 그런 부분을 지적하며 우리에게 희망의 메시지를 보내고 싶었던 것 같다. 이렇게 해야 우리에게 희망이 온다, 라는. 이제는 해외 독자들이 이기호 문학을 어떻게 보게 될지 그것이 관심사로 남는다.

다양한 무늬의 작품을 짜내는 권지예

질박하다 싶으면 세련되고, 투박하다 싶으면 우아하고, 서민적이다 싶으면 귀족적이고, 여리다 싶으면 강렬하고, 감성적이다 싶으면 이성적인 분위기를 연출하는 등, 팔색조의 연출력을 지닌 작가를 꼽으라면 소설가 권지예다. 그녀는 천생 예술가다. 그러나 풍겨 나오는 인간적인 분위기는 한결같다. 언뜻 새침해 보이지만 마주 앉아 얘기하다 보면 어느새 다감하다. 어떤 때는 오래도록 잘 알고 지낸 학교 선배 같고, 또 어떤 때는 같은 동네에서 함께 자란 이웃 누이 같다. 물론 나보다 연배가 위이니 분명 누이는 누이다.

　작가와 에이전트라는 분명한 목적을 가지고 만났으니 때로는 심적 부담을 줄 수도 있건만, 그녀는 좀처럼 그런 내색을 하지 않는다. 사실 그럴수록 내 편에선 내심 미안함이 앞선다. 내 역할을 제대로 못했으니 어찌 안 그렇겠는가. 2005년 말에 작가와 에이전트 관계로 만나 아직까지도 이렇다 할 성과가 없으니 그도 그럴 수밖에. 그런데 오히려 권지예는 언제나 스스로를 낮춘다. "아직 (해외에 소개할 만한) 작품(장편소설)이 많질 않아서 그런 건데요, 뭐…."

그녀를 처음 만났을 때 그녀가 발표한 작품 중에 장편은『아름다운 지옥』(2004, 문학사상사)이 유일했다. 물론 단편집은 여럿 있었다. 그러나 장편소설을 중심으로 해외에 소개하다 보니 장편소설이 많지 않은 작가의 경우, 적극적으로 활동하기가 쉽지 않다. 그래서 언제나 장편소설이 나오기를 학수고대한다. 자손 귀한 집안으로 딸 시집보낸 친정 어미가 외손자 보길 기다리는 심정이다. 그렇게 기다리다 나온 작품이『붉은 비단보』(2008, 이룸)다. 데뷔 장편인『아름다운 지옥』과는 사뭇 다른 분위기다. 그리고 그 뒤를 이어 나온 것이『4월의 물고기』(2010, 자음과모음)였다.

늦은 나이에 작가의 길로 들어서다

권지예는 비슷한 연령대의 동료 작가들에 비하면 비교적 늦은 나이에 전업 작가의 길로 들어섰다. 30대에 8년간 프랑스에서 지내던 중, 단편「꿈꾸는 마리오네뜨」가 문예지 〈라쁠륨〉에 추천되어 등단하면서부터다. 그러나 그녀가 문단에 들어와 선보인 작품에 대해 주위의 관심과 반응은 크고도 빨랐다. 2002년에는 이상문학상을, 2005년에는 동인문학상을 수상하는 등, 문단에서도 그녀에게 뜨거운 관심과 열정으로 화답했다.

우산이 뒤집힐 정도로 비바람이 몰아치던 2005년의 어느 날, 목동에 위치한 한 백화점 빌딩의 커피숍에서 나는 처음으로 그녀를 만났다. 그녀가 그날 입고 나왔던 빨간색 카디건이 아직도 기억에 남아 있다. 사실 그녀가 이상문학상을 받을 때까지만 해도 그녀에게 큰 관심이 없었다. 아니, 잘 몰랐다고 하는 게 옳다. 그러나 동인 문학상 수상 이후, 자연스럽게 관심을 갖기 시작했다. 문학상을 수상한 단편이 실린 단편집이 아닌, 그때까지 유일한 장편이었던 『아름다운 지옥』을 먼저 읽었다. 주요 단편을 골라 읽은 것은 그 후의 일이다.

이 소설은 화려하지 않은, 아니 오히려 투박하고 소박하여 정감을 느끼게 하는 작품이다. 서울 외곽에 위치한 동네를 배경으로 펼쳐지는 한 소녀의 성장 과정에서 나타나는 고민, 갈등, 방황, 좌절을 다룬다. 무엇보다도 가족 간의 애틋한 사랑을 정점에 두고 이웃들이 펼치는 서민들의 삶, 고통, 죽음, 그 속에서 육체적, 정신적으로 성장해가면서 희망을 찾으려는 주인공의 다양한 몸짓들이 제법 실감나게 그려진다.

그러나 해외 출판 시장에 권지예의 데뷔작으로 이 소설을 내밀기엔 전략적으로 보나 작품 내용으로 보나 어울리지 않겠다는 판단을 내렸다. 멋진 성장소설로 볼 수도 있겠지만, 세계의 독자들과 함께하기엔 주인공의 체험이 좀 더 큰 맥락에서 이슈화되기 어려워서 세일즈 포인트로 연결되기에는 다소 약했던 것이다. 솔직히 말한다면 해외 문단에 강하게 어필할 만한 작품을 가장 먼저 선보이고 싶은 내 기대와 바람이 더 컸다. 국내에서도 마찬가지겠지만, 특히 세계 출

권지예 작가와는 2005년 말 작가와 에이
전트로 처음 만났다. 단편 중심이었던 권지
예의 작품 목록에 『붉은 비단보』, 『아름다
운 지옥』에 이어 2010년에 출간된 『4월의 물
고기』까지 장편소설이 추가되길 기다렸고,
이제 해외 진출을 본격적으로 고민하고 있
다. 그동안 권지예의 단편 중 이상문학상 수
상작인 「뱀장어 스튜」는 프랑스의 격조 있
는 주간신문인 〈쿠리어 인터내셔널Courrier
International〉에 번역, 소개되기도 했다.

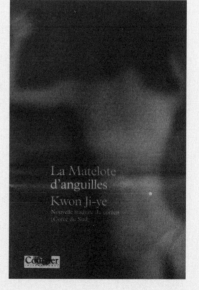

판 시장의 중심인 영미권에 외국 작가의 작품이 진입하는 것이 쉬운 일은 아니다. 첫 데뷔작이 잘못 정착되면 그 뒤를 이어가기가 어려운 만큼, 나로서는 신중히 생각하고 판단할 수밖에 없었다.

『붉은 비단보』는 『아름다운 지옥』을 발표하고 나서 3년 만에 발표된 장편소설이다. 그러나 나는 아직 영미권을 포함한 해외 각 언어권에서 활동하고 있는 파트너 에이전트들에게 이 소설을 본격적으로 소개하라고 정식으로 제시하지 않았다. 다만 일본과 중국을 포함해서 독일과 프랑스 등의 일부 언어권의 출판 시장에서 활동하고 있는 역자나 출판사 편집자들을 만나면 개별적으로 소개하고 있는 정도다.

여기에 2010년 1월에 출간된 『4월의 물고기』가 권지예 문학의 해외 진출 후보로 가세했다. 이 소설은 한 인간에게 내재돼 있는 선과 악이 서로 격렬하게 충돌하며 예측할 수 없는 그중의 승자가 부드럽게, 혹은 강렬하게 외부로 표출되는 캐릭터를 심층적으로 다뤘다. 표출되고 표현되는 유형과 방식이 다를 뿐 대부분의 인간이 지니고 있는 본성을 탐구한 보편성을 지닌 소설로, 그 나름대로 대중적 어필 코드를 담고 있는 것으로 보인다. 이제 『붉은 비단보』를 포함한 세 편의 장편 중에서 해외 출판 시장에 가장 잘 어필할 수 있는 작품을 골라 첫 작품으로 선보일 생각이다. 문학적(예술적) 성취도, 해외 독자에게 어필할 수 있는 글로벌 아이디어를 지닌 가독성, 그리고 현지 작가들이 낼 수 없는, 한국 작가만이 낼 수 있는 개성적인 목소리를 지닌 독창성 등이 선정 기준이다.

보편성과 독창성

에이전트의 시각으로 볼 때 권지예의 『붉은 비단보』에서 가장 긍정적 부분은 크게 두 가지다. 모든 여성을 대표하는 듯한 세 유형의 여성상이 손에 잡힐 듯 리얼한 이미지로 형상화되어 있다는 것이 하나고, 세 유형의 여성에 대한 이미지가 한국의 전통적, 문화적 정서 속에 설득력 있게 잘 표현되어 있다는 점이 또 다른 하나다. 큰 걸림돌로 작용할 수도 있어서 한 가지 염려스러운 것은 이 소설이 조선 중기를 배경으로 하고 있다는 사실과 더불어 작품 속에 이따금씩 등장하는 한시漢詩가 과연 세련된 어감으로 잘 번역되어 여러 언어권의 독자들에게 제대로 전달될 수 있을까 하는 점이다.

이 글을 쓰려고 작가 권지예가 직접 서명하여 보내준 책의 마지막 쪽을 펴보니 2008년 6월 5일에 읽은 것으로 돼 있다. 이어, 이 소설의 첫 쪽을 열었다. "섬세함, 간결함 그리고 깔끔함"이라고 연필로 쓴 메모가 눈에 들어온다. 이 소설을 읽으면서 그런 느낌이 들었나 보다.

90쪽을 보니 이런 대목이 나온다. "가연인 글재주를 타고 났고, 항아는 그림 재주를 타고났고. 에고, 난 타고난 거라곤 그러고 보니 미모밖엔 없네." 천성이 밝고 명랑한, 그러면서도 아픔이 많은 초롱의 이 말에 앞으로 전개될 이 소설의 분위기가 넌지시 실려 있다. 초롱은 계속해서 조선시대 여성의 한계에 대해 거침없이 말을 내뱉는다. "우리 여자들은 학문을 통해서 천하를 아는 것도 막혀 있는데 세상 속으로 들어가는 것도 막혀 있어. 그러니 우리가 살아도 세상을 어떻게 알겠니. 난 그게 참 답답해."(91~2쪽)

"저는 이제부터 개남이가 아닙니다. 저는 또한 월궁 항아도 아닙니다. 저는 항시 저이고 싶습니다."(47쪽) 지체 높은 양반 출신은 아니어도 가풍 있는 양반가 규수로 태어난 이 소설의 주인공 항아는 그림에 남다른 재주를 지니고 있는 인물이다. 그녀는 어린 나이에 할아버지가 지어준 이름을 마다하고 당돌하게도 자기가 직접 지은 '항아恒我'를 선택한다. '항상 나'라는 의미를 지닌 이름이다. 즉, 주인공 항아는 전통과 관습이 붙여준 이름을 버리고 자신이 지은 이름을 붙인 것이다. 그렇다면 그녀는 자신을 겹겹으로 에워싸고 있는 환경의 굴레로부터 탈피한 인물인가? 결론적으로 말하면, '그렇다'도 되고 '그렇지 않다'도 된다.

그녀는 죽음을 맞을 때까지 그 누구에게도 내색하지 않은 채 자신만의 사랑과 추억이 오롯이 담긴 '붉은 비단보'를 간직하고 있었고 일부종사는 했으나 마음으로는 첫정을 지킨 채 남몰래 홀로 주위에 맞섰으니, 이것을 보면 '그렇다'가 맞다. 그러나 마음의 정인情人인 기생첩의 자식 준서와 연을 맺지 못하고(당시 사회적 배경으로 볼 때 불가항력적인 상황이 그 주요 원인이었지만) 다른 남자와 혼인하였으니, 그것은 자신에게 주어진 관습과 전통에 결국 순응하고 자연스러운 '이끌림'에 최선을 다하지 못한 것이므로 '그렇지 않다'도 되지 않겠는가.

두 번째로 비중 있게 등장하는 인물은 '초롱'이다. 기생첩의 여식이자 준서의 누이이고, 비교적 자신의 감정에 충실한 인물이다. 그러나 초롱 역시 항아처럼 이중적 가치를 지닌 인물이다. 사회적 지위는 보잘것없으나 어려서부터 춤과 노래를 좋아하고, 자신의 감정이 이끄는 대로, 자신이 바라는 대로 기생의 길로 접어들었으니 그나름의 '자연스러움'을 지키긴 했으나, 그 역시 태어날 때부터 운명지워진 사회적 신분의 틀을 극복하지 못하고 세상의 틀 안에서의삶을 산 인물이다.

　그리고 이 소설의 세 번째 주요 인물이 가연이다. 어려서는 두 동무인 항아와 초롱으로부터 가장 부러움을 사는 사대부 명문가의 여식으로 태어나 가문에 어울리는 집안으로 출가하지만, 시댁의 박대와 남편의 무관심 속에 불행한 삶을 이어가며 속을 끓이다 결국엔 대들보에 목을 매어 세상을 등진 인물이다. 어릴 적에 집안에서축하연이 벌어졌을 때, 내로라하는 하객들 앞에서 시를 지어 올리자 그녀에 대한 칭찬이 쏟아졌다. 그러자 그녀는 조용히, 그리고 천천히 이렇게 내뱉는다. "저놈의 신동 소리, 듣기 싫어 죽겠어. 붕새가되어버렸으면! 훨훨 날아가버리게."(97쪽) 이 말은 어릴 적부터 정서적, 공간적으로 갇혀 살았던 심경을 드러내고 있는 것으로, 내면과외면의 상이함을 적나라하게 보여주는 사대부가 여인의 억압된 자아와 그로부터 탈피하고자 하는 욕망의 단면을 보여주는 대목이다.말 그대로 가연은 사랑을 얻지도 못하고, 자신의 재주도 살리지 못한 채 가부장제라는 억압된 사회의 틀 속에서 희생되어 덧없이 사라진 인물이다.

　결국 항아, 초롱, 가연은 외부적 억압의 구조 속에서 처절히 지배당한 과거 한국 여성의 모습인 동시에, 각자 나름대로의 판단과 행동(항아는 초상화 그리는 일로, 초롱은 기생이 되어 사대부가의 소실이 되는 것으로, 그리고 가연은 죽음으로)을 통해 사회적 구조에 저항한 여성이기도 하며, 나아가 한국은 물론 보편적인 대다수의 여성들이 경험했던, 혹은 경험하고 있는 실체와 환경을 대변하는 인물이다.

결국 마음이 이끄는 대로, 자연의 이치대로 살지 못하는 삶은 불행의 시작이며 비극의 첫걸음이 분명하다. 인간은 이 세상의 중심에 선 주인공이며, 세상과 사회에 질서를 부여하고자 자연의 순리와 이치에 따라 법과 관습을 만들었다. 그러나 자신을 위해 만들어놓은 이치와 규율의 멍에를 짊어지고 살아가며, 종국에는 우리가 만들어놓은 법과 관습에 지배되고 희생된다. 『붉은 비단보』에 등장하는 주요 인물은 대부분 이런 유형이다. 따지고 보면 이 대목에서는 남녀가 차별 없다. 소설 속의 준서도 세 여인과 조금도 다를 바 없다. "자연대로 본성대로 살지 못하는 삶은 이미 죽은 삶이야. 미물들도 그건 알아. 미물들이야말로 자연의 법칙대로 살고 있잖아. (…) 그림을, 그리지 않을 거야."(195~6쪽)

준서와의 인연은 당시 사회적 규범으로 보면 자연스럽지 않으나 자연의 법칙으로 보면 지극히 정상적이다. 항아는 이러한 사회적 규범에 저항하며 자해한다. 한편, 준서가 마을을 떠나 금강산으로 들어간다는 사실을 안 항아는 삼경이 넘은 그믐밤에 그를 찾아간다. 그리고 그의 방으로 찾아들어가 "저는 마음이 움직이는 대로 살고 싶어요. 제가 그림을 그리는 것은 우주와 자연의 조화를 알고 싶어서지요. 그리는 미물들에게 학문을 가르치고자 함이 아니었습니다. 도덕을 숭상하고 예절을 지키는 것도 다 사람답게 살자고 하는 일이

144

지요. 자연에 반하는 도덕이라면 하늘은 인간을 이 우주에 내놓지 않았겠지요…"(197쪽)라며 자신의 마음을 털어놓는다. 사랑을 위한 그녀의 애절함과 절절함이 정점으로 치닫는 대목이다. "제 마음은 이미 당신 거예요. 아주 오래전부터."(199쪽) 그러자 준서는 "우리 마음만 변치 않으면 되지 않겠소? 그것이야말로 이 우주에서 가장 소중한 핵심이오"(199쪽)라고 말한다. 그런 다음 그들은 각자의 머리칼을 끊어서 엮어 동심결을 만든다.

이후 준서의 집안은 기묘사화에 연루되어 역적으로까지 몰리면서 두 사람은 함께할 수 없는 극한 상황으로 치닫는다. 항아는 더 이상 마음을 현실화하지 못한 채 집안에서 정한 대로 출가를 결심한다. "준서 오라버니(…) 저는 이틀만 지나면 다른 사람의 아내가 된답니다. 어쩔 수 없잖아요. 저도 이제 열아홉 살이랍니다. 제가 무엇을 선택할 수 있겠어요."(208쪽) 그러면서 항아는 정인이 그리울 때면 그의 얼굴을 떠올리며 초상화를 그린다. 그렇게 그린 정인의 초상화는 한 장 두 장, 붉은 비단보에 수북이 쌓여가고, 훗날 항아는 긴 세월 옷장 깊숙이 간직해오던 붉은 비단보 속의 초상화를 하나하나 꺼내어 타오르는 불길에 던지며 남편과 장성한 자녀들을 뒤로 한 채 죽어간다.

『아름다운 지옥』이후로, 장편소설『붉은 비단보』와『4월의 물고기』가 출간되었다. 그리고 또 다른 장편소설이 계속해서 출간될 예정이다. 나는 확신한다. 권지예의 문학이 서서히 세계 출판 시장의 중심으로 다가가고 있음을.

분단의 현실을 다룬
이응준의
『국가의 사생활』

한국 문단에서 노벨문학상 수상자가 나온다면 어떤 작품을 쓴 어떤 작가가 유력할까? 나는 오래전부터 습관처럼 이런 생각을 해본다. 어떤 때는 작가들과 함께한 자리에서 그런 얘기를 꺼내기도 한다. 이를테면, "이런 주제를 문학적으로 잘만 승화시켜 창조해낸다면 좋은 결과가 있을 텐데" 같은 식으로 말이다. 다른 사람들은 어떻게 생각할지 모르겠지만, 에이전트로서 소망이 하나 있다. 이왕이면 내가 관리하는 작가가 세계적인 권위와 명성을 지닌 문학상을 수상하는 것이다. 노벨문학상도 물론 포함된다. 이것이 목표는 아니더라도 말이다. 분명한 것은 이 소망을 이루기 위해서는 한 작품이라도 더, 한 나라에라도 더 우리 작가와 그들의 문학을 진출시켜야 한다는 사실이다.

새삼스러운 일은 아니지만, 세계 유수의 해외 에이전트들은 다들 오래전부터 이를 위해 노력하고 있다. 그렇기에 나는 해외 문단에 한국 문학의 저변을 확대하여 인지도를 높이고 그를 통해 우리 문학의 차별성을 더욱 부지런히 알리고 싶다. 그리고 그 결실로 우리 작가가 국제적으로 인지도 높은 문학상을 거머쥐는 영광을 작가와 국민과 더불어 누리고 싶다. 물론 현실적으로 먹고사는 것이 일차적인 과제이듯, 우리 문학을 해외로 진출시켜 경제적 이익을 거둬야겠다는 목적도 있다. 왜 없겠나. 당연한 일이다. 그러나 눈에 보이고 손에 잡히는 현실적인 것만 목표로 삼고 싶진 않다.

문학적, 예술적 완성도를 다 갖추는 것을 기본 전제로 하고, 과연 어떤 내용이나 주제를 다룬 작가가 저명한 문학상을 수상하는 데 유리할까? 어떻게 보면 이런 발상 자체가 어떤 이들에겐 유치하고 터무니없는 난센스로 받아들여질지도 모르겠다. 그런데도 이런 생각을 가끔 하며, 역대 노벨문학상을 수상한 다른 나라 작가들을 하나둘 떠올려본다. 그러다 보면 문학상을 수상한 작가들 대부분이 그가 속한, 혹은 과거에 속했던 한 지역(혹은 국가나 민족)의 첨예한 이슈를 기본 골격으로 삼아 문학이란 장치를 통해 예술적으로 승화시키고 있다는 흐름을 만나게 된다. 도리스 레싱, 오르한 파묵, 존 쿳시, 주제 사라마구, 토니 모리슨 등 숱한 작가들이 각자가 속한 곳에서 그들이 처한 민감한 문제를 문학이라는 도구를 통해 심층적으로 탐색하여 수면으로 끌어올렸다. 이를테면, 흑인과 백인이라는 인종 간의 차별과 갈등, 여성과 남성 간의 대립과 갈등, 문화와 문화 혹은 역사와 역사 간의 충돌과 대립, 그리고 한 나라가 안고 있는 비이성적 현실 등에 대해 깊이 성찰하면서 그 주제들을 표면으로 끌어내어 그 나름의 기호로 표현해냈다.

그러나 또 한 가지 분명하게 지적할 것은 사회, 문화, 정치, 역사 등과 같이 외부적인 이슈가 반드시 문학상 수상에 유리한 것만은 아니라는 점이다. 인간이 기본적으로 지니고 있는 보편적 사유와 철학의 문제를 심도 있게 다룬 작가의 예도 적지 않다는 얘기다. 물론, 인간 자체를 사회적, 문화적 맥락과 단절시켜 읽을 수는 없겠지만, 헤롤드 핀터같이 소통이 결핍되고 단절된 부조리한 현실을 탐색한 작가군도 얼마든지 있다.

한국 작가만의 개성이 담긴 목소리

미국 작가 제프 탈라리고가 탈북자 문제를 다룬 소설 『다시 그 강가에 서다The Ginseng Hunters』가 국내에서 번역, 출판되어 언론에 보도된 적이 있다. 두만강 너머에 사는 조선족 심마니를 화자로 세워 탈북자 문제를 다룬 작품이다. 작가는 1990년대 초 가자 지구 내에 있는 팔레스타인 거주지 자발리야 난민촌에서 수년간 생활하면서 난민 문제에 관심을 갖게 되었으며, 그러던 중 탈북 난민에 대한 이야기를 듣고 관심이 생겨 중국을 드나들며 직접 탈북자들을 만나 정보를 수집하여 이 소설을 썼다고 한다. 한국은 물론 북한과도 아무런 연고가 없는 그가 이끌어낸 탈북자 문제와 그들의 실상에 관한 묘사는 한반도와 무관한 작가라고 하기에는 믿기지 않을 정도로 적잖은 설득력과 공감대를 형성한다는 평이다. 그렇게 보면, 지금

극동아시아, 그중에서도 남한과 북한이 처한 현실이 세계인들에게 주요 관심사로 떠오르고 있음은 분명해 보인다. 그러나 미국 작가가 그린 탈북자 문제에 관한 소설보다는 아무래도 가까이에서 남북한의 현실을 체득하며 사유해온 한국 작가의 작품이 더 피부에 와 닿지 않을까 싶다.

좀 더 나아가서 살펴본다면, 세계 출판 시장에서 한국 작가가 낼 수 있는 여러 목소리 가운데 비교적 독창적일 수 있으며 가장 현실적인 개성을 드러낼 수 있는 분야가 바로 남한과 북한에 대한 얘기가 아닌가 한다. 다른 나라의 역사, 정치, 문화와 차별화되는 분야 중 하나가 남북문제라는 생각에서다. 아울러 한국 작가들의 개성 있는 목소리가 드러날 수 있는 영역이라면 분단 이후 지금까지 오랫동안 서로 극명하게 대립하며 고착화된 남북의 이데올로기와 그에 따른 정체성 문제가 있으며, 사회적, 문화적 배경 속에서 한국 여성이 과거로부터 억압 내지는 차별 받았던 문제라든가, 혹은 전 인류적 보편성을 띠면서도 차별화된 특성을 지닌 한국의 어머니와 아버지의 목소리, 세계에서도 도드라질 정도로 유난히 자녀 교육에 관심과 열정을 보이는 독특한 사회 현상들, 그리고 민주화 투쟁 과정에서 드러난 집단적 이념 갈등과 좌우의 대립 등을 꼽을 수 있겠다.

이응준의 신작 장편소설 『국가의 사생활』(2009, 민음사)에 관심을 가지고 접근한 첫 번째 이유도 이런 맥락에서 출발한다. 나는 2009년 초 〈출판저널〉에 탈북자 문제를 주제로 한 몇몇 소설을 다룬 적이 있다. 정도상의 『찔레꽃』(2008, 창비), 이대환의 『큰돈과 콘돔』

(2008, 실천문학사), 권리의 『왼손잡이 미스터 리』(2007, 문학수첩)를 중심으로 관찰하면서 그 전에 읽었던 황석영의 『바리데기』(2007, 창비), 김영하의 『빛의 제국』 그리고 강영숙의 『리나』(2006, 랜덤하우스) 등도 간단하게나마 함께 살폈다. 그 과정에서 나는 소설가 이응준이 탈북자 관련 소설을 곧 발표할 예정이라는 소식을 언론 보도를 통해 접하게 되었다. 그해 4월, 런던도서전 직전에 『국가의 사생활』이 출간되었다. 나는 출장길에 오르면서 공항 서점에 들러 책을 구입했다. 그리고 오가는 기내에서, 호텔에서 시간 나는 대로 짬짬이 읽었다.

이응준의 문학을 접하기는 이번이 처음이다. 그러나 한 작품만으로 그의 작품 세계를 이해하긴 어렵다. 『국가의 사생활』만으로 그의 문학 세계를 판단하려 든다면 대단히 위험한 발상일 것이다. 에이전트 비즈니스적 관점에서 이 작품에 대한 인상을 결론적으로 말하면 51퍼센트 만족하고, 나머지 49퍼센트는 아쉬움으로 남는다. 순전히 판권을 세일즈하는 저작권 에이전트의 시각에서다. 문학적 가치 평가는 내 몫이 아니다.

해외 출판 시장에서 이 작품이 반응을 얻을 것인가 여부는 아직은 미지수다. 이 소설에 대한 긍정적 시선은 크게 두 가지다. 하나는 세계 유일의 분단 지역인 한반도가 안고 있는 민감한 이슈를 과감하게 정면에서 다루고 있다는 점이며, 또 하나는 아직 누구도 본격적으로 다루지 않았던 문제인 남한의 북한 흡수 통일 후에 드러날 수 있는 극도의 혼란 양상을 안정감 있는 구성과 함께 박진감 넘치게 다뤘다는 점이다. 한국 작가의 개성 넘치는 목소리를 잘 담아낸 것이다. 이는 해외 출판 시장에서 이 소설이 독창적인 목소리를 낼 수 있다는 말이 된다. 가깝게는 일본에서, 멀게는 미주와 유럽 등지에서 관심을 보일 주제임에 틀림없다.

자신의 신분마저 잊은 채 평범한 일상을 살아가던 중년 남파 간첩이 갑작스러운 복귀 명령을 듣고 갈등하는 면면을 그린 김영하의 『빛의 제국』은 이미 미국을 비롯해 여러 나라로 판권이 팔려 번역판이 출간되었거나 출판을 앞둔 상황이다. 그렇다면 이응준의 문학도 해외 에이전트나 편집자에게 제대로 어필한다면 해외 시장에 진출 못할 이유가 없다. 그러기 위해서는 앞서 말한 49퍼센트의 비율을 낮춰야만 할 것이다. 다만 해외 편집자나 에이전트들이 긍정적으로 봐준다면 얼마든지 가능한 일이며, 나 또한 적극적으로 이 작품을 해외 출판 시장에 추천하고 싶다.

약간의 아쉬움 그리고 고마움

내가 이 소설을 읽기 전에 기대하고 바랐던 것은 남북통일 이후 양 진영 간에 불거질 수 있는 이념적, 사상적 대립과 갈등 양상에 대한 탐색이며, 그 대립과 갈등 양상이 원만하게 완화되어 서로 소통하기 위해서는 서로 간에 어떤 이해와 노력이 필요한가를 암묵적으로 제시하는 것이었다. 물론 큰 틀에서 보면 『국가의 사생활』은 방금 지적한 부분을 이응준 식의 접근과 조명 방식으로 제시해준다. 그러나 본격적인 내면적 갈등과 대립은 겉으로 드러나는 강렬한 표현

방식에 가려 제대로 부각되지 않고 있다는 인상이다. 사실 한국은 오래전부터 좌우 갈등과 지역적 갈등을 겪고 있으며, 아직도 해소되지 않은 채 우리의 일상에 들러붙어 사고와 행동을 일정 부분 가름한다.

상황이 이러한데 반세기 이상 서로 다른 이념과 사상 아래 살아온 사람들이라면, 완충기 없이 어느 날 갑자기 통일이 이뤄졌을 때 각각의 내면에 자리 잡고 있는 사상적 갈등이 외적인 폭력보다 오히려 치명적일 것으로 보인다. 그런데도 이 부분에 대한 작가의 고뇌가 조직 폭력이라는 외적 갈등의 표현에 가려져 내면의 표현이 약화됐다는 인상을 배제하기 어렵다. 물론 초반부는 그렇지 않아서 에이전트가 바라고 원하는 방향으로 진행되었다. 그러나 초중반을 넘어서면서 그 분위기는 서서히 액션 중심으로 전환된 느낌이다.

통일 대한민국 현실의 단면은 이러하다. "청천벽력같이 찾아든 평화통일의 대혼란 속에서 공화국 군대의 무기 회수와 그 관리가 허술했던 탓이다. 그리고 그것은 2011년 5월 9일 오후 4시경 한반도에서 난데없이 판도라의 상자가 열리며 튀어나온 수천의 마귀들 중 고작 한 마리에 불과했다."(22쪽) "한 나라가 망하고 그 나라 최고 대학교의 교수가 살인도 서슴지 않는 폭력 조직의 집사가 된 마당에 (…) 북한의 아나운서였던 한 할머니가 잠실야구장의 청소부로 일하던 중 경기가 없는 월요일 오후 선수 탈의실에서 목을 매 자살한 사건이 있었다. (…) 이북 사람들은 그야말로 공황 상태에 빠져버렸다."(28쪽) "조선노동당 최고위층의 고운 딸은 창녀가 되었고 조선인민군의 자랑스러운 최정예 전사는 깡패가 되었다."(36쪽) "그 황폐한 땅들을 사재기하겠다고 이남의 기업과 부자들이 몰려가고 있었다. 한국전쟁 이전의 부동산 소유권을 주장하는 이남 사람들의 소송도 줄을 이었다. 이남이 혼돈이라면 이북은 공포였다."(74쪽)

대부분이 눈에 보이는 현상에 대한 스케치다. 아쉬움이 있다면, 이런 외적 현상에 대한 조명과 균형을 이룰 수 있는 양 체제 정서의 간극에서 오는 충돌과 대립, 그리고 처절한 고립과 소외 같은 사유에 대한 깊숙한 탐구가 묻혔다는 것이다. 물론 외적인 행동의 징후나 표시는 모두 내적인 사고에 의해 표출된 것이니, 이 소설 속에 나타난 지옥과도 같은 혼란은 비정상적인 정서와 문화가 빚어낸 것이라 여길 수도 있겠다. 그러나 이 점을 감안하더라도 아쉬운 부분은 남는다.

그러나 소설가 이응준에게 감사를 표하고 싶은 것은 이 소설이 시사하는 바가 크다는 점이다. 우선 이응준 나름대로 남북통일이라는 주제를 부지런히 탐색하고 사유했으며, 깊이 고민하고 성찰한 점을 높이 인정하고 싶다. 아울러, 준비 없는 통일이 얼마나 큰 비극을 초래하는지 문학이라는 양식을 통해 모든 독자들을 일깨우고 있다는 점에 대해서도 박수를 보내고 싶다. 그리고 한 가지 더 덧붙이고 싶은 것은, 문학은 바라보는 각도에 따라, 그리고 바라보는 사람에 따라 달리 읽히고 해석된다는 사실이다. 『국가의 사생활』이 여러 나라에서 번역 출간되어 널리 읽히기를 기대해본다.

보편적 정서를 지닌 작품, 구효서의 『나가사키 파파』

생뚱맞은 얘기인지는 모르겠으나, 누구나 세상을 살아오면서 이따금씩, 적어도 한 번쯤은 스스로에게 이런 질문을 던져보지 않았을까 싶다. '나는 지금의 내 아버지(혹은 어머니) 자식 맞겠지?' 혹은 '이곳에 소속된 사람 맞나?'와 같은 자기 정체성이나 소속에 대한 뜬금없는 질문 말이다. 아마도 일상에 지쳐 외로움을 느끼거나, 중심에서 밀려나 주변부에서 고립감이나 낭패감을 느낄 때 탄식처럼 스멀스멀 기어 나오는 푸념 어린 표현이 아닐까 싶기도 하다. 또 가끔씩 부질없이 공허하게 던지는 자문도 있다. 섬에 사는 사람은 "이래봬도 내가 뭍에 가면 출세해서 세상 호령하며 살 텐데 말이야"라든가, 뭍에 사는 사람은 "확 트인 너른 바다와 어울려 살면 지금보단 나을 거야, 이 너른 가슴 지닌 내가 지금처럼 이런 구석에서 지지고 볶으며 살진 않을 거라고"라는 식의 것 말이다. 좀 더 현실적인 예로, "다른 사람(배우자)만 만났어도 내 인생이 이렇게 꿀꿀하진 않았을 텐데, 진즉에 확 폈을걸?"이라든가 "이 직장 때려치우고 다른 직장으로 옮기면 분명 지금보단 나을걸? 내가 누군데, 능력 있으니 어딜 가도 세상 사람들은 날 반길 거야" 등등의 객기 섞인, 혹은 착각에 빠져 내뱉는 독백도 있다. 모두 현실에서 욕망하는 대상의 결핍이나 부재로 인해 경험하지 못한 영역에 대한 이상적 동경이 빚어낸 한탄 섞인 사고의 조각임에 분명하다.

문학에 대한 관심과 비즈니스의 관점 사이에서

이는 2008년 대산문학상 수상작인 구효서의 장편소설 『나가사키 파파』(2008, 문학에디션 뿔)를 읽으면서 불쑥 떠오른 크고 작은 단상이다. 이 소설의 분위기는 무겁지도, 심각하지도 않다. 오히려 다소 가볍지 않나 하는 인상이 들 정도로 경쾌하다. 그러나 수면에 떠오른 다양한 표현과는 달리 저 밑바닥에 있는 여러 사유들은 제각기 지닌 무게에 의해 바닥에 가라앉아 앙금처럼 켜켜이 쌓여 있다. 인간은 자신이 잃어버렸거나 자신에게 없는 것을 찾고 싶어 하는 꿈이나 욕망 때문에 늘 어디론가 떠나려 시도한다. 자신은 확신하지 못하는, 어쩌면 이미 오염되거나 훼손되어 무구無垢의 낙원으로 되돌아가지 못할 수도 있는 떠도는 정체성 내지는 자아를 찾아 방황하며 살아가고 있는 등의 여러 사유가 그 앙금 속에 서로 뒤엉켜 있다.

　나는 아직 소설가 구효서를 만난 적도 없고, 그의 소설을 읽은 지 오래되지도 않았으며, 다른 작품을 많이 읽어보지도 못했고, 깊이 탐색하며 그의 작품 세계를 꾸준히 연구한 적도 없다. 그렇다고 해서 그의 작품에 대한 비평의 글을 두루 섭렵한 것도 아니다. 부끄러운 고백이지만 한마디로 아직까지는 아는 게 그다지 많지 않다. 다만, 몇 년 전에 그의 장편소설『라디오 라디오』(2006, 해냄출판사)를 읽은 게 그간 내가 그를 이해한 정보의 전부다. 그러나 근래 들어 그의 작품을 한 번 더 읽어보고 싶다는 생각이 문득 들었다. 에이전트로서의 욕망이나 기대감이라고 봐야 할 것이다.

나는 문학작품을 접하면서 끌리면 곧장 그 작품을 쓴 작가에게 연락하여 에이전트로서 의견을 전하거나, 직접 만나서 그의 작품에 대해 구체적인 생각을 주고받는다. 에이전트로서의 비즈니스적인 당부(?)도 빼놓지 않는다. 사실 이 당부란 그리 대단한 것은 아니며, 해외 출판 시장 진출을 위한 요긴한 어드바이스쯤이라 해야 옳겠다. 그러나 '끌리'긴 하지만 그 강도가 약한 경우가 당연히 있다. 혹은 뭔가 더 있을 것 같긴 한데 그 작가의 진가를 제대로 발견하지 못한 것 같은 느낌이 들 때도 있다. 이럴 땐 그의 작품을 더 찾아 읽는다. 그러다가 그 작가의 가치(문학적 예술적 성취도)나 상품성(해외 출판 시장에서 어필한 만한 요소)을 발견하게 되면 깊은 감동과 (때로는) 진한 흥분을 느끼며 그 작가를 당장에 만나 대화를 나눠보고픈 열망에 사로잡힌다. 그리고 그 열망은 이내 실현된다.

해외 출판 시장에 본격적으로 소개하기 이전 과정으로 작품을 선정하는 데에는 크게 두 가지 기준이 있다. 하나는 해외 출판 시장 진출을 염두에 둔 것으로, 독자의 보편적인 정서에 부합하거나 문학적 성취도가 뛰어난 작가의 작품이다. 또 하나는 한 시대나 세대를 대표하거나 그만의 독특한 스타일을 지닌 작가의 작품으로, 때에 따라서는 보편적인 접근 가능성과는 다소 거리가 있어도 그 작가만이 지니고 있는 독창성이 돋보이는 경우다. 후자의 경우에는 해외에 소개하진 못하더라도 한국 문단에 이렇게 중요하고 비중 있는 작가와 작품이 있구나, 하는 사실을 발견하고 만족을 느끼며 앞으로 그가 선보일 또 다른 작품을 기다려본다. 그러나 아무래도 직업상 전자에 더 끌리는 것이 솔직한 의견이다.

몇 년 전에 읽었던 『라디오 라디오』는 한 시골 소년의 눈으로 바라본 세상의 일상을 이야기하는 소설이다. 당시 이 소설을 해외 시장으로 들고 나가겠다는 생각으로 읽은 것은 아니었다. 객관적으로 봐도 이 소설은 구효서의 대표작도 아니었으며, 비즈니스 전략에도 부합하지 않았다. 그리고 첫 해외 데뷔작으로 삼고 싶지도 않았다. 좀 더 솔직히 말하면, 구효서라는 작가가 어떤 스타일로 글을 쓰는지 우선 나 나름대로 경험하고 싶었다. 이 소설은 배경이 시골인 게 문제가 아니라, 소설에서 울리는 보편적인 목소리가 해외 독자들과 공감하기엔 다소 거리가 있다는 생각이 들었다. 사실, 에이전트가 한 작가 혹은 작품을 강력히 밀기 위해서는 그 작품 안에 동력이 될 만한 확실한 세일즈 포인트가 있어야만 한다. 훌륭한 작품이라도 그것이 없으면 해외 에이전트나 편집자에게 강력히 들이밀기가 어렵다. 그렇기 때문에 끊임없이 그런 동력, 확실한 세일즈 포인트를 지닌 작가와 작품을 찾고 있으며, 앞으로도 그 작업은 계속될 것이다.

그런데 『라디오 라디오』와 달리 『나가사키 파파』에는 국적과 피부색을 넘는 보편적 정서와 주제가 녹아 있었다. 앞으로 이 작품을 해외 편집자나 에이전트에게 소개한다면 그 부분을 강하게 어필할 생각이다. 그 보편적 사유가 이 소설을 읽는 내내 내 머릿속에 머물러 있었다. 이는 자아 혹은 정체성에 대한 고민과 갈등, 그리고 동시에 현재 내게 결핍된, 혹은 이미 거세되어 회복할 수 없는, 그래서 영원히 잡을 수 없는, 그러나 잡을 수 있다고 착각하며 욕망하는 대상을 찾아 나선 한 인물에 대한 탐색의 과정에서 스며 나온다.

모호하고 이중적인 인생사

『나가사키 파파』의 주인공 한유나는 아버지를 찾겠다며, 그렇다고 꼭 "아버지 찾겠다고 집을 나온 것만은 아닌"(34쪽) 스물한 살의 인물이다. 그녀는 고향을 등지고 일본 나가사키로 건너간다. 그리고 그곳에 있는 '넥스트 도어'라는 식당에서 조리사로 정착한다. "이력저력 구라를 더해 6년"(20쪽)간 그곳에서 일하며 나가사키의 명물인, 미소에 재워 구운 흑대구 요리를 손님들에게 내놓는다. 한편 그녀는 이메일을 통해 엄마 박성희와 소통한다. 박성희라는 인물은 신탁oracle을 통해 신의 메시지를 전하는 예언자(혹은 메시지 전달자) 같은 역할을 한다. 그래서 그녀의 목소리는 다분히 이중적이다. 즉 신탁의 특성을 지니고 있는 것이다. 이렇게 해석하면 이런 답이 나오고, 저렇게 해석하면 저런 답이 나오는 식이다.

어쨌든 한유나는 어머니 박성희를 통해 법적인 아버지이며 생부일 수도 있고 아닐 수도 있는, 그래도 어쨌든 아버지는 아버지인 '한빈'과 아무 관계도 아닌 사람일 수도 있으며 한편으로는 진짜 생부일 수도 있는 '정 군'(박성희는 늘 그렇게 부른다)에 대한 과거사를 듣는다. 주인공 한유나는 이른바 아버지라는 사람들에 대한 구체적인 얘기를 성인이 되어서야 어머니로부터, 그것도 이메일을 통해 접한다.

박성희는 딸 한유나에게 "너는 정 군, 즉 정민태 씨의 딸이 아니라 한빈 씨의 딸이니까. 그 정 군, 내 방에 쳐들어오긴 했으나 아무 일도 없었다고. (…) 달밤의 사태가 있기 전에 이미 너를 임신하고 있었다는 걸, 나도 니 아빠도 알았으니까"(254~5쪽)라고 하지만 한유나의 생각은 혼란스럽기만 하다. "엄마의 얘길 어디까지 믿어야 할까. 믿고 말고 할 게 있는 건가. 믿으면 어떤 게 달라지고 안 믿으면 어떻게 달라지는 거지? 한빈의 딸이면 어떻고 정민태의 딸이면 어떻단 말인가."(263쪽) 그녀는 분명치 않은 자기 출생의 정체성에 그다지 큰 비중을 두지 않는 듯 보인다.

그렇다고 해서 한유나의 고민과 갈등이 끝난 것은 아니다. 그녀는 끊임없이 스스로에 대한 질문을 이어간다. "그런데… 그럼 어째서 나는 이곳 나가사키에 와 있는 걸까. 아버지를 찾아서? 시연이 아빠를 만나는 엄마를 견딜 수 없어서? 아니면 정말 어디론가 늘 뛰쳐나가려는 내 타고난 싸가지 때문에? 그렇다면 그 어디론가가 하필 나가사키일까. 친아버지로 알고 있는 정민태 씨가 사는 곳이란 말일까. 일본이라는 타지로 떠나오도록 나를 충동하고 추동한 건 대체 뭘까? 대체 그게 뭘까 그게."(263~4쪽) 한유나는 이동과 떠남의 이유를 자문하고 또 자문한다. "나는 방금 일본이란 땅에 처음 내려선 기분이었다. 보이는 바다와 나무와 행인들이 낯설었다. 나를 이곳에 오도록 충동하고 추동한 것은 대체 무엇일까."(273쪽) 이런 식으로 끊임없이 질문 던지기를 거듭한다. "내가 이곳에 온 까닭? 나는 나에게 물었다. 아버지가 둘인 이유일 테지. 한국과 일본에 각각 하나. 양아버지와 친아버지. 그 사이에서 헤매는 게, 나겠지. 바람나 도망친 아버지. 그로 인해 가족은 찢어지고, 고향으로부터도 왕따 당했던 나. 모든 불행과 불운이 거기에서 연유한다고 여겨 뛰쳐나온 거겠지 뭐. 어쩌면 이곳 나가사키엔 온전한 아비가 있을지도 모른다며. 아닐까."(274쪽)

그렇다면 집을 뛰쳐나온 이유가 꼭 아버지 문제 때문만은 아니라는 것과 맥을 같이하여, 결국은 자신의 불확실한 정체성 문제와 더불어 정체성으로 인한 간극에 있어야 할, 막연하기도 하고 그렇지 않을 수도 있는 '대상'을 찾고자 하는 것은 인간의 원초적 욕망에서 비롯된 것으로 보인다. 그러나 작가 구효서는 끝까지 박성희라는 인물을 휘장 삼아, 그리고 그녀를 메신저 삼아 신탁 뒤에 숨은 채 한유나에게 계속 꼭두각시놀음을 시킨다.

"낮과 저녁 사이면서, 뭍과 물의 중간, 그곳은 일본도 한국도 아닐 것 같았다. 그것이 날 일본으로 끌어당긴 건 아닐까. 온전한 아비와 가족에 대한 나의 꿈심. 그러나 내가 원한 그런 아비가 과연 이곳에 있을까. 그건 꿈이나 기대가 아니라, 당최 불만스러운 아비와 고향을 버리려는 핑계이지 않았을까."(274쪽)

잃어버린 것을 찾겠다는 주인공 한유나의 생각은 덧없는 몸짓에 불과한 것일까. 아예 인간은 태생부터 그런 것 아닐까? 한유나는 "헷갈려. 뭐가 뭔지. 내가 근본적으로 뭘 잘못 생각하는 건 아닐까"(274쪽)라고 말하며 진실을 밝혀내지 못한다. "나를 충동한 건 결국 방황이었어. 헤매는 거. 이러지도 저러지도 못하면서 못된 성질을 잠재우지도 못하는. 원인뿐만 아니라 결과까지도. 더 이상 헤매지 않으려면 또 다른 아버지와 가족과 고향을 찾을 게 아니라, 나를 찾아야 하는 거 아닐까. 아비와 가족과 고향과 나라와도 무관한 나."(275~6쪽) 결국 창조자이자 신의 뜻을 전달하는 메신저인 작가 구효서는 한유나로 하여금 둥근 원(주변)을 크게 그리며 다시 '나'로 돌아와 '나'를 돌아볼 것을 권한다.

한편, 이 소설의 마지막 부분에서 한유나는 결국 '정 군'인 정민태를 만난다. "아버지라 불리면 아버지인 건가, 내가? (…) 내 가슴에 아버지라 불리는 사람일 뿐이에요…. 그래요. 아버지를 찾는 것으로 뭔가가 해결된 일은 당초부터 없었어요. '나'는 어째서 아버지를 찾는가? 그에 대한 대답을 찾아야 했던 거예요, 저는."(292쪽) 그러면서 끝으로 한유나는 이렇게 선언한다. "정민태 씨를 저 한유나의, 아버지를 떠난 아버지로 선언합니다."(293쪽) 내 입장에서는 다소 모호한 선언이다. 이 선언 자체가 표현하고 있는 기호sign의 맥락에서 해석하면 정 군은 분명 한유나의 아버지는 아니다. 그러나 그녀는 아버지가 아니라고 부정하지도 않는다.

이 소설의 작가는 독자인 나의 정리를 무너뜨린다. 답을 줬다가

다시 지우게 하고, 다른 답을 줬다가 또 지워버리게 하는 전략. 이는 작가의 전략일 수도 있고, 아니면 정리되지 않고 모호하고 이중적인 것이 우리의 인생사이니 굳이 막장이라는 진실을 찾으려 하지 말고 이 인생의 수수께끼를 앞으로도 두고두고 풀어라, 하는 작가의 묵직한 충고일 수도 있겠다. 진실을 찾았다가는 오이디푸스의 쓰디쓴 전철을 밟게 될 수도 있을 테니까 말이다. 한 가지 이 소설에서 아쉬운 게 있다면, 자기 정체성을 찾고자 방황하는 주인공 한유나의 고뇌와 갈등의 무게가, 그리고 주제에 대한 비중 있는 사유가 소설의 후반부에 집중된 듯한 인상을 풍긴다는 점이다. 그러나 이것은 어디까지나 하나의 짧은 의견일 뿐, 내가 염두에 두고 있는 해외 진출에는 아무런 영향을 주지 않을 것이다.

가장 가까운 책꽂이에
두고 읽는 심윤경의
『달의 제단』

서로에게, 혹은 일방적으로 누군가에게 깊은 관심과 애정을 지녔으면서도 서로가(혹은 어느 한쪽이) 바라는 결실을 얻지 못하거나, 오랜 시간이 흐른 후에야 결실을 얻는 경우가 자주 있다. 책을 다루는 에이전트로서는 흔한 일이다. 그래서 그런지 이제는 조금도 낯설지 않고 익숙하다. 그리고 그 익숙함은 나를 무덤덤하게 만들기도 한다. 그러나 그 속을 들여다보면 노심초사와 전전긍긍의 심사가 함께 뒤엉켜 웅크리고 있는 형상이다. 스스로도 아쉽고 안타깝다. 한 권의 책에 대한 애정과 책을 쓴 작가에 대한 관심, 책을 출간한 출판사와 맺은 약속이 기반이 된 '도리'가 감투처럼 내 머리 위에 존재하고 있기 때문이다. 저자는 자신이 쓴 책의 번역 판권을 해외에(혹은 해외 작가가 한국에) 널리 보급하라는 대업을 에이전트에게 맡겼고, 출판사도 그렇게 했다. 그렇기 때문에 그 과업을 제때에 이루지 못할 경우 에이전트로서 느끼는 안타까움은 더욱 클 수밖에 없다. 어떤 때에는 '번역 판권 세일즈에 최선을 다하지 않은 건 아닌가' 하는 자책 어린 반성을 하기도 한다. 대부분의 출판 저작권 에이전트들이 나와 같은 마음이지 않을까 싶다.

에이전시 사무실 서가엔 북중미, 유럽, 중국과 일본을 포함한 아시아 등 전 세계 언어권에서 날아온 책이 책꽂이에 즐비하다 못해 송곳 하나 꽂을 틈 없이 빼곡하다. 그다음엔 아예 빈틈을 가로지르며 사이사이에 쌓이고 또 쌓인다. 빈 책꽂이가 하나 주어져도 얼마 못 간다. 어느새 채워지고 또 넘쳐난다. 그래서 에이전트 책상 주변은 책이 벽돌이 되어 성곽을 이루기 십상이다. 그 책의 대부분이 임자(번역 판권을 사겠다는 출판사)를 못 만난 책들이다. 짧게는 수주에서, 길게는 몇 년, 더 길게는 십 수년이 걸리기도 한다. 그리고 아예 임자를 못 만나는 책들도 허다하다.

책이 처음으로 사무실에 들어와 책꽂이에 꽂힌 뒤 번역 판권이 팔려나가는 시점은 천차만별이다. 세상 사람들이 저마다 시간을 늘이기도 하고 당기기도 하며 제 인연을 만나듯, 책도 그렇게 시간을 두고 인연을 만나나 보다. 짚어보면, 용모와 능력이 출중해도 제때 배필을 못 만나는 사람이 있듯, 책 역시 담고 있는 내용과 가치가 출중해도 출판사를 못 만나는 경우가 많다. 그러니 그런 상황을 매일같이 바라보면서 어찌 안타깝지 않겠나.

그러나 분명한 것은 그 안타까움이 안타까움으로만 끝나지는 않는다는 사실이다. 그런 정서는 계속해서 관심과 열정의 연료가 되어 에이전트를 끊임없이 반성하게 하고 움직이게 하는 추동력이 된다. 지난 16년 동안 수차례에 걸친 사무실 이전에도 불구하고 그 수많은 책을 쉽사리 떼어버리지 못하고 계속해서 끌고 다니는 이유가 바로 이 때문이다.

해외 소개가 어려운 이유들

한 번도 만난 적은 없지만, 독자이자 에이전트로서 좋아하는 작가 중 한 명이 소설가 심윤경이다. 특히 『달의 제단』(2004, 문이당)이 좋다(그녀의 연작소설 『서라벌 사람들』(2008, 실천문학사)은 아직 못 읽었다). 그런데 정작 어디에도 이 작품의 번역 판권을 진출시키지 못했다. 아이러니다. 나는 아직도 이 소설을 가장 가까운 책꽂이에 꽂아두고 있다.

소설을 처음 만난 것은 2005년 여름, 임철우, 장정일, 성석제, 이승우, 배수아, 오정희 등의 문학을 차례로 읽을 무렵이었다. 그때까지 나는 심윤경이란 소설가를 모르고 있었다. 문이당의 한 편집자와 통화하던 날, 좋은 문학작품이나 작가가 있으면 소개해달라는 부탁에 그는 망설임 없이 "심윤경이란 작가가 쓴 소설을 한번 보세요"라고 했다. 어떤 작가냐고 묻자 그는 "김영하의 『검은꽃』과 동인문학상 최종 경쟁작이었는데, 소설 괜찮습니다. 볼만합니다. 『달의 제단』입니다"라고 답했다. 나는 "그렇습니까? 그러면 검토용 도서로 몇 부 좀 보내주세요. 잘 읽어보도록 하겠습니다" 하고 부탁했다. 그리고 얼마 후 검토용 도서를 몇 부 받았다. 2005년 7월 말의 일이다.

책을 손에 들어보니 두툼하지도 얄팍하지도 않은, 말 그대로 아담한 크기의 양장본이 당차 보였다. 활활 타오르는 분홍빛 불길 앞에서 배경과 조화라도 이루려는 듯 두 사람이 두 팔을 위로 치켜들고 넘실넘실 춤을 추는 표지가 눈에 들어왔다. 그날 퇴근길부터 지하철에서 『달의 제단』을 읽었다.

명문 종가의 전통을 계승하겠다는 의지와 허식, 또 그로 인한 상실을 간직한 세대. 유무형의 유산을 이으려 발버둥치지만 켜켜이 쌓여온 세월의 무게에 짓눌려 헐떡이는 또 다른 세대. 두 세대 간의 끊임없는 대립과 충돌. 그리고 가부장적 전통이 유지되는 공간 속에서 수백 년간 되풀이해온, 수많은 여인들에게 무겁게 내려앉은, 드러나고 또 가려진 절규와 고통. 가치 있으면서 무가치한 것. 가치를 부여하고 계승하려 하나 시간의 흐름 속에 그 무게는 끊임없이 가벼워지고, 굴레의 무게는 더욱 무거워지는 중층 구조 속에 희생되는 사람들. 현재를 지나 먼 미래에도 지금과 같은 일은 끊임없이 반복될 것 같은 예감. 이 모든 것들에 대한 사유의 공간이 '달의 제단' 위에 마련되었다.

각 세대가 자신의 가치를 중시하며 서로 균형을 이루는 가운데 대립하는 양상은 인류의 출발과 더불어 끊임없이 재생되어왔다. 그러므로 여기엔 시대가 따로 없고 동서양이 구분 없다. 그야말로 생명체가 존재하는 세상 어디에서도 목격할 수 있는 일상의 광경이다. 그래서 나는 이를 소설이 보여주는 인류 보편적 사유 구도로 잡았다. 그리고 또 하나는 여성 문제다. 남성 중심의 사회에서 끊임없이

에이전트이기 전에 독자로서 좋아하는 소설가가 있다면 바로 심윤경이다. 특히 『달의 제단』을 무척 아낀다. 하지만 한국 전통의 가치관과 문화를 배경으로 삼은 『달의 제단』은 해외 출판인들에게는 이해하기 힘든 낯설음으로 다가서는 모양이다. 그런데도 『달의 제단』을 언젠가는 꼭 해외에 소개하겠다는 희망을 품고 있다. 사진은 『달의 제단』을 펴낸 2004년 당시 심윤경 작가의 모습. 전화상으로도 느껴지던 작가의 다소곳한 분위기가 사진에도 그대로 묻어난다.

주변으로 나앉아야 했던 여성, 세월만 변했지 내면은 여전히 반복되는 풍경에 대한 탐구를 또 다른 인류 보편적 구도로 삼았다.

결론적으로, 『달의 제단』에서 작가는 역사와 전통을 계승하고 유지하려는 가치와 그 가치 체계를 발전시키기 위해 수반되어야 하는 사유와 행위, 급변하는 현대 사회에서 가족 혹은 사회의 영역에서 이루어져야 하는 세대 간의 진정한 소통과 교류의 가치 등을 탐구하고 있다. 이 부분이 해외 출판 시장에 『달의 제단』을 소개하면서 중점적으로 표현하고자 한 나의 세일즈 포인트다.

먼저 이 소설에 대한 영문 시놉시스부터 만들었다. 영미권, 유럽권, 중화권과 일어권 등지로 기회가 될 때마다 소개했지만, 되돌아오는 답변은 언제나 "유감스럽지만…"으로 시작됐다. 소설의 시놉시스를 받아 보고, 혹은 직접 읽어보고 나서 사람들은 어떤 판단을 내렸기에 더 이상 관심을 두지 못하고 반려하는 것일까. 그 이유를 늘 생각하고 있다. 거기엔 크게 두 가지 정도의 이유가 있다.

한 가지는 『달의 제단』이라는 소설 자체에서 찾는다. 공감대를 이룰 수 있는 보편적 사유 공간이나 한국의 독특한 전통문화에 대한 색다른 경험을 하는 즐거움보다는, 이질성에서 오는 불편함을 더 크게 느꼈기에 거리감이 생기지 않았을까 추측한다. 이를테면 본문 중간에 삽입되어 본 구도의 흐름과 맞물리는 고어투 문장의 언문 서찰과 재표현(번역)의 어려움을 부담스럽게 생각했을 거라는 말이다.

그리고 이 소설엔 독자들이 거리감을 느낄 만한 다양한 한자어나 용어들이 비교적 자주 등장한다. 뿐만 아니라, 우리 독자들이 볼 때야 투박하여 정겨운 느낌이 들겠지만 그 맛을 제대로 살리기가 쉽지 않을 지방 사투리 또한 역자에겐 부담으로 다가설 것이다. 번역을 잘한다 하더라도 등장인물이 내뱉는 사투리 어감을 맥락에 조화롭게 재현해내는 것은 내가 봐도 쉽지 않을 듯하다. 이런 이유로 해외 편집자나 에이전트들이 이 소설을 반려했다면 아쉽더라도 그들의 결정을 받아들일 수밖에 없다. 그러나 사실 그 부분을 설득시키거나 그들 스스로 그런 장애를 극복하지 않고서는 이 소설의 해외 진출은 요원할 수밖에 없다. 다만, 한국의 특수한 전통과 관습에 대한 내용이 반려의 주된 이유라면 얼마든지 설득할 수 있으리라 생각한다. 그 정도라면 오늘의 한국이나 과거 조선에 대한 특별한 사전 지식과 정보 없이도 얼마든지 작품을 이해하고 감상할 수 있는 환경은 되기 때문이다.

이 소설을 검토한 해외 출판인들이 이 소설을 반려한 다른 이유는 바로 에이전트인 내게 있다는 생각도 든다. 오히려 이것이 가장 큰 이유라는 데 무게를 둔다.『달의 제단』이라는 작품을 충분히 이해할 수 있게끔 뒷받침할 만한 자료가 부족한 것은 아니었을까. 그래서 그 결핍이 오히려 지금은 희망이 된다. 문제를 짐작하고 있으니 어떻게 보완할 수 있을지도 생각할 수 있다.

따라서 이제는 시놉시스를 좀 더 유려한 영문으로 세밀하게 작성한 다음, 이 소설의 강점에 대해 해외 에이전트들과 다시 논의해보고자 한다. 그들의 의견을 물은 후, 영문 샘플 번역을 시도해볼 계획이다. 상업적이고 대중적인 면이 약한 작품인 것은 사실이지만, 이 작품이 주는 문학적 메시지에 공감하는 이들이 분명 적지 않을 것으로 보이기 때문이다.

한국인 작가의 의지

심윤경은 『달의 제단』의 '작가의 말'에서 이렇게 말한다. "나는 일본인이 썼는지 한국인이 썼는지 분간되지 않는 몇몇 쿨한 소설들에서 느꼈던 불편한 감정이 일말의 모욕감이었음을 뒤늦게 깨달았다"고. 이런 고백은 내가 해외 출판 시장에 부지런히 소개하고픈 한국 문학의 유형과 교차한다. 사실 지금이야 한국 문학에서 보이는 짙은 한국적 색채가 해외 출판 시장에서 흠이 되기도 하겠지만, 한국 문학이 좀 더 대중화되고 보편화된다면 그런 작품을 오히려 더 많이 진출시켜야 할 것이다. 한국의 정수를 더욱 풍성하게 경험할 수 있는 기회가 되기 때문이다. 그러고 보면 심윤경은 이 소설을 통해 한국인이 지닌 전통과 습관, 그리고 그것에 대한 사유와 고민을 그녀만의 표현대로 "뜨겁게. 여한 없이 뜨겁게. 어차피 한 번 왔다 가는 세상 뜨겁게"('작가의 말'에서) 재현해보고 싶었던 것 같다. 그리고 그녀는 이렇게도 말한다. "가슴의 뜨거움조차 잊어버린 쿨한 세상의 냉기에 질려버렸다. 맹렬히 불타오르고 재조차 남지 않도록 사그라짐을 영광으로 여기는 옛날식의 정열을 다시 만나고 싶다. 그것이 요즘 유행하고는 한참 동떨어진 것이라 해도. 아직 젊은 사람이 지레 늙어버렸느냐고 핀잔을 받더라도. 이 소설 속에 혹시라도 독자에게 불쾌감을 줄 수 있는 무리하고 과장된 일면이 있다면, 그 역시

170

내가 절실하게 추구했던 뜨거움의 일부로 용서 받고 싶다"고.

『달의 제단』에 대한 심윤경의 다부진 의지가 역력히 드러난 대목이다. 이와 같은 의지는 어정쩡하지 않고 확실하게 표현된다. 소설에 등장하는 언문 서찰은 수백 년 전 한 조상 할머니가 조씨 가문에 출가하여 그 친정 할머니에게 전하는 소식으로, 시아버지 생일에 있었던 분위기를 전하는 내용의 일부다. "존구尊舅 생신 맞잡시어 족족유여足足有餘한 하물賀物, 이바지 마련해주셨사오니 물물이 하갈동구夏葛冬裘요 목목이 정긴精緊 숙요淑要라 존구고尊舅姑 내외분 기쁨 크셨사옵내다."(25쪽)

이어 조씨 가문의 종손인 남편을 먼저 보내는 종부의 한 섞인 절절한 탄식도 소개된다. "성붕지통城崩之痛을 당하였사오니 사랑 낙명落命당할 시에 한가지로 죽기가 무엇 어려우리오만 죄 많은 태중에 천금 같은 생명이 자라옵기 졸곡卒哭이 지나도록 하종下從지 못하옵고…"(210쪽) 몸 안에 자손을 잉태하여 남편을 따라 죽지 못하고 가문에 죄업만 쌓고 있다고 자책하는 조선 여인의 생생한 목소리다. 심윤경은 그것이 허식이고 빛바랜 유산이라 하더라도 한 가문을 온전하게 지켜 조상의 덕업을 연년세세 이어가길 원하는 절절함으로 담아낸다. 그리고 주름지고 굴곡진 여정이더라도 그 흠결과 결핍을 있는 그대로 인정하며, 자기 세대의 사고방식으로 현실을 이끌어가려는 신세대의 피맺힌 절규도 균형감 있게 그려낸다.

마침내 두 세대(할아버지와 손자)의 대립과 충돌은 서안 조씨 가문의 종택인 효계당을 부여잡고 활활 타오르는 불길로 마무리된다.

앞으로 여러 책들로 책꽂이가 넘쳐나도 『달의 제단』만큼은 계속 자리하게 할 생각이다. 그 자리에 외국어로 번역되어 출간된 번역판이 꽂힐 때까지는.

미래를 기대하게 하는 작가, 주영선

"기미년(1919) 3월 1일 정오, 터지자 밀물 같은 대한독립만세, 태극기 곳곳마다 삼천만이 하나로."〈삼일절 노래〉전반부의 가사다. 이날은 일제의 고종황제 독살에 분개하고 대한제국의 독립을 열망하는 비무장한 만백성이 하나가 되어 거대한 함성을 울린 날이다. 일제에 빼앗긴 나라를 되찾겠다는 백성들의 피맺힌 절규의 메아리는 그날 전 세계 만방에 울려 퍼졌다. 그 누구도 상상하지 못했던 그날의 대규모 궐기는 희망의 씨앗으로 이 땅에 떨어져 묻혔다. 그 씨앗은 26년이라는 긴 세월 동안 싹을 틔운 후 광복이라는 꽃으로 피어났다.

그리고 또 이런 일도 일어났다. 2002년 한일월드컵이 한국과 일본에서 진행되는 동안, 전국 방방곡곡에서 연일 수많은 응원 인파가 하나로 모여 목이 터지고 팔이 빠져라 응원하고 또 응원하였다.

그리고 그 응원의 함성과 땀이 이 땅에 떨어져 곧바로 월드컵 4강 진출이라는, 그 누구도 상상하지 못했던 결실의 꽃을 피워냈다. 대한의 함성과 결집이 이뤄낸 또 하나의 큰 수확이었다.

하나로 뭉친 집단 에너지는 그렇게 산을 옮기고 강줄기도 새로 틀수 있는 거대한 힘을 지닌다. 한반도의 결집 에너지는 근대와 당대는 물론 더 거슬러 올라간 과거에도 유감없이 발휘되었다. 게다가 타의가 아니라 자발적으로 끊임없이 발휘되었다. 나라가 위기에 닥쳤을 때에는 의병과 백성이 일어나 구국 항쟁에 나섰으며, 독재 정권에 신음할 때엔 민주주의를 바로 세워야겠다고 열망하는 국민들이 일어서서 목숨을 담보로 그 뜻을 펼쳤다. 그러나 집단의 힘이 속되고 오염된 의도와 목적으로 발현될 때에는 도덕적, 윤리적 타락은 물론 그 집단에 속한 선량한 사람들에게까지 희생을 강요하며 모두를 절망의 나락으로 끌어내린다.

이 경우 더욱 안타까운 것은 부정적인 에너지가 이끈 타락이 타락으로 보이지 않고 승리의 결실로 비춰질 수 있다는 사실이다. 속되고 오염된 사고에 의해 행동하는 한 사람 한 사람은 그것이 타락이라는 것을 안다. 그러나 절대 내색하지 않는다. 그리고 내색하지 않는 의식과 행동은 어느 순간 개인의 차원을 넘어서 집단의 진실이자 정의로 둔갑한다. 그런 혼돈과 착각은 동질 의식을 지닌 사람들끼리 하나로 뭉쳐 거대한 군중 의식을 형성하고, 그것이 때로는 집단적 이기주의로 진행되기도 하며, 마침내 각자에게 사고와 행동에 정당성과 명분을 부여하고, 궁극적으로는 당당한 승리의 쾌감까지 안겨준다.

2008년 문학수첩작가상 수상자 주영선이 장편소설 『아웃』(2008, 문학수첩)을 통해 건져 올린 성과는 이처럼 힘없는 개체가 거대 집단의 폭력적인 따돌림과 횡포에 의해 고립되고 희생되어가는 과정을 조명하여 집단의 권력과 광기가 개인을 어느 정도까지 무력화시키는지를 실감나게 표현해냈다는 데 있다.

화려하지 않은 작가

주영선은 강원도 태백 출신의 늦깎이 작가다. 2004년 〈강원일보〉 신춘문예를 통해 등단했으며, 제6회 '문학수첩작가상'을 수상한 바 있는 40대 중반의 소설가라는 것이 그녀에 대한 전반적인 이력이다. 다양한 수상 경력도 없고 대중적으로 화려한 조명을 받을 정도의 히트작은 아직 없지만 매력적인 작가다.

잠시 딴 얘기를 하자면, 주영선의 장편소설 『아웃』을 떠올릴 때 슬며시 생각나는 이가 하나 있다. 나이 여든을 앞둔 캐나다의 원로 작가로, 단편집 『떠남』(2006, 따뜻한손) 등을 통해 잘 알려진 앨리스 먼로다. 그녀가 화려해 보이지 않는 것은 돋보이는 장편이 그다지 없다는 것, 세계적인 베스트셀러가 없다는 것, 그리고 영어권 작가지만 미국이나 영국이 아닌 캐나다 작가라는 것 등에 기인하지 않나 싶다. 또 그런 배경이 그녀의 문학적 성취와 업적을 작아 보이게 만드는 것은 아닌가 싶기도 하다. 그러나 실제로 작품 면면을 들여다보면 그녀가 일궈낸 문학의 무게가 결코 가볍지 않다는 것을 알 수

주영선은 늦깎이 작가다. 2008년 『아웃』으로 제6회 '문학수첩작가
상'을 수상하며 대중에게 알려지기 시작했다. 『아웃』에서 보여준 작
가의 재능과 개성을 쉽사리 잊지 못하던 차에 2010년 9월 신작 『얼
음왕국』이 출간되었다. 재미나게도 소설이 내용 면에서 연작처럼
이어진다. 『아웃』과 『얼음왕국』을 엮어서 해외에 소개하면 좋겠다
는 생각에 쾌재를 불렀다.

있다. 그녀의 작품은 우선 화려하지 않다. 고도의 문학적 장치나 도구를 동원하지도 않으며, 화려한 문체나 현란한 수사도 활용하지 않는다. 이야기 소재도 지극히 평범하며, 전개 또한 어떤 때는 밋밋하게 보일 정도로 독자의 감각을 끌어당기는 맛도 없다.

그러나 그녀의 작품에서 은근하게 울려 나오는 공명은 깊고 긴 여운을 남긴다. 그리고 평범한 사람들의 평범한 일상 속에 삶의 보편적 가치와 진리가 숨어 있다는 것을 은연중에 일깨운다. 이것이 앨리스 먼로의 문학이 쌓아올린 가장 큰 업적이다. 앨리스 먼로처럼, 지극히 평범한 인물들에게서 나타나는 일상의 면면을 통해 삶의 가치를 들여다보고, 그것에서 무엇을 사유하고 추구해야 할지를 자연스럽게 마련해주는 이가 바로 주영선이다. 그래서인지 그녀의 수확물 『아웃』도 앨리스 먼로의 작품처럼 화려해 보이지는 않는다. 그러나 한 단 한 단 쌓아올린 볏가리처럼 묵직하고 튼실한 것은 앨리스 먼로를 닮았다.

2008년 9월, 장편소설 『아웃』이 출간되자마자 바로 읽었다. 독서 기록을 보니 그 달 25일에 마지막 쪽을 읽었다고 돼 있다. 그로부터 이제 2년여가 흘렀다. 그러나 이 작품이 내게 남긴 여운은 그대로다. 내가 『아웃』에서 주목하는 부분은 두 가지다. 하나는 선량한 인간이 본인의 의지와는 관계없이 주변에 의해 철저히 '아웃'될 수 있다는 것으로, 보이지 않는 주변의 집단적 폭력이 얼마만큼 무자비한지 다시금 경험하게 된다. 다른 하나는 한 사람 한 사람이 겉으로 보이는 것과는 달리 어느 정도까지 잔인하고 교활할 수 있는지 소름 끼

칠 정도로 적나라하게 들춰낸다는 것이다. 특히 인간의 교활함과 간교함이 집단화됐을 때에 그 집단에 속하지 않은 사람에게 치명적 피해를 가한다는 사실은 이 소설에서 더욱 실감나게 재현된다. 따라서 내가 이 작가를(혹은 이 소설을) 본격적으로 해외에 소개할 기회를 맞는다면, 이 두 가지 덕목을 집중적으로 피력하고 싶다.

소설의 배경은 별다른 일이 벌어질 것 같지 않은 조용하고 소박하게만 보이는 농촌 시골 마을이다. 일반적으로 시골 사람들은 선량하고 정겹고 인심 좋다고 생각한다. 그러나 이 소설을 보면 시골 사람들에게 듣기 좋으라고 하는 입에 발린 소리가 아닌가 싶다. 사실, 도회지든 시골이든 환경만 다를 뿐이지, 각자의 내면에는 추함이 존재한다. 그리고 자신이 욕망하는 외부의 이해관계와 맞닿기만 하면 용수철처럼 추함은 튀어 나온다. 이것은 간교한 속물근성으로 노출되기도 하고, 한없이 다정하고 친절한 선량함으로 포장되기도 한다. 그리고 속물근성이 여럿의 이해와 관련된 공통된 사안이나 현상에 의해 노출될 때에는 집단적 광기로 발현되기도 한다.

삶의 단면을 보여주는 생생한 캐릭터

『아웃』은 간호대학을 졸업하고 의과대학에서 반년 동안 공부한 후 무의촌 보건소에 새로 부임한 여자 보건소장과 위현리 마을의 부녀자들 사이에서 벌어지는 일상을 그린 소설이다. 보건소장은 본인의 의지와는 상관없이, 주변인들의 선망과 질투와 시기의 시선이 교차되어 하나로 꽈진 단단한 줄에 포박되는 인물이다. 그녀는 자신에게 주어진 업무에 정직과 신뢰와 최선이라는 가치를 부여하며 하루하루를 살아가고, 또 그렇게 살아가려고 애쓴다. 그러나 주변 인물들은 딸린 직원 하나 없이 혼자 부임하여 근무하고 있는 소장이라는 직책까지 권력으로 보고, 자신의 이익이나 영달을 위해서라면 아부와 아첨을, 때로는 시기와 질투를, 또 맘에 들지 않거나 수가 틀리면 뒤에서 음해하길 밥 먹듯 한다. 뿐만 아니라 마을 사람들끼리도 뜻이 어울리면 '형님, 아우'이고, 그렇지 않으면 곧바로 '이년, 저년'이다.

상황이 이렇다 보니 시류에 영합하지 않고 자신만의 진실을 기반으로 살아가려는 보건소장은 어느 순간 노회한 마을 사람들에게 눈엣가시로 전락한다. 거짓과 악과 부정이 결집되어 기승을 부리자 참과 선과 긍정이 무력하게 꺾여가는 것이다. "왠지 나도 모르게 미궁으로 들어가는 기분이었다. 싫증이 났다. 적게는 나보다 열 살 이상, 많게는 내 부모보다 더 나이가 많은 사람을 상대로 때로는 윽박지르고 때로는 비위를 맞춰야 하는 이 일에, 소리 없는 비명이 나왔다. 왜 내 삶은 소통이 안 되는 것투성인가. 정상적으로 자라지 않는 아이와 정상적으로 나를 대하지 않는 사람들 사이에서 나는 웃음을, 관계를 잃어갔다."(115쪽)

마침내 보건소장은 한 자락의 권력과 응집된 음해와 시기로 위현마을에서 '아웃'당하기에 이른다. 마을 사람들의 집단적 광기와 폭력에 한 사람이 희생되어 울타리 밖으로 밀려 나가는 형국이다. 진실과 긍정이 결집되면 기대 이상의 선善을 이루지만, 거짓과 부정의 기운이 결집되면 선한 기운은 어느새 자취를 감추고 악의 기운과 화합한다. 그러면서 사람들은 무엇이 진실이고 거짓인지 구별하려는 의지를 망각하고, 급기야는 거짓이 진실로 둔갑하여 가치기준에 혼란이 와서 자연의 질서를 파괴하기에 이른다. 이는 악의 사슬이 선의 질서까지 모두 연쇄적으로 무너뜨려 비극으로 치닫는 공식과도 유사하다.

사람들이 진술과 사실을 구별하지 않기 시작했다. 박도옥과 장달자보다 더 무서운 건 악의에 찬 그들의 진술과 사실을 구별하지 않으려 하는 또 다른 사람들의 마음인 것이다. 거짓된 진술이 의도를 가진 사람들에 의해 기정사실이 되고 그것이 마을을 돌며 서서히 독을 뿜기 시작했다. 주기적으로 마을을 찾아오는 그런 기운이 때로는 주민들 모두를 가해자로, 때로는 피해자로 만들었다는 사실을 잊은 채 사람들은 반복적으로 독의 전령사를 자처하고 있었다.(221쪽)

일반 독자들의 관점에서 볼 때 『아웃』은 재미있는 소설은 아니다. 독자들의 대중적 관심을 강하게 끌어당길 만한 내용적인 요소가 그리 풍부하지 않다. 소설 배경도 일반 독자들이 관심을 가질 만한 도회지의 모습을 담지 않았다. 작품 속의 등장인물은 독자 분포도가 높은 연령대의 눈높이와 맞지 않고, 사고의 공간도 공유하기 쉽지 않다. 작가 주영선의 인지도도 아직 높지 않으며, 그렇다고 해서 이 소설이 베스트셀러가 된 것도 아니다. 더구나 이 소설은 주영선의

장편 데뷔작이다. 그러니 작가에 대한 객관적인 배경도, 작품 소재
도 대중적인 관심에 어필할 만한 게 거의 없다.

　그러나 『아웃』을 살펴보면 작가 주영선에게는 미래가 보인다. 『아
웃』에서 보인 재능과 개성을 유지하며 더욱 다채로운 소재로 독자
들과 꾸준히 호흡한다면 말이다. 감각적이고 흥미진진한 스토리는
없어도 생동감 있는 한 사람 한 사람의 캐릭터가 그 단점을 극복해
낸다. 독자들의 대중적 관심을 끌어당길 만한 요소는 없어도 다양
한 인물들의 말과 행동이 경악스러울 만큼 현실감과 생동감을 제공
해서 언어권에 관계없이 세계 독자들에게 어필할 것으로 기대한다.
소설 배경이 한국의 이름 모를 촌구석이어도 사람 사는 얘기란 다
거기서 거기 아닌가.

　앨리스 먼로 역시 캐나다 시골 촌구석의 따분한 일상을 그려서
2009년 부커상을 받았다. 작품 속의 등장인물이 교활하고 노회한
인물이어도 그들에게서 묻어나는 것이 삶의 단면이라면 오히려 매
력적이지 않을까. 해외에 나가면 그곳에 진출하지 않은 한국의 인기
작가들도 모두 무명 작가이긴 마찬가지고, 그들의 작품도 모두 데뷔
작이다. 그러니 이것도 크게 문제되진 않을 것이다. 물론 작가 인지
도가 높고 작품성도 있으며 거기에 베스트셀러이기까지 하다면 당
연 주목 받을 가능성이 높긴 하지만. 어쨌든 결론적으로 이 작품을
가지고 당당히 영미권으로 진출해볼 만하겠다는 것이 에이전트로
서의 생각이다. 작품에 등장하는 각각의 인물들이 지닌 생동감을
제대로 살릴 역자만 만난다면 금상첨화다. 2010년 9월에, 그러니까

『아웃』이 나온 지 꼭 2년 되는 시점에 주영선의 두 번째 장편소설 『얼음왕국』(2010, 북인)이 출간된 것이다. 재미있는 것은 소설 내용이 연작처럼 이어진다는 사실이다. 잘됐다. 두 작품을 한꺼번에 소개해보는 것도 괜찮겠다.

양극의 미를
감상하는 즐거움,
김훈

하나를 쥐면 다른 하나는 놔야 한다. 이것이 삶이다. 한 번에 둘을 전부 움켜쥘 수 있는 기회는 거의 주어지지 않기 때문이다. 중요한 선택과 판단일수록 이 말은 더욱 잘 들어맞는다. 영국의 극작가 윌리엄 셰익스피어의 비극 「햄릿」에서 "사느냐, 죽느냐, 그것이 문제로다 (To be, or not to be-that is the question)"라고 고뇌하면서 절규한 햄릿의 독백처럼, 살아남든, 아니면 죽든, 우리는 하나를 택해야 하는 운명을 지닌 존재인 것 같다. 그리고 미국의 시인 로버트 프로스트는 「가지 않은 길The Road Not Taken」에서 가지 않은 길에 대해 아쉬움과 미련이 남을지라도 두 길을 동시에 걸을 수 없기에 한 길은 포기하고 나머지 한 길만을 택할 수밖에 없는 것이 우리네 인생이라고 말한다. 프로스트는 자신의 또 다른 시 「눈 내리는 저녁 숲가에 멈춰 서서 Stopping by Woods On a Snowy Evening」에서, 눈 내리는 숲의 한복판에 멈춰 서서 주위를 둘러보며 잠시 상념에 잠기고는 이내 "그러나 난 지켜야 할 약속이 있으니, 잠들기 전에 가야 할 여정이 있으니(But I have promises to keep, And miles to go before I sleep⋯)" 가던 길을, 혹은 자기에게 주어진 길을 계속 가야 한다는 말을 화자를 통해 전한다. 가던 길을 계속 가지 않으면 안 된다는 것 역시 우리네 일상이란 뜻일 터. 그렇다면 결국 인간의 삶이란 계속해서 뭔가를, 어떤 길을 선택하고, 선택한 그 길을 걸어야 하며, 그렇게 해야만 하는 임무와 운명을 걸머지고 태어난 것처럼 보인다.

그러나 분명한 것은 다른 한편, 택하지 않은 대상이나 사물 혹은 가지 않는 길에 대해 '과연 그것은 어땠을까?', '그 길은 어땠을까?'라는 식의 아쉬움과 미련을 갖는다는 점이다. 설령, 당시 택한 사물 혹은 길이 최선의 선택과 판단이었다고 할지라도 말이다. 그것은 내가 택한 것이, 그리고 내가 걸은 그 길이 최선이 아닐 수 있었다는, 경험하지 못한 것에 대한 잠재적 욕망과 불만족의 잔재가 남아 있어서일 것이다. 특히 이것이 역사적인 중대사일 경우에 후대가 느끼는, 결핍된 대상을 추구하는 욕망의 정도는 더욱 강력하게, 그리고 적나라하게 나타나는 것 같다. 나는 지난 2007년 10월에 김훈의 장편소설 『남한산성』(2007, 학고재)을 읽으면서 그런 생각을 했다. 그리고 그것은 지금도 마찬가지다.

치욕과 자존 사이

자기만의 뚜렷한 개성을 지니고 있다는 것은 하나의 축복이다. 소설가 김훈이 그 축복을 받은 주인공이란 생각이 든다. 압축하고 절제하며 감치는 재주는 분명 탁월한 장기다. 그가 이야기를 풀어놓은 모양새는 하얀 화선지에 시커먼 먹물을 한껏 머금은 붓이 마지막 획을 깔끔하고 날렵하게 마무리하며 찍어 감아올리는 형상이다. 그야말로 '물 찬 제비'다. 그런데 그의 소설이 다른 나라 언어로 옮겨질 경우, 이처럼 날렵하고 반듯하게 당기고 감쳐진 문장이 혹여 잘못되어 낭창낭창한 기러기 날개처럼 변하지는 않을까, 지레 걱정이다. 쓸데없는 걱정이면 좋겠다.

『남한산성』의 골격은 말 그대로 잘 축조된 성곽처럼 견고하고 탄탄하다. 그리고 그 골격에 담긴 내용은 균형의 오르내림과 거리의 밀고 당김을 중심축 삼아 양극의 미를 한껏 공평하게 담아낸다. 어떤 선택이 옳고 그르다는 식의 판단이 아니라, 선택해야 하는 두 대상 모두가 그 나름의 의미와 가치를 지니고 있기 때문에 그만큼 선택과 결정이 쉽지 않다. 그리고 주어진 현 상황에서 어떤 선택이 최선인가, 그 선택의 의미는 무엇인가, 또 그 선택으로 인해 선택되지 않은 또 다른 대상이 수백 년이 흐른 지금에도, 아니 앞으로도 계속해서 틈으로 존재할 수 있다는 사실까지 동시에 제시하고 있다.

우주는 생존하기 위해 존재한다. 산성을 쌓는 것도 생존하기 위해서고, 그 성을 허물고 나오는 것도 생존하기 위해서다. 결국 생존을 위한 몸부림은 설령 그것이 치욕의 몸짓이라 하더라도 섣부른 판단으로 그에게 돌팔매를 해서는 안 되는 것 아닌가 싶다. 치욕스럽다 하더라도 그것이 생존을 위한 최후의 몸짓이라면 오히려 자연스러운 현상 아닐까. 다만 자연스러운(본능적인) 것이 이따금 인간이 암묵적으로 정해놓은 가치 기준을 침범하는 경우가 있긴 해도 말이다. 김훈은 이 소설의 서두에 붙인 '하는 말'에서 "치욕과 자존은 다르지 않았다"고 말한다. 갇힌 성 안에서의 상황을 두고 하는 말이다. 오독일진 모르겠지만(아니, 오독이어도 상관없다) 나는 이 말을 '치욕이 곧 자존이요, 자존이 곧 치욕이다'로 읽는다. 결국 내겐 '치욕을 당하는 것이 자존하는 길이요, 자존하는 것이 치욕을 당하는 길이다'로 읽힌다. 적어도 이 소설에서는 말이다. 김훈 자신은 아무 편도 아니라고 했다. 결국 하나의 사물을 객관적으로 바라보겠다는 것이 그의 뜻이다. 물론 그에 대한 판단도 독자의 몫이긴 하지만.

2006년 봄 영국 런던, 『남한산성』이 세상에 나오기 바로 한 해 전의 얘기다. 나는 우연히 이 소설에 대해 간단한 정보를 전해 들었다. 김훈이 '치욕'(당시의 가제)이란 소설을 발표할 예정이라는 것이다. 전하는 이에 따르면 역사소설이란다. 나는 재빨리 머리를 회전시켰다. '치욕'이란 단어와 조화를 이룰 만한 시대를 떠올리기 위해서다. 왠지 가장 먼저 인조가 떠오른다. 오히려 그다음이 대한제국 광무제와 융희제 시대, 그리고 그다음이 선조 때다. 들어본즉 인조 때가 그 시대적 배경이란다. 남한산성과 삼전도에서의 내용이 그 치욕의 핵심 골자란 얘기다. 그러나 그때 내가 한 말 중 기억나는 건 '치욕'이란 단어가 책 제목으로는 좀 어울리지 않는다는 즉흥적인 발언이다. 그리고 또 수천 년의 역사를 이어오는 가운데 어찌 수치와 굴욕이 한두 번쯤 없겠는가, 하는 개인적인 의견도 덧붙였다.

『남한산성』의 작가 김훈을 직접 만
난 적은 없다. 하지만 『빗살무늬토
기의 추억』(1995, 문학동네)부터 그
의 작품을 빼놓지 않고 읽고 있다.
작품을 통해 작가를 만나고 있다고
나 할까. 『남한산성』을 읽고 나서도
인간의 삶이란 계속해서 무언가를
선택하고, 선택한 길을 걸어야 하는
숙명을 걸머진 존재라는 사실을 작
가와 이야기 나눈 기분이 들었다.

사진 학고재 제공.

사실 중국 영토 내에서는 물론이고 그 인접국에서 수많은 왕조가 교체되고 난립하는 과정에 황제가 황제에게, 황제가 제후에게, 제후가 황제에게, 그리고 제후가 제후에게 인조가 겪었던, 아니 그 이상의 굴욕이 끊임없이 이어지지 않았던가. 그런 상황을 사전에 예방하지 못한 점에 대해서는 임금은 물론 신하와 백성 모두가 깊이 반성해야겠으나, 그 상황을 치욕 그 자체로 인식하여 스스로를 지나치게 나무라며 비하할 것까진 없지 않을까, 하는 극히 개인적인 생각이었다. 그래도 조선 왕조는 1392년에 창업하여 1910년 일제의 강압적인 한일병탄이 있기까지 520년을 버텨온, 세계사에서 유례가 흔치 않을 만큼 장수한 왕조였다. 다만 내부에서의 교체가 아니라, 일제의 강압(외압)에 의해 (대한)제국의 문이 닫힌 것이 안타까울 따름이다. 어쨌든 결과적으로, 인조는 참담한 치욕을 치르면서 이 나라와 백성을 구한 셈이다. 이러저러한 생각으로, '치욕'이란 제목은 나 개인뿐만 아니라 우리의 자존심을 더욱 치욕스럽게 하는 것 같아 영 내키지 않았던 것이다.

그런데 막상 책이 나와 손에 들고 보니 다행스럽게도 제목은 '남한산성'으로 바뀌어 있었다. 김훈은 그 '치욕'이 정말 치욕이었는지, 생존을 위한 최후의 몸짓이었는지, 그 양극단을 김상헌과 최명길이란 캐릭터를 통해 제시하면서, 거기에 보편적인 대중의 상징이라 할 수 있는 캐릭터로서 인조를 또 다른 가늠 축으로 세워 『남한산성』을 더욱 견고하게 축조시킨다.

지금 이 순간, 이 소설이 사실을 바탕으로 한 역사소설이 아니고 완전한 허구로 구성된 소설이었다면 어땠을까, 그렇다면 이보다 더 완벽한 소설이 또 있을까, 하는 생각이 퍼뜩 뇌리를 스친다. 우선, 이 소설은 선택해야 하는 대상인 양단의 축에 대의명분의 가치가 실린 설득력 있는 이야기를 얄미울 정도로 균형감 있게 부여했다. 이 소설을 읽는 독자가 두 축인 김상헌과 최명길 중 누구도 미워하거나 비난할 수 없도록 말이다. 이것은 순전히 작가의 힘이다. 일상에서 선택의 순간에 갈등하는 이유가 뭔가. 두 축이 지닌 가치나 명분이 팽팽히 대립한 가운데 서로 투쟁하기 때문 아닌가. 바로 그 지점을 포착해낸 것이다.

이 소설의 또 다른 장점은 대체적으로 결정적인 순간에 인간은 자연적(인간적) 본능에 이끌린다는 사실을 포착하여 형상화하고 있다는 사실이다. 내가 이 소설이 완전한 허구였으면 더 좋았겠다고 말하는 것이 바로 이 때문이다. 우리네의 선택이 인조의 선택과 크게 다르지 않다는 말이다. 대의적 가치와 고상한 명분에 목숨을 초개와 같이 버리는 사람이 없지는 않다. 그러나 대개는 위기에 처하거나 극한 상황에 이르면 내부에 숨겨 눌러두었던 본능에 따라 판단하고 행동한다.

이런 맥락에서 볼 때 인조가 긴 시간 동안 뼈를 깎는 고민을 했지만 결국 본능대로 판단하고 행동으로 옮겼다는 것이다. 모르겠다. 작가 김훈은 어떻게 생각했을지. 그러나 적어도 나는 그렇게 생각한다. 결국 김상헌과 최명길은 우리가 늘 고민하는 양극의 상징이요, 인조는 둘 중 하나를 선택해야 하는 보편적인 인간의 전형이다. 그래서 『남한산성』이 사실이 결합된 역사소설이 아니라 모든 상황이 작가에 의해 허구로 빚어진 이야기라면 이보다 더 완벽할 수 있을까 싶을 정도로 완벽한 소설이란 얘기다. 기울어가는 명明에 대한 명분과 일어서는 청淸에 대한 실리, 그것을 바라보는 양극의 백성들, 그리고 그 백성을 대표하는 김상헌과 최명길을 배경으로 한 역사적, 사회적 골격에 (감춰진 저자의) 지금의 시각이 탄탄한 살과 근육으로 함께 뒤엉켜 탄생한 이 소설은 역사소설이라는 장르의 벽을 뛰어넘는다.

에이전트로서 내가 이 소설을 해외에 소개한다면 이 점을 적극적으로 부각시킬 것이다. 이 소설이 역사소설로서 수백 년 전의, 세계사에서 다소 외떨어진 조선과 중국 간에 있었던 전쟁에 대한 얘기라는 사실이 표면적인 약점으로 작용한다는 사실은 이참에 언급해야겠다. 그러나 앞에서도 언급했듯이 『남한산성』은 그 두 가지의 약점을 덮고도 남을 만한 보편성과 문학적 성취도를 지니고 있기에 해외 진출의 가능성은 충분하다.

가지 않은 길은 돌아보지 마라

광해군은 쇠락해가는 명나라와 중원의 강력한 패권국으로 떠오르는 후금(後金, 청)의 틈바구니에서 생존을 위해 안간힘을 쓰며 실리외교를 펼쳤으나, 정치적 소용돌이에 휘말려 뜻하지 않게 형제인 영창대군과 임해군을 죽이고, 어머니인 인목대비(선조의 계비이자 광해군의 계모)를 폐하는 등의 패륜과 실정을 범한다. 이에 능양군(인조)

을 새로운 왕으로 옹립시키려는 정치 세력이 반정을 일으키고, 그것이 성공한다. 그러나 반정으로 보위에 오른 인조는 친명배금을 앞세워 청나라를 등한시했다가 결국은 역사에 큰 오점으로 남을 수모를 겪는다. 이것이 『남한산성』에 그려진 간략한 시대적 배경이다.

"만승萬乘의 나라에도 한때의 약세는 늘 있었고, 군왕이 도성을 버림은 망극한 일이오나 만고에 없는 일은 아니옵니다."(17쪽) 몽진을 입에 담는 이조판서 최명길의 다급하면서도 차분한 말투가 소설의 시작부에 긴장감을 더한다. 그러면서 "지금은 대의가 아니옵고 방편에 따라야 할 때입니다. 불붙은 집안에서는 대의와 방편이 다르지 않을 것이옵니다"라고 말한다. 이 말은 이 소설의 저자 서문 형식으로 붙인 '하는 말'에서 작가가 "그 갇힌 성 안에서는 (…) 치욕과 자존은 다르지 않았다"고 한 말과 상통한다.

한편, 김훈의 주 무기 중 하나인 감정이 이입된, 그러나 내용이 축약되고 절제된 문장이 도처에서 보인다. 한겨울 밤새 비가 내린 다음 날 아침, 아침 문후를 올리러 온 당상관들에게 인조가 "밤새 비가 오더구나. 경들은 박복하다"(62쪽)고 답한다. 그러자 신료들은 "전하, 성첩을 지키는 군병들이 밤새 젖고 또 얼었나이다"라고 한다. 이에 인조가 말하길 "밤새 빗소리를 들었다"(62쪽)고 답한다. 이 짧은 한마디에 인조의 고통과 고뇌, 백성을 향한 염려와 슬픔이 그대로 농축되어 있다는 것을 알 수 있다. 김훈만의 문장이 지닌 개성을 그대로 나타내는 대목이라 하겠다.

이 소설은 앞에서도 언급했듯이 양극단인 김상헌과 최명길의 대립각이 큰 중심축을 이루는데, 다음은 그와 관련된 대목이다. "전하, 죽음이 가볍지, 어찌 삶이 가볍겠습니까. 명길이 말하는 생이란 곧 죽음입니다. (…) 신은 가벼운 죽음으로 무거운 삶을 지탱하려 하옵니다." 김상헌의 이 말에 최명길이 고한다. "전하, 죽음은 가볍지 않사옵니다. 만백성과 더불어 죽음을 각오하지 마소서. 죽음으로써 삶을 지탱하지는 못할 것이옵니다."(143쪽) 이는 확연한 대립이다. 그러나 임금을 정점 축(충의)으로 삼고자 하는 마음은 같다. "전하, 신을 적진에 보내시더라도 상헌의 말을 아주 버리지는 마소서"라고 최명길은 말한다. 결국 극과 극은 서로 통하며 삶과 죽음이 결국 하나라는 것, '치욕과 자존이 다르지 않다는 것', 서로 추구하는 방향은 다르나 신하 된 도리로서 동기간처럼 서로 위하고 있다는 모습을 이 대목을 통해 작가 김훈은 말하고 싶었던 것이 아닐까, 넘겨짚어본다.

한편, 최명길은 끊임없이 현실적인 생존의 가치를 이야기한다. "전하, 죽음은 견딜 수 없고 치욕은 견딜 수 있는 것이옵니다. 그러므로 치욕은 죽음보다 가벼운 것이옵니다."(248쪽) "전하, 살기 위해서는 가지 못할 길이 없고, 적의 아가리 속에도 삶의 길은 있을 것이옵니다. 적이 성을 깨뜨리기 전에 성단을 내려주소서."(271쪽) 마침내 인조는 자신의 의중을 비춘다. "나는 살고자 한다. 그것이 나의 뜻이다."(295쪽) 최명길은 그것이 최선의 선택이라는 사실을 이렇게 표현한다. "강한 자가 약한 자에게 못할 짓이 없고, 약한 자 또한 살아남기 위해 못할 짓이 없는 것이옵니다."(339쪽) 결국 인조는 자연의 섭리를 택하고 따른다. 김훈은 허구를 통해 김상헌과 최명길의 목소리에 강한 생명력을 불어넣는다. 아울러 수백 년 전의 삶과 현재의 삶이 본성적으로 다르지 않다는 것을 확인시킨다.

만약 인조가 산성에서 나오지 않고 끝까지 청군에 맞서 싸웠다면 어떤 결과를 가져왔을까. 그 '가지 않은 길'에 대한 아쉬움을 느낄 필요는 없을 것 같다. 어차피 택하지 않은 것은 선택한 순간부터 돌이켜 잡을 수 없는 것. 뒤돌아보지 말고 지금의 선택이 최상의 것이라 믿는 것, 이것은 이 소설이 덤으로 제공하는 또 다른 삶의 메시지가 아닐까 싶다. "다시 대장간으로 돌아온 날 나루는 초경을 흘렸다. 나루가 자라면 쌍둥이 아들 중에서 어느 녀석과 혼인을 시켜야 할 것인가를 생각하며 서날쇠는 혼자 웃었다."(363쪽) 이 소설의 맨 마지막 부분이다. '초경'과 '혼인' 두 단어는 앞으로의 희망과 생산을 의미한다. 즉, 인조가 치른 치욕이 잉태시킨 씨앗이다.

김별아의
역사소설

지극히 개인적인 얘기다. 나는 사극을 좋아해서 초등학교 저학년 시절 텔레비전 채널권을 놓고 형과 싸운 적이 있다. 연도는 정확히 기억나지 않는데, 당시 TBC방송에서 〈인목대비〉라는 사극을 방영했다. 배우 윤정희가 인목대비로, 이순재가 광해군으로, 최유리가 정명공주로, 천동석이 어린 영창대군으로 분했다. 그런데 당시엔 왜 그리도 스포츠 중계가 많았던지, 툭하면 권투다 레슬링이다 축구다, 많고도 많았다. 유독 스포츠에 관심이 많았던 작은형은 내 의사는 아랑곳하지 않고 자기가 좋아하는 중계는 어떻게든 봐야 했다. 나도 한중일 경기는 제법 관심 있게 지켜봤다. 그러나 중요한 대목이 방영되는 순간을 (당시 내 판단으로) 꼭 보지 않아도 될 중계방송 때문에 놓쳐야 하는 때가 한두 번이 아니었다. 어쩌랴, 힘이 모자라니 아쉬움을 삼켜가며 그 순간을 견뎌낼 수밖에. 그나마 매일 스포

츠 중계를 하는 것은 아니니 그런 날을 빼고는 대부분 드라마를 시청했다. 그 이후에도 여건이 허락되면 나는 사극을 시청했다.

그런 추억을 가지고 있어서, 엄마로부터 갖은 핍박(?)을 받으면서도 〈주몽〉을 보려고, 〈선덕여왕〉을 보려고, 그리고 〈동이〉를 보려고 기를 쓰는 어린 아들(초등학교 3학년)을 그저 바라만 본다. 한데 가만히 지켜보니, 아들은 70권쯤 되는 『어린이를 위한 삼국사기』와 『삼국유사』를 수시로 꺼내 읽는다. 사극 덕분인 듯도 하다. 긍정적인 효과도 없지 않은 셈이다. 요즘에는 어린이를 위한 한국사 관련 책을 사서 아예 연필로 밑줄까지 그어가며 제법 꼼꼼히 읽는다. 사극 덕분에 아들은 요즘 삼국 고대사는 물론 조선사까지 부지런히 찾아 읽는다. 그리고 함께 샤워할 때, 밥 먹을 때, 침대에 누웠을 때 등등 때와 장소를 가리지 않고 질문 공세를 퍼붓는다. 좀 귀찮다 싶을 정도다.

나 역시 역사에 관심이 있어서 그런 아들의 모습이 내심 싫지만은 않다. 그런데 사극 말고도 역사소설을 무척 좋아한다. 특히 조선과 대한제국 시절에 관심이 많아 조선 건국부터 대한제국 낙조까지를 역사소설로 살핀 적도 있다. 그렇다고 해서 한 왕조사를 두루 섭렵하거나 꿰뚫고 있다는 얘기는 아니다. 다만 소설을 즐기면서 덤으로 각 시대와 그 시대를 산 사람들의 기쁨과 애환을 엿보고, 이 시대를, 그리고 미래를 어떻게 살아가야 할지에 대한 지혜도 얻는다는 얘기다. 다시 말해, 사실을 기반으로 한 역사적 골격은 지식과 정보로 취하면서 그 골격을 감싸고 있는 상상의 영역은 한껏 즐긴다는 평범한 얘기다.

우리 역사소설의 해외 진출 가능성

역사소설에 관심이 많은 에이전트라 하더라도 한국 역사소설을 해외 출판 시장으로 진출시키긴 쉽지 않다. 영미권이나 유럽권에서 출간되는 역사소설에 등장하는 다양한 소재는 그들 영역 내에서는 물론이고 세계사에서 중요한 이정표 역할을 하고 있다. 즉 지역적, 역사적 특수성을 넘어 범세계적으로 보편적인 사건이나 사실로 자리매김한 것이다. 그렇기 때문에 다른 나라의 독자들에게도 충분히 관심의 대상이 될 수 있다.

그러나 세계사의 변방에 머물러 있던 나라의 역사소설은 현실적으로 세계 독자들에게 관심의 대상이 되기는 어렵다. 특히 패배한 역사의 한 자락을 다룬 것이라면 더더욱 관심 끌기가 어렵다. 이를테면 '성서'나 '그리스 로마 신화'를 소재로 한 숱한 작품을 비롯하여, 『람세스』(2002, 문학동네)의 작가인 프랑스의 크리스티앙 자크, 『다빈치 코드』(2003, 문학수첩)의 작가인 미국의 댄 브라운, 『바다의 성당』(2007, 베텔스만)의 작가인 스페인의 일데폰소 팔코네스 등의 소설이 세계적으로 큰 반향을 일으키는 것과는 달리 한국의 역사소설이 해외 출판 시장으로 진출하기 어려운 것은 그런 맥락에서다.

더 아쉬운 점은 한국 역사소설 대작 중 적지 않은 수의 작품들이 대하장편소설로 보통 5권에서 10권, 심지어는 20권이 넘는 초대형 장편이기 때문에 해외에서 번역 출판하기가 더욱 어렵다는 사실이

김별아의 『미실』은 국내에서도 화제였지만, 일본과 중국, 아시아권에서 한류가 정점을 이루던 2005년 즈음 출간된 덕에 높은 인세로 판권이 수출되었다. 위는 2007년 6월에 일본의 하야카와쇼보가 번역, 출간한 일본어판 『미실』. 왼쪽 표지의 오른쪽 상단에 부제로 '신라후궁비록'이라고 단 문구가 눈길을 끈다. 오른쪽 표지는 2007년 4월 중국의 봉황출판그룹 소속의 역림출판사가 번역, 출간한 중국어판 『미실』.

다. 박경리의 『토지』(1994, 나남), 황석영의 『장길산』(1976, 창비), 최명희의 『혼불』(1990, 한길사), 조정래의 『태백산맥』(1994), 『아리랑』(2002), 『한강』(2001, 이상 해냄출판사), 김주영의 『객주』(1992, 문이당) 등이 그런 예다. 한국의 근현대사를 조명한 역작들로 한국인의 정서는 물론이고 한국의 어제와 오늘을 고스란히 들여다볼 수 있는 수작이다.

우리의 문화력과 국력이 중국이나 일본에 버금갔다면 상황은 또 달라졌을 것이다. 이를테면, 국내 대하장편 분량에 버금가는 여러 유형의 일본 대하소설이라던가 중국의 고전역사소설 등이 꾸준히 반응을 얻는 것도 그런 예가 아닐까 싶다. 그런데도 나는 이따금씩 해외에 소개할 만한 역사소설을 찾아 읽으려고 노력한다. 『인현왕후전』, 『계축일기』, 『한중록』 등의 고전을 포함하여 김동리, 월탄 박종화, 김훈, 이인화, 김탁환 등의 소설도 만났다. 그 과정에서 이인화의 『하비로』(2004, 해냄출판사), 이은성의 『동의보감』(1990, 창비), 정비석의 『소설 명성황후』(2001, 범우사), 유민주의 『대장금』(2003, 은행나무), 김영현의 만화 『대장금』(2003, 은행나무아이들), 김상헌의 『의녀 대장금』 등을 수출 담당 동료 에이전트와 함께 일본어권과 중화권으로 수출하는 성과를 올리기도 했다. 돌아보면 에이전트이기에 비즈니스적 마인드가 늘 공존했겠지만, 솔직히 국내 역사소설에 대한 접근은 개인적 관심사가 반 이상을 차지한다. 그런데 이번에 살펴보고자 하는 김별아 역사소설과의 만남은 개인적 관심 영역을 넘어 에이전트라는 비즈니스적 관심에 무게가 더 실렸다고 봐야 정확하다.

1993년, 〈실천문학〉에 중편 「닫힌 문 밖의 바람 소리」를 발표하면서 문단에 오른 김별아는 『내 마음의 포르노그라피』(1999, 답게)를 포함하여 세 편의 장편과 하나의 소설집을 발표했으며, 2005년 『미실』을 통해 제1회 세계문학상을 수상하면서 본격적으로 독자들과 만나기 시작했다. 흥미롭게도 그는 『미실』 발표 후 단종비 정순왕후의 비극적 삶을 그린 『영영이별 영이별』(2005, 창해), 왜장을 품고 촉석루 아래로 몸을 던진 논개의 삶과 그녀의 사랑을 새롭게 조명한 『논개』(2007, 문이당), 백범 선생의 삶을 문학적으로 다시 다룬 『백범』(2008, 이룸), 그리고 역시 실존 인물인 조선 청년 박열과 그를 사랑한 일본 여인 후미코의 국경을 넘은 사랑을 그린 『열애』(2009, 문학의문학)에 이르기까지 줄곧 역사소설을 발표해왔다.

김별아는 2007년 봄에 발표한 『논개』의 '작가의 말'에서 이런 말을 한다. "나는 이야기를 찾아 헤매지 않는다. 그것이 나를 찾아올 때까지 기다린다. 소설가라는 벅찬 이름으로 살아온 지 벌써 15년, 이제 겨우 15년. 그래서 마냥 다가오기를 기다리기만 해서는 안 된다는 이치쯤은 눈치챘다. 그것은 간절히 소망해야 온다. 열렬히 고대해야 온다"라며 작가로서의 열정과 노력을 언급한다. 그러면서 역사소설을 쓰는 당위성에 대해서도 덧붙인다. "어쩔 수 없다. 작가들은 대개 자기가 쓰고자 하는 것보다는 자기가 쓸 수 있고, 쓸 수밖에 없는 것을 쓴다. 역사는 유행도 퇴행도 흥행의 보증도 아닌, 각별한 재주가 없는 데다 명민하게 현실을 따라 좇는 일에 젬병인 내가 지금 쓸 수밖에 없는 유일한 이야기다. 누군가의 말대로 그토록 애써 떠나와서도 '캐나다의 아름다운 해변' 같은 이야기를 쓰지 못하고 임진왜란, 진주성 전투 따위의 이야기에 맴돌리는 나 자신을 내가 아니면 누가 이해하랴. (중략) 언제 어디서든 앓아야 할 일은 반드시 앓게 되어 있다."

그렇다. 역사소설은 해외 출판 시장으로의 진출은 차치하고서라도 국내 시장에서조차 흥행의 보증수표는 아니다. 그런데도 그녀는 『미실』 이후 4~5년째 줄곧 역사소설만을 발표했다. 해외 진출의 보증수표가 아닌 한국 역사소설을 소개해보고픈 나의 바람 또한 그녀가 역사소설을 쓸 수밖에 없는 현실과 일면 상통하는 것 같다는 생각도 설핏 든다.

『미실』의 성공을 통해 본 출판 시장의 현실

김별아는 소설 『미실』을 통해 우리에게 생경하기 그지없는 '미실'이라는 가려진 인물을 불러내어 독자들의 관심을 사로잡았다. 고대사에 대한 흔치 않았던 과감한 접근, 사료적으로 실존 여부가 불분명한 인물에 대한 리얼리티 부여와 문학적 상상력 투여, 통제 받거나 억압 받지 않고 오히려 모든 남성과 그들이 이끌어온 세상을 지배한, 그야말로 시대를 뛰어넘은 삶을 산 한 여인에 대한 야심 찬 부름 등이 『미실』의 매력이다. 이런 배경을 등에 업고 『미실』은 중화권과 일본어권으로 팔려나갔다. 일본과 중국을 비롯한 아시아권에서 한국 출판 저작물에 대한 관심이 정점을 이루던 2005년이라서 그런지 드라마나 영화로 만들어진다는 정보와 무관하게 이 소설은 결코 낮지 않은 인세에 수출되었다. 특히 초반에는 일본 시장을 두고 국내 각 에이전시 간에 물밑 경쟁도 만만치 않았다. 그러나 결국 타이틀을 관리하는 에이전시는 한곳(임프리마코리아 에이전시)으로 정리가 되었다.

사실 지금은 편하게 말하고 있지만, 에이전트인 당사자 외에 당시 이 책을 출간한 출판사와 세계문학상을 수여한 세계일보사는 해외 판권 조건 등에 관하여 적잖은 논의를 벌인 것으로 기억한다. 〈세계일보〉 문학상 제정 첫 회 당선작으로 당선 고료가 1억 원이나 되었다는 점이 대내외적으로 큰 이슈가 되었으며, 동시에 시장에서 대형 베스트셀러였다는 점 또한 해외 출판인들에게 큰 관심거리로 작용했다. 이 대목에서 한 가지 주목할 점은 한국의 역사, 그것도 고대사에 등장하는(혹은 등장하지 않았을 수도 있는) 한 인물에 대한 (앞서 언급했듯이 텔레비전 드라마나 영화 제작이 확정되지도 않았던) 이 소설이 국내에서의 대대적인 성공에 힘입어 그 기세를 해외까지 뻗치게 되었다는 사실이다. 이는 앞으로도 유심히 관찰해야 할 대목으로 보인다.

또 한 가지 지적하고 싶은 것은 한류의 열기가 고조된 상황일수록, 혹은 특정 분야의 도서가 인기 가도를 달리고 있는 상황일수록 해당 상품에 대해 각각의 상황, 이를테면 타이틀을 확보하고자 하는 나라가 어느 나라인지, 출판사는 또 어떤 곳인지, 출판사가 속한 출판 시장의 규모와 분위기는 어떤지 등을 종합적으로 고려해서 읽어내야 한다는 것이다. 각 타이틀이 처한 환경에 유연하고 탄력적으로 접근하지 않고 정해진 입장을 고수하겠다는 근시안적인 자세로 상대를 대한다면 서로에게 부정적인 결과를 불러올 것이다.

일례로 출판계는 한때 『겨울연가』(2002, 창작시대), 『가을동화』(2001, 생각의나무), 『의녀 대장금』, 『영어 공부 절대로 하지 마라』(1999, 사회평론) 등의 책이 해외에서 대박을 터뜨리자 그와 유사한 출판 상품(그리고 텔레비전 드라마까지)을 대대적으로 개발, 제작하여 안일하고 구태의연한 인상을 준 것은 물론, 수출 대상자들에게 과하다 싶을 정도의 선인세를 요구하는 모습을 보여 부정적인 인상을 주기도 했다. 설상가상으로 일본 등지에서 한국 드라마에 대한 현지 반응이 전만 못하자 드라마 원작 소설에 대한 관심도 시들해지는 상황이 되었다. 사실 그 여파가 현재까지 줄곧 이어지고 있다는 사실은 상황을 제대로 이해하는 사람이라면 부인하기 어렵다.

2009년 봄에 출간된 김별아의 『열애』는 일제강점기에 독립운동에 적극 가담한 박열과 그를 사랑한 일본제국의 여인 가네코 후미코의 사랑과 사상적 동지애를 그린 이색적인 소설이다. 김별아는 이 소설의 머리에 붙인 '작가의 말'에서 "대한제국-식민지 조선의 '이식된 근대'야말로 수많은 빛깔의 보석을 품은 채 파묻혀 있는 거친 원석과 같다. (중략) 생동하는 '시간'과 '인간'을 복원하는 것이 나의 관심사이며, 소설 『열애』는 그 지난한 시도의 일부"라고 자신의 의견을 말한다. 이처럼 김별아는 식민지 조선의 청년 박열과 일본제국의 여인 가네코 후미코의 삶의 흔적을 추적하면서, 그들이 어떤 배경

속에서 성장하고 어떤 사상과 이념 속에서 서로를 원하고 사랑하게 되었는지, 또한 무엇을 위해 자신의 젊음과 생명을 걸 수 있었는지를 두 사람의 몸짓을 통해 들려준다.

이 책이 출간되자마자 바로 입수해서 읽었다. 박열이라는 청년보다 가네코 후미코라는 일본 여인의 비참하고도 역동적인 삶이 더욱 강한 인상으로 다가왔다. 얼마 후 나는 이 소설을 들고 도쿄로 갔다. 도쿄도서전 즈음이었다. 그러나 누가 보더라도, 아니 내가 보더라도 승산이 없는 시도였다. 일본 출판인들이 보기에 훨씬 매력적인 소설도 많고, 현지에서 김별아보다 인지도가 높은 작가의 소설 또한 많은 게 사실이다.

그런 사정을 알면서도 나는 이 소설을 그들에게 소개해보고 싶었다. 화려하고 아름다운 추억만 추억이 아니질 않는가. 부끄럽고 추한 추억도 추억이다. 치욕과 오욕의 역사는 감춘다고 감춰지는 게 아니며, 지운다고 지워지는 게 아니다. 시간은 지나가도 그 시간이 남긴 기억의 흔적은 지워지지 않는다. 역사도 그렇다. 그 흔적은 늘 그 자리에 있는 것이다. 그러니 조상의 부끄러운 행적을 내 기억 속에서 도려내고자 한들 그것이 도려내지겠는가. 그렇게 할 수 없다면, 차라리 그 세월의 추억과 역사를 공유해보고 싶었다. 어떻게 보면 억지스럽고 무용한 시도일 수 있다. 그래도 소개해보고 싶었다. 그리고 『미실』을 쓴 작가라는 지푸라기라도 잡고 이 작품과 다시 한 번 인연을 맺어보고 싶었다.

그러나 결과는 생각대로 나타나는 모양이다. 크게 아쉽진 않다.

일제에 거칠게 항거하며 일본에서 펼친 독립운동이라는 역사적 내용이 맘에 안 들 수도 있었겠지만, 워낙 문학 시장이 어렵고 한국 문학에 대한 관심도가 현저히 떨어진 상황이라 그러려니, 나만의 방식으로 위안을 삼는다. 그렇지만 앞으로 기회가 되면 다시 시도해보고 싶다. 이 작품을 가지고, 혹은 한일의 과거사를 다룬, 미래에 출간될 또 다른 작품을 가지고서 말이다.

3부

에이전트의
도전

어린이청소년문학에
눈뜨게 한 작가,
이경혜

소위 '생각'이란 걸 하기 시작하면서, 무엇인가에 의해 심적, 육체적 부담 또는 고통을 느끼기 시작하면서, 나와 다른 사람이 함께 존재하는 세상과 자의든 타의든 어울려 지내게 되면서, 그리고 규율과 법규가 엄격히 적용되는 세상으로 나오면서, 사람들은 가끔씩 이런 질문들을 떠올려보지 않았을까? '내가 죽으면 어떤 일이 벌어질까? 내가 죽어도 세상은 잘 돌아갈까? 내가 죽으면 누가 가장 슬퍼할까? 내가 죽으면 누가 관심을 가져주기나 할까?' 여기서 좀 더 나가면 이런 질문이 되리라. '내 생명의 가치는 얼마나 될까? 내 죽음의 가치는 또 어느 정도일까?'

어린이청소년문학 작가 이경혜는 '죽음'에 관한 묵직한 주제를 담담하게 우리 앞에 내밀었다. 자연사도 아니고, 갑작스러운 신체 이상으로 인한 돌연사도 아니고, 예기치 않는 재해로 인한 죽음도 아닌, 어느 한순간 느닷없이 우리 앞에 닥칠 수 있는 황당하고 덧없는 죽음을 배경으로 한 이야기를 들고 나타났다. 나는 동료 직원을 통해 이경혜의 작품을 처음 접했다. 그는 이경혜의 작품 하나만 읽고도 긍정적인 평가를 내렸다. 그리고 미국을 비롯한 유럽 등지의 몇몇 나라에 격식을 갖추지 않은 채, 간략한 자평을 곁들인 소박한 내용을 토대로 그 책을 소개할 채비를 하고 있었다. 그러던 중 내게 책을 건네면서 함께 읽고 검토해달라고 청했다.

책을 받아들고 한동안 망설였다. 어린이청소년문학인데 제목이나 책 내용이 좀 어두운 것 아닌가 싶은 부정적인 선입견이 앞섰기 때문이다. 그래서 책꽂이에 얹어두고서 이따금씩 펼쳐들었다 놨다를 반복하다가 독서 순위 뒷자리로 밀어내며 몇 주를 흘려보냈다. 그러다가 더 이상 미뤄서는 안 될 것 같아 마침내 『어느 날 내가 죽었습니다』(2004, 바람의아이들)를 집어 들었다. 그런데 그동안 읽었던 그 어떤 문학작품 못지않게 재미있게 읽었다. 우선 가독성이 뛰어났다. 책 읽는 재미와 감동 그리고 문학적 향취도 어우러져 있어 마음껏 즐겼다. '진즉에 읽을 것을…'이란 생각과 함께, 이제는 적극적으로 이경혜의 문학을 해외에 알려야겠다는 생각을 하게 됐다.

그러면서 1차적으로 『어느 날 내가 죽었습니다』의 영문 시놉시스를 만들기 위해 이경혜에게 국문 시놉시스를 부탁했다. 그것을 받아 물색해둔 역자에게 곧바로 번역을 의뢰했다. 이어 며칠 만에 영문으로 번역된 시놉시스를 받았다.

훌륭한 역자를 기다리는 어린이청소년문학

준비한 영문 시놉시스를 뉴욕에 있는 어린이청소년문학 전문 에이전트에게 보냈다. 그리고 바로 회신이 왔다. 무척 흥미롭다는 답변이었다. 잠재적 가능성이 커 보인다고도 했다. 심지어는 "문학성 높은 어린이청소년문학을 중심으로 출판하는 출판사에 잘만 소개하면 멋진 문학상 한둘 정도 기대해볼 수도 있을 것 같다"는 기대하지 못했던 자평까지 곁들였다. 작품을 소개하는 과정에서 그 정도의 반응이라면, 확신은 뒤로 미루더라도 일단 소개하는 에이전트 입장에서는 크게 고무되지 않을 수 없다. 또 그 에이전트는 이렇게 말했다. "시놉시스의 영문 원고가 나쁘지는 않지만 좀 더 유려한 영어 문장을 구사하는 역자에게 의뢰했으면 한다"며, "제대로 된 훌륭한 역자가 작업한 영문 샘플 번역을 준비해달라"고 덧붙였다. 사실 이 말은 그간 문학작품을 소개할 때 늘 들어오던 얘기이기도 해서 낯설진 않았다.

2010년 5월 말, 나는 미국 최대의 국제도서전인 북엑스포 아메리카에 참여하여 현지 편집자와 에이전트들과의 관계를 돈독히 하고, 지금 진행되는 업무 내용도 점검하며, 또 앞으로 진행할 일들에 관한 구상도 할 겸 뉴욕에 다녀왔다. 그리고 이번엔 이례적으로 한국문학을 번역하는 몇몇 역자를 만났다. 사실 그 이전까지는 해외 출장을 숱하게 다녀도 번역자를 만나는 예는 거의 없었다. 그런데 그때부터 생각을 바꿨다. 어린이청소년문학이든 성인문학이든 한국문학 수출이 늘어나면 늘어날수록 절대적으로 필요한 부분이 번역

인력이기 때문이다.

　지금까지는 몇몇 역자를 중심으로 일반 성인문학을 위한 번역 작업을 진행해왔지만, 이제는 어린이청소년문학을 본격적으로 진출시켜야 하는 상황이므로 더 많은 역자가 절실하다. 그래서 성인문학만이 아닌 어린이청소년문학도 함께 번역할 수 있는 역자를 물색해야 했다. 다른 작가들의 경우와 마찬가지로, 이경혜 문학을 수출하기 위한 첫 순서는 그녀의 문학을 전담해서 번역할 역자를 찾는 것이다. 2010년 5월에 뉴욕에서 역자를 만난 것도 이경혜 문학을 번역할 적임자를 찾기 위해서였다.

　『어느 날 내가 죽었습니다』에 대한 일차적인 반응은 대체로 긍정적이다. 필자가 프랑스의 한 출판사로부터 계약을 희망한다는 제안서(오퍼)을 받았지만, 마침 한국 출판사 또한 비슷한 시기에 같은 언어권의 다른 출판사로부터 제안을 받아 그곳과 계약을 진행시키기로 했다. 아쉬움은 남았지만, 작품이 지닌 가치와 경쟁력을 인정받게 되었으니 그것으로 위안을 삼는다. 한편, 나의 미국 에이전트는 미국에서의 영문 판권 세일즈와 출판 가능성을 예상하고 있다. 그렇다면 이 작품의 어떤 부분이 그들에게 어필한 것일까? 그것은 내가 이 작품을 읽고 찾아낸 세일즈 포인트와도 상통한다.

다양한 사유의 공간

『어느 날 내가 죽었습니다』는 유미와 재준이라는 중학교 3학년 학생을 주인공으로 등장시켜 그 또래들이 구축하고 있을 법한, 혹은 구축하고 있는 그들만의 다양한 사유 세계를 요모조모 빼놓지 않고 꼼꼼하게 탐색한다. 이 소설은 "어느 날 내가 죽었습니다. 내 죽음의 의미는 무엇일까요?"(12쪽)라는 글귀로 첫 장을 장식한 재준이가 남긴 푸른색 일기장에 관한 얘기로 시작된다. 일기는 재준이의 실제 죽음과는 무관하게, 재준이가 죽음 이전에 '나는 죽었다'라는 이색적인 가정하에 생각하고 행동했던 내용을 일기로 정리한 내용을 담았다. 죽음에 관한 내용만 있는 건 아니지만, 오토바이 사고로 인한 뜻하지 않은 죽음과 죽음 이전에 죽음을 전제하고 행동한 그의 조각난 흔적을 통해 독자들은 '죽음'이, 특히 청소년 시절의 죽음이 자신은 물론 가족을 비롯한 주변 사람들에게 어떤 의미로 이해될지 깊이 생각하게 될 것이다.

그러나 에이전트로서 내가 관심 있게 관찰한 것은 '죽음'이 가리키는 다양한 의미와 가치만이 아니다. 그에 못지않은, 그래서 더욱 세심하게 눈여겨볼 사유의 공간들이 소설 속에 다채롭게 포진되어 있다. 이경혜는 놀라울 정도로 세심한 관찰과 통찰을 골격 삼아 그 다양한 공간들을 탄탄하게 구성해놓았다. 그리고 그 공간을 하나하나 짚어가며 묘사하는 그녀의 표현 속엔 고도의 리얼리티가 상존한다. 이것이 이 소설이 지닌 가장 큰 힘이자 생명력인 듯하다.

각각의 사유 공간(방)을 연결하는 통로와도 같은 역할을 하는 '죽음'이라는 핵심적인 공간 영역 이외에, 이 소설에 마련된 흥미로운 사유의 공간으론 어떤 것들이 있을까? 그것을 들여다볼 차례다.

우선, 10대 청소년들의 주요 관심사 중 하나인 이성 친구에 관한 공간이었다. 주인공 재준과 유미는 가까운 친구 사이다. 그러나 각자 맘에 둔 이성 친구가 있다. "크리스마스를 사랑하는 사람과 보내고 싶었다. 그러니까 나는 위정하와 보내고 싶었고, 재준이는 정소희와 보내고 싶었던 것이다. 나와 재준이는 물론 서로 가장 가까운 친구이긴 했지만…."(19쪽) 그래도 두 사람은 누구보다 서로 믿고 의지하는 친구 사이다. 청소년들이 생각해볼 수 있는 친구의 기본적인 유형에 관한 저자의 암묵적인 목소리로 읽힌다.

한편, 아무리 친한 친구 사이라도 말 못하는 부분이 있다는 것을, 그래서 누구나 결국 외로운 존재일 수 있다는 사실을 엿보게 하는 대목이 있다. 재준이 죽은 후 그의 일기장을 본 유미가 뒷날 재준을 둘러싼 여러 관계에 관해 새삼 깨닫는 대목이기도 하다. "이렇게까지 소희를 좋아했구나. (중략) 내가 위정하를 좋아했던 것과는 비교할 수가 없을 정도다. 너는 마음 깊이, 진심으로 소희를 사랑했구나…. 그래. 친구인 나에 대한 마음과 그 감정은 전혀 다른 거겠지…."(151쪽)

또 사제지간에 관한 사유의 공간이 있다. "세상에, 얘가 제정신이야? 무슨 배짱으로 귀를 뚫어? 벌써부터 이래가지고 나중에 뭐가 되려고 그러니? 너 같은 애가 크면 딱 술집 여자가 되는 거야. 그 여자들이 뭐 별나게 다른 여잔 줄 알아? 딱 너같이 발랑 까진 애들이 그렇게 되는 거라구!"(37쪽) 선생님의 말이지만, 누가 들어도 악담이자 모욕에 가까운 언사다. 이에 화가 난 유미가 태연한 어조로 무게감 있게 반응한다. "선생님도 귀 뚫으셨잖아요? 선생님도 술집 나가

세요?"(38쪽) 중 2 때 재준과 같은 반이었던 유미가 겪은 에피소드의 한 장면이다.

한편, 이와 달리 다감하고 푸근한 인간미를 지닌 또 다른 스승도 등장한다. 이것은 재준이 남긴 일기에서 표현된다. "자신의 사랑에 대해 친구처럼 얘기해주었다. 그렇다. 친구처럼. 선생님이 나를 같은 남자로, 어른으로 대했다는 것을 나는 알 수 있었다. 그것은 내가 태어나서 처음으로 받아본 감격적인 대우였다."(150쪽) 이경혜는 어떤 인물 유형이 좋고 나쁘고에 대해 이렇다 저렇다 말하지 않는다. 오직 하나하나의 장면을 있는 그대로 표현할 뿐이다. 그렇게 그녀는 텍스트와 일정 거리를 유지한다.

그리고 부모와 자식 사이에 대한 사유의 공간도 마련돼 있다. 재준이 남긴 일기의 한 대목이다. "지쳤다. 사는 게 지겹다. 아빠는 나를 조금도 이해하지 못한다. 아빠에겐 내 단점만 보이나 보다. 왜 이렇게 패기가 없고 남자답지 못하냐, 왜 이렇게 게으르고 의지력이 약하냐, 대체 커서 뭐가 되려고 그러느냐, 아빠는 나를 볼 때마다 나무란다."(165쪽) 그리고 엄마에 대한 재준의 불만이 표출된 대목이다. "엄마가 안쓰럽기도 하지만 한편으론 짜증이 난다. 무섭고 화만 내는 엄한 엄마보다 어쩌면 우리 엄마처럼 약하고, 잘 다치는 엄마가 더 무서운 엄마일지도 모른다. 엄마는 소리 지르고, 매를 드는 법이 없지만 우리를 꼼짝 못하게 한다. 엄마는 나한테 감옥이나 마찬가지이다."(149쪽) 물론 엄마, 아빠가 나쁘다는 것은 아니다. 다만 이경혜는 부모에게 인정받지 못하거나 이해 받지 못하는 상황, 그리고 부모의 지나친 관심이나 무관심이 아이들에겐 큰 불만이 되고 상처가 된다는 일상의 진리를 부모들에게 이야기하고 싶었던 것으로 보인다.

이경혜는 자녀를 둔 부부의 이혼과 재혼에 관한 사유의 공간도 비중 있게 제시한다. "그렇게 엄마는 아빠와 결혼을 했고, 살다 보니 서로 싫어하게 되어 헤어졌다. 그리고 혼자 사는 게 지겹고 힘들어졌을 때쯤 또 세상 사람들과 너무 다른, 밝고, 천진한 새아빠를 만난 것이다."(56쪽) 유미의 엄마 아빠는 이혼하고, 나중에는 각각 다른 사람을 만나 재혼했다. 유미는 새로운 환경에 잘 적응하는 캐릭터다. "나는 새아빠를 절대로 아빠라고 부르지 않는다. 꼭 새아빠라고 불렀다 (중략) 새아빠는 내가 새아빠라고 부르는 것을 조금도 싫어하지 않았다. '그래야 원래 아빠랑 구별이 되지. 아주 합리적인 호칭이야.' (중략) 나로 말하면 그건 친아빠에 대한 유일한 의리였다. 그렇다고 친아빠를 새아빠보다 더 좋아하냐고 물어 온다면 나는 솔직히 대답을 못하겠다. 내 마음을 나도 정확히 모르는 탓이다. (중략) 나는 새아빠의 친딸에 대해 미안한 마음이 들었다. 새아빠에게는 나와 동갑인 딸이 있다고 했다."(73~4쪽)

이 소설은 작가의 시선과 눈높이가 거의 배제되고 실제 등장하는 인물의 사고와 눈높이에 맞춰 대부분의 상황이 전개되고 있으며, 상황 하나하나에 솔직담백한 말과 행동이 어우러지면서 리얼리티를 극대화한다. 유미의 솔직함이 잘 드러난 대목 중 하나다. "진심으로 나는 친아빠보다 새아빠가 나를 훨씬 더 잘 이해한다고 생각한다. 사랑은 모르겠다. 아무래도 사랑은 친자식에 대한 것이 낫겠지. 그렇게 생각하다가도 이해하지 못하는 사랑이란 어떤 것일까, 하고 생각해보면 또 머리가 복잡해진다."(85쪽)

깔끔하고 정갈한 문체와 '미가야'라는 개성 넘치는 캐릭터가 지극히 인상적인 『마지막 박쥐 공주 미가야』(2000, 문학과지성사), 코믹한 만화적 분위기를 기반으로 삼지만 거기에 담긴 메시지만큼은 진지한, 그래서 명랑함이라는 표피와 감동이라는 속씨를 함께 감상할 수 있는 『유명이와 무명이』(2005, 푸른책들)는 이경혜의 또 다른 개성이 넘치는 작품이다. 『어느 날 내가 죽었습니다』와 함께 해외에 소개해보려고 검토를 끝냈다.

이렇듯 한 작가, 그리고 그들의 한 작품을 만나는 것은 에이전트에겐 정말 큰 행복이자 축복이다.

심리를 담아내는
마법의 거울,
이금이 문학

『안녕하세요, 하느님? 저 마거릿이에요』(1993, 유진), 『주근깨 주스』 (2006, 시공주니어), 『못 말리는 내 동생』(2009, 창비) 등의 작품을 통해 미국은 물론 전 세계 어린이들에게 폭넓은 사랑을 받는 미국 작가가 있다. 이미 칠순을 훌쩍 넘긴 주디 블룸이다. 블룸은 '최우수 어린이 도서상'을 비롯하여, 미 도서관협회가 주관하는 '마거릿 에드워드 상'과 미국 문학에 큰 기여를 한 이에게 수여하는 '내셔널북 파운데이션 메달' 등을 받았고, 호주, 영국, 독일 어린이들이 선정하여 수여하는 최우수 작가상도 받은, 명실상부 미국 최고의 작가 중 한 사람이다. 〈뉴욕타임스〉는 "주디 블룸의 책은 (중략) 현실적인 사건들로 가득하다. 이것이 주디 블룸의 특기이며, 아이들을 열광케 하는 비결이다. 그는 아이들 마음을 아주 교묘하게 잡아내 솔직하게 그리면서 폭소를 자아낼 정도로 재미있게 이야기를 풀어간다"고

평한 바 있다.

섬세한 심리 묘사의 달인

블룸의 작품을 읽고 있으면 우리 작가 중 이금이가 가장 먼저 떠오른다. 〈뉴욕타임스〉가 평했던 것처럼, 이금이의 문학 또한 어린이(혹은 청소년)들의 심리를 놀라울 정도로 섬세하게 포착하여 적확하게 표현해내기 때문이다. 또 다른 아동문학 작가인 황선미가 눈에 보이지 않는 것에 상상력을 불어넣어 개성 넘치는 재미와 철학적 사유를 제공한다면, 이금이는 일상에서 나타나는 다양한 현실의 모습을 유심히 관찰하여 주인공들(혹은 여러 사회적 현상들)이 품고 있는 심리와 정서를 통찰력 있게 표현함으로써 생동감을 극대화한다. 뿐만 아니라 『유진과 유진』(2004, 푸른책들)에서도 나타나듯이 한 사람 한 사람의 적확한 심리 묘사는 읽는 이에게 놀라움을 주고, 때로는 상쾌하고 유쾌한 웃음을 이끌어낸다. 일상을 담담하게 묘사하여 삶의 이치를 수면 위로 건져 올리는 그녀의 재주 또한 이금이 작가가 지닌 뛰어난 장기다.

이러한 점은 분명 그녀가 세계적인 작가의 반열에 오를 수 있는 가능성을 갖추고 있다는 사실을 입증한다. 이제는 앞서 언급한 주디 블룸과는 또 다른 그녀만의 개성을 찾아 세계 출판 시장에 알리는 것이 에이전트의 과제로 보인다. 고작 두 작품만 읽고서 주제넘게도 그녀의 문학을 섭렵한 듯 이러쿵저러쿵 논하는 게 다소 멋쩍긴 하다. 하지만 그녀의 문학은 우리 주변에서 일어나는, 그래서 낯설지 않은 일상을 진솔하게 담아내고 있어서 내 이야기를 누군가에게 들려주거나 누군가가 자신의 이야기를 진솔하게 들려주는 듯 가깝게 다가온다. 다만, 내가 『너도 하늘말나리야』(2007, 푸른책들)와 『유진과 유진』 두 작품을 통해 그녀의 문학 세계의 정수를 경험한 것이라면 나는 억세게 운 좋은 사람일 거라는 생각이 든다.

나는 황선미의 『마당을 나온 암탉』(2000, 사계절출판사)과 이금이의 『너도 하늘말나리야』를 한날에 구입했다. 우연히 한순간 두 권의 책이 눈에 들어와 관심을 끌었기 때문이다. 물론 전부터 아동문학을 읽어야겠다는 생각을 해오던 터였기에 그랬을지도 모르겠다. 그런데 정말 묘한 우연이긴 하다. 훌륭한 두 작가를 한 기회에 만나게 되었으니 말이다. 나는 두 작가의 작품을 연속으로 읽고 난 후, 그리고 그들이 한국을 대표하는 아동 작가라는 객관적인 평을 듣고부터는 더욱 그런 생각을 갖게 됐다. 이금이 문학과 황선미 문학을 연속으로 만나보는 것도 그 때문이다.

『너도 하늘말나리야』를 읽으면서 이금이라는 작가를 새로이 알게 되었다는 사실에 기뻤으며, 그녀의 문학을 해외에 소개하면 결실이 있겠다는 생각과 더불어 큰 희망을 품게 되었다. 그래서 마지막 쪽을 읽고 평소의 습관대로 책장을 덮기 전에 읽은 날짜를 기록했다. 그리고 나서 내 소감과 생각을 한시라도 빨리 작가에게 전하고픈 마음에 연락처를 찾아 인터넷 사이트를 기웃거렸다.

그러던 중 한 온라인 서점에서 이메일 주소를 발견했다. 오래되어 바뀌었을 수도 있겠다는 생각을 하면서 일단 메일을 써서 보냈다.

이금이 작가의 작품을 읽고 나서 칠순이 훌쩍 넘었지만 여전히 미국은 물론 전 세계 어린이들에게 폭넓게 사랑 받는 주디 블룸이 생각났다. 우리 작가 중에서도 주디 블룸처럼 전 세계 어린이들에게 사랑 받는 작가가 나올 수 있지 않을까. 사진은 2010년 2월 2일 푸른책들 신형건 대표와 함께 만났던 이금이 작가.

그런데 며칠을 기다려도 회신이 없었다. 메일 주소가 바뀌었나, 열어보고도 답신을 주지 않는 걸까, 낯선 메일이라 열어보지 않은 것일까, 아니면 스팸메일로 걸러진 것일까, 별의별 생각을 다 했다. 더이상 기다리기가 힘들어서 출판사로 연락했다. 다행히 이금이 작가의 책 대부분이 푸른책들에서 출간되어 그곳으로만 연락하면 되었다. 그리고 한국을 대표하는 동시 작가이자 아동문학 평론가로 활동하고 있으며 출판사 푸른책들을 이끌고 있는 신형건 대표를 만났다. 그에게서 이금이 작가와 문학에 대한 전반적인 얘기를 들었고, 이금이 작가를 위한 에이전트로서의 일은 그렇게 시작됐다.

신형건 대표의 친절한 설명은 짧은 시간에도 이금이 문학에 대한 지식을 좀 더 넓고 깊게 확장할 수 있는 유익한 기회였다. 나는 아시아권보다는 미주와 유럽으로 진출하는 길을 모색하기로 결정했다. 그리고 2010년 2월 17일에 뉴욕으로 가서 그의 문학을 소개하는 일정을 잡았다. 곧바로 『너도 하늘말나리야』와 『유진과 유진』에 대한 영문 시놉시스 자료를 준비하고 가방을 챙겼다.

매번 한 호흡에 한 꼭지의 원고를 완성하지 못하는 버릇을 지녀서, 결국 본 꼭지 글의 3분의 1이 겨우 넘는 원고를 담은 노트북을 챙겨 들고 출장길에 올랐다. 그리고 뉴욕으로 가는 비행기 안에서 노트북을 열어 그때까지 작성된 원고 끝자락에 글을 이어갔다. 어떤 접근 방식으로 이금이의 문학을 미국 출판 시장에 소개할 것인가, 이금이의 문학을 어떻게 하면 더 잘 소개할 수 있을까를 생각하니 몸보다 마음이 더 긴장하고 있는 듯했다. 자주는 아니더라도 미국에 그림책이 소개되는 예가 없지는 않았지만, 어린이를 위한 문학을 본격적으로 소개한 예는 없었기에 지금 구상하고 있는 일이 더욱 낯설고 긴장되었다.

뉴욕에 도착하여 이튿째 밤, 새벽 2시 반에 잠에서 깼다. 그리고 기내에서 몇 줄 진행하다 덮은 노트북을 열어 글쓰기를 이어갔다. 시차 적응이 안 된 모양인지, 아니면 그날 오후 3시로 예정된 일정에 기대를 걸고 있어서인지, 만나는 상대방 에이전트에게 어떤 부분을 강조하고 부각시킬 것인지를 떠올리며 글을 마무리했다.

해외 진출의 결실을 맺기 위한 첫걸음

이금이의 문학을 미국은 물론 세계 출판 시장에 함께 알릴 파트너로 사전에 점찍어둔 뉴욕 현지 에이전시(윌리엄모리스인데버William Morris Endeavor, 미국 최고, 최대 에이전시 중 하나) 소속의 한 에이전트를 드디어 만났다. 그 에이전트와는 첫 만남이었다. 그는 미국 현지에서 활동하는 작가들의 책을 해외로 수출하는 게 아니라, 현지 클라이언트(작가들)의 원고를 현지 출판사에 팔기도 하고 역량 있는 해외 작가들의 작품을 미국 현지 편집자들에게 소개하여 판권(영어판권) 계약을 이끌어내는 활동을 하고 있는 에이전트다. 나는 지금까지 오랫동안 함께 일해온 에이전트 중 한 사람으로부터 그를 소개받았다.

에이전시는 센트럴파크 방향으로 '아메리카 가Avenue of the Americas'를 따라가다가 브로드웨이 방향으로 꺾어 걸어가다 보면 오른쪽에 위치해 있다. 매년 방문하는 곳인데도 당시 느끼는 감회는 새로웠다. 먼저 나는 그가 아닌, 전부터 함께 일하고 있는 그 에이전시 소속의 다른 에이전트를 만나 차를 마시며 10여 분 정도 이야기를 나눈 후, 마침내 새로이 만날 에이전트의 사무실로 이동했다. 에이전시 규모가 크다 보니 한 층에서도 한참을 돌아간다. 왼편은 매니저급 에이전트의 독방이 이어졌고, 방 앞에는 그들의 어시스턴트들이 앉아 일을 보고 있었다. 그의 방문 앞에 서서 2초 정도 멈칫. 그리고 안으로 들어섰다.

귀에 들어오는 첫 인사말이 나를 더욱 묘한 기분으로 이끈다. "안녕하세요!" 우리말이다. 알고 보니 교포 2세로, 한국계 미국인이었다. 잠시 후, 그곳으로 인도해준 에이전트는 돌아가고 나는 그와 단둘이 마주하고 앉았다. 반가우면서 한편으로는 어색했다.

곧바로 준비해 간 파일을 가방에서 꺼내 펼쳤다. 그리고 영문 소개 자료를 그에게 건넨 뒤 이금이 작가와 그의 두 작품에 대한 이야기를 들려줬다. 특히 앞에서 언급했던 내용을 중심으로 설명했다. 한국을 대표하는 아동문학가의 작품이라는 것, 한국의 수십만 독자들로부터 꾸준히 사랑 받고 있다는 것, 그리고 등장인물에 대한 심리 묘사가 대단히 탁월하며 위트와 유머 또한 잘 어우러지고 있다는 것 등 여러 가지 포인트를 차근차근 언급했다.

그는 흥미롭다며 잘 살펴보겠다고 화답했다. 이어 어떤 과정으로 프로젝트를 진행할 것인지에 대해 의견을 물었다. 그래서 시놉시스 작성 단계부터 영문 샘플 원고 준비에 이르기까지의 진행 절차와 지금까지 내가 진행해왔던 김영하, 조경란, 신경숙, 한강 등의 해외(미국 등) 진출 사례를 언급하며 이해하기 쉽게 들려줬다.

그런데 그 지점에서 그가 현실적인 문제를 놓치지 않고 질문한다. 작품 소개 과정에서 필수적인 영문 샘플 번역을 일부가 아닌 작품 전체로 준비할 상황이 되는지에 대한 것이었다. 아직까지 그렇게 작업해본 적은 없다고 대답했다. 다른 문인들의 경우도 50~100쪽 분량의 부분 번역 원고만 가지고 미국 시장에 진출했다고 들려줬다. 그러자 그가 자신이 겪었던 사례를 이야기했다. 최근의 일이라며 다소 두툼해 보이는 독일 책 한 권을 서가에서 꺼내 내게 보였다. 청소년문학 분야에서 활동하고 있는 독일 유명 작가의 책인데, 유럽 여러 나라에 번역 판권을 성공적으로 수출했는데도 아직까지 미국에는 진출하지 못하고 있다는 얘기였다. 영문 발췌 원고를 가지고 미국의 편집자들에게 소개했는데, 모두 일부 원고만 가지고는 판권을 사기가 어려우니 좀 더 많은 양의(전체 원고) 번역 원고를 보고 판단했으면 좋겠다고 이야기했다는 것이다. 우리만이 아니라 대부분의 유럽 작가에게도 미국 출판 시장 진출이 쉽지 않다는 현실을 다시금 확인하는 순간이었다.

나는 그에게 말했다. 우선은 좋은 역자를 고용하여 이전처럼 50~100쪽 분량의 부분 번역을 준비하고, 부득이하게 전체 내용을 번역한 원고를 원할 경우 저자나 출판사와 상의해보겠다는 답변이었다. 사실 50쪽가량을 번역하게 되더라도 번역비가 3,000달러가량 든다. 그런데 작품 전체를 번역한다면 1만 달러가량의 번역 비용이 판권 진출 이전에 들어간다는 얘기다. 솔직히 부담되는 액수다. 나는 "이금이 작가 정도의 작품이라면 미국 시장에서도 얼마든지 경쟁력이 있다"고 덧붙였다. 그러니 일단은 부분 원고를 가지고 일을 진행해보자고 했다. 잘 검토해보겠다고 그가 응답했다. 이제 정해진 목표를 향해 한 단계 한 단계 진행해갈 차례다.

저마다 지닌 상처로 아파하는 아이들

『너도 하늘말나리야』는 저마다 지니고 있는 상처로 인한 아픔과 고민을 떨치지 못한 채 살아가는 초등학교 6학년 어린이 세 명이 서로 소통하면서 밝고 긍정적인 방향으로 나아가는 과정을 감동적으로 그린 작품이다. 각각의 어린이들이 지닌 내밀하고 솔직한 생각과 섬세한 심리 묘사가 압권이다. 『유진과 유진』은 '유진'이라는 같은 이름을 지닌 두 명의 여중생이 어린 시절 같은 유치원에 다니면서 치유하기 어려운 상처를 입었으나, 주변(가족) 환경이 어떻게 다른 정서를 제공하는지를 선명하게 보여주며, 그 과정이 또 어떤 영향을 미치고 있는지를 밀도 있게 담아낸다.

그러면서 작가는 똑같은 상처를 입었다고 하더라도 주변의 처방에 따라 사뭇 다른 결과를 가져올 수 있다는 사실을 보여준다. 이 작품에서는 극복하기 어려운 상처를 입은 두 유진이 서로의 상처를 드러내고 아픔에 대해 이야기하며, 그들과 가장 가까운 가족과 진솔하게 소통하게 되면서 상처를 치유한다. 결국 깊은 상처는 스스로 해결되는 경우도 있지만, 주위와 더불어 소통하고 나눌 때 더욱 자연스럽고 행복하게 치유된다는 메시지다. 『유진과 유진』에서 나타나는 등장인물에 대한 이금이의 심리 묘사는 혀를 내두르게 할 정도로 치밀하다. 그래서 그것을 따라가다 보면 감탄을 넘어 어느새 입가에 미소를 머금고 있는 자신을 발견한다.

여러 준비 과정과 절차를 거쳐 태평양을 건너간 어린 묘목 두 그루 『너도 하늘말나리야』와 『유진과 유진』. 아무리 좋은 품종의 묘목이라도 척박한 땅보다는 제 몸에 잘 어울리는 토양과 기후에서 자라야 제대로 결실을 이룰 수 있을 터. 바로 지금, 이금이의 두 작품은 든든히 뿌리를 내릴 '좋은 자리' 찾기 단계에 와 있다. 그곳의 토양과 기후와 지세를 잘 아는 이를 만났으니 이제 '좋은 자리'를 찾아 함께 식수 작업을 하면 된다. 여기까지 완료되면 에이전트의 역할은 일차적으로 마무리가 되는 셈이다. 그다음은 그 '땅 임자'가 알아서 할 일이다. 나무를 잘 키우고 아름다운 열매를 맺게 하여 큰 수확을 거두는 일은 출판인과 편집자가 이루어야 할 몫이다. 추운 겨울을 보내고 봄이 오는 길목에서 씨앗 들고 선 농부가 소망에 설레듯, 내가 지금 꼭 그렇다.

깊은 감동을 안긴
황선미의
『마당을 나온 암탉』

1995년 초의 일이다. 세계 아동문학의 거장 E.B. 화이트의 『샬롯의 거미줄』 영문판을 손에 들었다. 한 출판사에서 내게 내용 검토를 의뢰한 것이다. 에이전트이기 전에 역자로서 그 책을 세밀히 검토했다. 당시 화이트는 생면부지의 작가였고, 『샬롯의 거미줄』도 마찬가지였다. 그러나 검토 후 긍정적인 판단을 내리고 출판사에 그 뜻을 전했다. 출판사 대표는 책을 번역, 출간하겠다고 말했고, 나는 작품이 맘에 드니 번역을 해보고 싶다는 의사를 비쳤다. 그의 허락을 받아 번역을 시작했고, 작업이 진행되면서 잔잔한 감동을 넘어 큰 울림을 느꼈다. 그런데 탈고한 원고를 출판사에 넘긴 뒤, 부푼 기대감을 순식간에 꺼트리는 소식이 들렸다. 창비에서 이미 출간했기 때문에 책을 출판할 수 없다는 것이었다.

　당시는 중복 출판이 가능한 시절이었다. 『샬롯의 거미줄』은 1952년에 완성된 작품으로, 1980년에 개정판이 나왔으니 저작권 계약 없이 출판할 수 있었다. 그러나 창비의 인지도가 커서 후발주자로 같은 책을 내면 주목 받기 어려울 것이라는 게 출판사 대표의 입장이었다. 아쉬웠지만 어쩔 수 없었다. 사실 그때의 아쉬움은 15년이 흐른 지금에도 고스란히 남아 있다. 그만큼 작품의 감동과 여운이 컸기 때문이다.

이 얘기를 꺼내는 이유는 영원한 아동문학의 고전으로 남은 『샬롯의 거미줄』이 내게 얼마나 큰 감명을 주었는지 이야기하고 싶어서다. 아동문학은 아동뿐 아니라 성인에게도 큰 감동과 감화를 줄 수 있다. 그렇다면 『샬롯의 거미줄』처럼 한국 독자들에게 감동을 주고 사랑을 받고 있거나 그럴 수 있는 작품으로는 어떤 게 있을까? 그리고 해외로 진출하여 전 세계 독자들에게까지 사랑 받을 작품으로는 어떤 것이 있을까? 언제부턴가 이 질문을 꾸준히 던지고 있다.

대체로 아동문학은 성인문학에 비해 주목 받지 못한다고 말한다. 일면 공감이 가는 말이다. 그러나 아동문학이 성인문학에 밀려 변방 신세를 면치 못하고 있다는 말엔 정서적으로는 공감하지만 근본적으로는 동의하기가 어렵다. 마크 트웨인의 『허클베리 핀의 모험』과 『톰 소여의 모험』 혹은 다니엘 디포의 『로빈슨 크루소』 등은 성인문학인데도 오히려 전 세계의 아동들에게 더 많이 읽히고 사랑 받는다. 좋은 문학작품은 성인, 아동의 구분 없이 읽힌다는 말이다.

아동이 즐겨 읽는 문학이라고 해서 아동문학이라 단정하고, 성인이 즐겨 읽는 문학이라 해서 성인문학으로 단정하여 경계를 구분하는 것은 그다지 바람직하지 않다고 본다. 바로 그런 문화가 아동문학의 발전 여지를 차단하고 있는 것은 아닌가 싶다. 성인이 아동문학을 읽는다고 해서 유치하다거나 남의 시선을 의식해야 하는 것은 결코 아니며, 나아가 아동문학도 성인문학처럼 넓고 다양한 독자층에서 널리 읽히고 회자될 필요가 있다. 또 그 가치에 대한 평가도 성인문학과 균형을 이룬 선에서 다채롭게 이야기되어야 한다는 게 내 생각이다. 그간 이런 생각을 해오던 차에 이제는 아동문학으로 관심 영역을 넓혀 다양한 작품들을 살펴야겠다고 결단을 내린 것이다. 독자뿐만 아니라 에이전트로서도 말이다.

실행에 옮기는 데에는 1년여의 시간이 걸린 것 같다. 그리고 실행에 있어서 가속 페달을 밟게 한 두 사람이 있는데, 이금이와 황선미가 그 주인공이다. 이들이 그렇게 하라고 부추긴 것이 아니라 그들의 작품이 내게 시킨 것이다. 황선미의 문학은 깊은 감동을 선사했고, 이금이의 문학은 감탄을 자아냈다. 내가 왜 진즉 이들의 문학을 접하지 못했을까, 하는 아쉬움이 들 정도다. 두 사람의 문학은 뚜렷한 개성이 있다. 둘의 문학적 성취도라면 얼마든지 해외 출판 시장에서 경쟁력을 가질 수 있겠다는 판단이 든다.

다양한 메시지를 담은 작품

'황선미'라는 이름은 여러 해 전부터 들어서 익숙하다. 몇 해 전에는 어느 아동문학상 시상식장에서 면발치에서나마 본 적도 있다. 『마당을 나온 암탉』을 읽기 전까지 그녀는 내 기억 속에 『나쁜 어린이 표』(1999, 웅진닷컴)의 작가로 각인되어 있었다. 『나쁜 어린이 표』가 한국 아동문학 분야에서 빼놓을 수 없는 대표적 베스트셀러이자 스테디셀러라 그 인상이 더 컸는지도 모르겠다. 우리 집 책꽂이에도 두 권이나 꽂혀 있으니, 얼마나 많은 한국의 어린이들이 이 책을 즐겨 읽었겠는가. 그런데 같은 작가의 책이라도 사람마다 끌리는 정도가 다른 것 같다. 책을 보고 훌륭하다는 생각은 했지만, 개인적인 정서 혹은 비즈니스적 마인드를 강하게 자극할 만큼 끌림은 없었기 때문이다. 물론 그녀를 조금 더 알게 된 지금, 다시 꼼꼼히 읽어보면 생각이 바뀔지도 모르겠지만.

초등학교 다니는 열 살짜리 아들과 함께 시내 대형 서점에 들러 아동서적 코너 앞에 섰다. 평소처럼 아들은 혼자서 책을 뒤적이고 있었고 나도 그 옆에 서서 진열돼 있는 책을 훑어보고 있었다. 그때 새삼스레 눈에 들어온 것이 『마당을 나온 암탉』. 사실 그때까지 읽지는 않았지만 사무실뿐만 아니라 여러 곳에서 이래저래 자주 봐왔던 책이었다. 그러나 끌림에도 시기가 있는 모양이다. 흔한 일상처럼 덤덤해 보이다가도 어느 날 갑자기 눈에 드는 상황이 있듯, 바로 그날 그 책이 내 손을 이끈 것이다. 나는 곧바로 책을 집어 들고 계산대로 갔고, 집으로 돌아와 책상 위에 반듯하게 올려놓았다. 그러자 아들이 한마디 한다.

"아빠, 그 책 읽으시려고요?"

"응, 재미있을 것 같아서 아빠도 한번 읽어보려고."

"그거 어린이책인데요?"

"이번엔 어린이책도 읽어보려고. 너, 『나쁜 어린이 표』 읽었지? 그

庭を出ためんどり

ファン・ソンミ●文　キム・ファンヨン●絵
ビョン・キジャ●訳

平凡社

황선미는 한국을 대표하는 아동문학가다. 대표
작인 『마당을 나온 암탉』은 이미 2001년 일본의
중견 출판사인 헤이본사에서 출간되었다. 『마당
을 나온 암탉』의 본격적인 해외 진출은 이제부
터가 시작이다. 2010년 중국 지에리출판사로 중
국어간자체 판권이 수출되었고 2011년에 출간
예정이다. 폴란드 출판사에서도 관심을 보이고
있으며, 영어권에도 폭넓게 소개하고 있다.

작가가 쓴 책이야."

그리고 그날 저녁부터 『마당을 나온 암탉』을 찬찬히 읽어갔다.

『마당을 나온 암탉』은 내게 유쾌한 충격을 주었다. 이 작품은 거미와 돼지의 진한 우정을 감동적으로 그린 화이트의 『샬롯의 거미줄』과 비슷한 면이 있지만, 면밀히 뜯어보면 『마당을 나온 암탉』에서 다루는 영역은 『샬롯의 거미줄』을 훌쩍 뛰어넘는다. 『마당을 나온 암탉』은 좁게는 한 개인과 가정을 중심으로 둥근 원을 그리면서 다양한 족속이 공존하는 거대 공동체 사회로 범위를 확대해간다. 그러는 가운데 그 속에서 꿈틀거리며 활약하는 각 개체와 집단의 짧은 일상과 긴 세월의 주기를 세심하게 담아낸다. 또한 자연 만물이 충돌하며 치열하게 경쟁하면서도 그 안에서 조화를 이루며 함께 살아가는 대자연의 섭리와 그 흐름을 탁월한 상황 설정을 통해 담아낸다.

결론적으로 말하자면, 『마당을 나온 암탉』은 작게는 소소한 일상을 통해 인간 사회의 다양한 사회적 이슈와 현상을 예리하게 포착하여 상징화한다. 크게는 대자연 속에서 벌어지는 조화와 충돌, 협조와 경쟁 등이 끊임없이 반복되며 일어나는 혼란과 갈등, 그리고 평화와 질서의 과정에서 나타나는 각각의 현상을 선악 대립 구도가 아니라 각각의 입장에서 그것이 지닌 의미와 가치 등을 객관적인 시선으로 관찰한다.

이처럼 치열하고 섬세한 자연 관찰을 통해서 이 작품은 인간이 유지해야 할 다양한 미덕을 메시지로 던진다. 어린이에게는 아직까지 경험하지 못한 현실에 대한 간접 체험과 추억을 제공한다. 한편

성인에게는 사회와 자연의 질서가 반드시 '미와 덕'으로만 이루어지지는 않는다는 사실, '미와 덕'과 대칭을 이루는 '추와 악'은 거부해야 할 것 같지만 그에 대한 거부가 반드시 질서를 유지시키는 것은 아니라는 깊은 사유가 담긴 철학을 보여준다. 그야말로 감동과 성찰과 반성의 요소를 두루 담은 훌륭한 작품이다. 이 점이야말로 『마당을 나온 암탉』이 세계 출판 시장에서 독자들에게 어필할 수 있는 강점이 될 것이다.

잎싹을 통해 보여주는 깊은 철학

『마당을 나온 암탉』은 '잎싹'이라는 암탉 이야기다. 닭장에 갇혀 알 낳는 일만 하던 잎싹은 그곳으로부터 벗어나 병아리 갖기를 소망한다. "단 한 번만이라도 알을 품을 수 있다면. 그래서 병아리의 탄생을 볼 수만 있다면…."(10쪽) "이제부터 새로 시작하는 거야. 알을 품고 병아리를 키워야지. 나는 그럴 수 있어. 마당에 나가기만 하면…." (20쪽)

그러던 어느 날 잎싹은 더 이상 알을 낳지 못하게 된다. 제구실을 못하는 폐계가 된 것이다. 위기가 기회라고, 잎싹은 드디어 닭장 밖으로 나가게 되고 마당에서 오리, 청둥오리, 개 등 또 다른 마당 식구들을 만난다. 그러나 마당에서의 일상은 결코 호락호락하지 않다. 세상만사가 그렇듯, 마당엔 좋은 친구가 있는가 하면 생명을 호시탐탐 노리는 적도 공존한다. 그런 가운데 잎싹은 마침내 소원을 이룬다. "난 이제 알을 못 낳아. 말은 안 했어도 사실이야. 하지만 이젠 괜찮아. 알을 품게 됐는걸. 그토록 바라던 걸 이루게 됐잖아", "이건 내 알이야. 내 이야기를 들을 수 있는 아기, 나만의 알!"(63쪽)

사실 그 알은 닭의 알이 아닌 청둥오리의 알이었다. 그런데 알을 품는 내내 그를 노리는 적이 있었다. 족제비다. 친구인 나그네 청둥오리는 알과 잎싹을 위해 밤마다 경계를 서고, 결국 족제비의 희생물이 되면서까지 새로 태어난 아기 청둥오리와 잎싹의 생명을 보호한다. 잎싹은 나중에서야 알을 품는 동안 청둥오리가 왜 자기 옆에서 밤새도록 푸드덕거렸는지 그 이유를 알게 된다. "나그네가 밤마다 소란피운 게 족제비 때문이었을까? 겁주려고? 어쩌면 그랬을지도 몰라. 맞아, 그랬던 것 같아!"(78쪽) "족제비 때문에 밤마다 깨어 있었던 거야. 나를 위해서, 내 알을 지키려고."(85쪽) 잎싹은 알이 부화하자 알의 부모가 친구였던 청둥오리였음을 알게 되고, 자기와 알의 생명을 지키기 위해 그 스스로가 족제비의 희생물이 되었다는 것을 깨닫는다. "절대로 널 잊지 못할 거야, 내 친구야!"

잎싹은 지극정성으로 청둥오리 새끼를 기른다. 그리고 훗날 아기 청둥오리인 '초록머리'에게 자신의 정체를 고백한다. 입양한 아이가 성장한 후 부모가 과거를 고백하는 장면처럼. "아가, 나는 닭장에서 알만 낳아야 하는 암탉이었단다. 단 한 번도 내 알을 품어보지 못했어. 알을 품어서 병아리의 탄생을 보는 게 소원이었는데도 말이야. 알을 낳지 못하게 되자 닭장에서 끄집어내졌지. 그때 이미 죽을 목숨이었어. 하지만 너를 만났고, 나는 비로소 엄마가 되었단다."(138쪽)

초록머리는 닭의 무리에도, 청둥오리의 무리에도 끼지 못하고 따돌림을 당한다. 초록머리는 한 가지 소중한 것을 경험한다. "어리다는 건 경험이 부족하다는 것! 아가, 너도 이제 한 가지를 배웠구나. 같은 족속이라고 모두 사랑하는 건 아니란다. 중요한 건 서로를 이해하는 것! 그게 바로 사랑이야!"(152쪽) 바로 이 대목이 이 작품이 담고 있는 여러 메시지 중 하나일 것이다.

또 하나 빼놓을 수 없는 메시지는 '차이'에서 오는 정체성에 대한 혼란과 극복이 아닐까 싶다. "저 애는 지금 받아들이기 어려운 거야. 우리가 서로 다르게 생겼다는 사실을."(153쪽) 서로 차이를 인정하고 받아들이고, 그래서 상대방에게 자신의 입장만을 강요하지 않고 상대방의 환경과 특성을 이해하는, 그래야 내가 상대방으로부터 인정받을 수 있다는 사실은 우리가 늘 겪는 중요한 이슈 중 하나가 아닌가.

"이제야 알게 되었다. 청둥오리는 아기가 자라서 날기를 바랐고, 자기 족속을 따라가기를 바랐던 것이다."(162쪽) "엄마는 나랑 다르게 생겼지만, 그렇지만 엄마 사랑해요." 잎싹은 사랑하는 초록머리를 떠나보내고 홀로 남는다. 그리고 질긴 악연으로 남아 있는 적인 족제비와 마주 선다. "이제는 더 도망칠 수가 없었다. 그럴 까닭도 없고 기운도 없었다. '자, 나를 잡아먹어라. 그래서 네 아기들 배를 채워라.' 잎싹은 눈을 감았다. 순간 목이 콱 조였다. '나를 물었구나, 드디어…' 눈앞이 캄캄했다."(190~1쪽)

친구였던 나그네 청둥오리가 그랬던 것처럼 잎싹은 초록머리를 떠나보낸 후 족제비의 희생물이 된다. 족제비의 새끼를 위해서. 그는 자신의 소망을 이루며 다른 생명을 사랑으로 보듬었다. 그리고 계속

된 희생은 적의 생명까지 유지해주었다. 잎싹은 자연의 섭리가 지닌 질서를 거부하지 않고 겸허히 받아들인 것이다. 그러고 보면 소망은 생명을 낳고, 생명은 조화를 이루는 동시에 경쟁을 낳으며, 조화는 사랑과 희생을 낳고, 경쟁은 실패와 죽음을 낳는다. 그 실패와 죽음은 다시 소망과 생명을 낳을 것이다. 『마당을 나온 암탉』은 자연과 우주의 한 공간에서 살아가는 인간의 면면을 암탉인 잎싹을 통해 보여주는 셈이다.

　　『마당을 나온 암탉』은 동화이지만 그 속에 담긴 사상과 철학은 깊고도 넓다. 그래서 어느 그릇에 담아도 그릇의 모양을 유지하는 물과도 같은 작품이다. 소망의 가치를 추구하는 그릇, 서로에 대한 배려와 이해의 가치를 추구하는 그릇, 사랑과 봉사와 희생을 추구하는 그릇, 질서와 규칙을 추구하는 그릇 등에 담길 수 있을 만큼 보편성과 개성을 지닌 작품이다. 그렇기 때문에 『샬롯의 거미줄』을 뛰어넘는 세계적인 인지도와 가치를 지닌 작품으로 거듭날 수 있도록 이제부터 본격적인 해외 진출을 위한 가속 페달을 밟으려 한다. 『마당을 나온 암탉』은 2001년도에 일본 헤이본샤平凡社로 번역 판권이 수출되어 출간되었으며, 2010년엔 중국 지에리출판사接力出版社로 중국어간자체 판권이 수출되어 2011년에 출간될 예정이다. 이외에 폴란드 출판사가 이 작품에 관심을 보이면서 폴란드어권 진출이 기대되며, 영문으로 번역된 샘플을 통해 영어권을 비롯한 다양한 언어권으로 폭넓게 소개되고 있다.

한국적이며 세계적인
이외수

이따금씩 얄팍한 고정관념이나 선입견 때문에 덮어놓고 어떤 대상을 과소평가하고 있는 것은 아닌가, 혹은 숨겨진 진가를 몰라보고 이 사람 저 사람이 하는 말만 듣고 지레짐작으로 누군가를 지나치고 있는 것은 아닌가, 하는 두려운 마음이 든다. 그래서 나는 주위 분들에게 부담 없이 의견을 묻는다. "어떤 작가(혹은 작품)를 좋아하세요?", "외국 독자들이 좋아할 만한 작가(혹은 작품)를 꼽는다면 누굴 꼽으시겠습니까?" 같은 질문도 포함된다. 오래전부터 주위에 청하는 질문이다.

아울러 나는 왜 그를(혹은 그 작품을) 추천하는지, 그 이유와 배경에 대한 의견도 조심스레 청한다. 어떤 때는 고맙게도 상대방이 먼저 해당 작가와 작품에 대해 내가 던진 질문 이상으로 상세한 소감이나 의견을 들려주는 경우도 있다. 그런 식으로 작가나 작품에 대한 의견을 교환한다. 그러나 내가 접하지 않았던 작가나 작품일 경우, 그 내용이 와 닿을 경우 지체하지 않고 서점으로 가서 그 작품을 구해 읽는다. 그 작품이 매력적일 땐 그 작가가 쓴 다른 작품들을 연속적으로 읽고 감상한 후 비즈니스 마인드로 검토한다. 그렇게 해서 한 작가의 작품에 대해 전반적으로 긍정적인 결과가 나오면 작가(때에 따라서는 출판사 담당자)를 만나 향후의 구상에 대해 의견을 피력한다.

이외수와 그의 작품을 만나기까지

2010년 들어, 나는 1970~90년대에 출간됐던 기성 작가 서너 명의 작품을 연속으로 읽은 바 있다. 그중 하나가 이외수 문학이다. 이번에도 또 한 번 적잖이 부끄럽다. 한국 출판 시장에서 이외수 문학이 지난 30여 년간 독자들에게 꾸준한 관심을 받아왔는데도 제대로 그의 작품을 살펴본 게 없었기 때문이다. 하일지 문학을 뒤늦게 발견하고 그를 통해 얻게 된 기쁨과 즐거움이 아직도 생생한데, 이번엔 이외수 문학이 그 뒤를 잇는다. 사실, 이외수 문학을 가지고 이러쿵저러쿵 얘기할 처지는 못 된다. 더구나 아직 못 읽어본 작품이 압도적으로 많다. 그러나 에이전트가 바라보는 시선에 대해선 가감 없이 말할 수 있을 것 같다. 그래서 올 들어 읽은 『꿈꾸는 식물』(1978, 해냄출판사)과 『벽오금학도』(1992, 해냄출판사)에 대한 얘기를 풀어볼까 한다. 그런데 본격적으로 두 작품에 대한 얘기로 들어가기 전에 이 작가의 문학을 직접 접해봐야겠다고 마음을 굳힌 계기에 대해 이야기하려 한다.

　지인 K는 여러 해 전부터 우회적으로 이 작가를 추천했다. 2008년 10월 프랑크푸르트도서전에서도 그의 조언이 있었다. 이외수 문학이 해외 독자에게 어필할 것으로 생각한다는 의견이었다. 사실 몇 년 전에도 식사하는 자리에서 같은 얘기를 들었다. 그때에도 '한번 읽어보긴 해야 할 것 같다'고 속으로 다짐했다. 그러나 게으른 탓에 실행에 옮기지 못하고 있었다. 더 늦추지 말고 이번엔 꼭 읽어봐야겠다고 마음먹고 바로 서점에 들러 산 게 『꿈꾸는 식물』이다. 그런데 때를 같이하여 월간 〈문학사상〉 2009년 11월호 '작가 조명' 코너에서 '한국 문학에서의 문학성과 대중성 그리고 이외수'란 주제로 두 명의 평론가가 이외수와 그의 문학에 대해 다룬 것이 아닌가. 한편으로는 반갑기도 하고, 묘한 우연이었다.

　이외수는 한 세대에 걸쳐 한국 독자들에게 꾸준한 사랑을 받고 있는 작가다. 결코 쉽지 않은 일이다. 국내 독자들 사이에서 그에 대한 관심은 수년 사이에 더욱 상승세를 타고 있는 분위기다. 한국 독서 시장에서 세월의 흐름과 맞물려 대부분의 기성 작가들에 대한 대중의 관심도가 서서히 낮아지는 것에 비해 이외수와 그의 문학은 그 관례를 비껴가고 있는 것이다. 유명세를 타는 다른 작가들을 따돌리고 가장 많은 독자들로부터 사랑 받는 작가로 선정되었다는 사실이 그런 현상을 뒷받침한다. 그런데도 한국 문단에서는 그와 그의 작품 세계를 다양한 각도에서 조명하지 않았던 것은 아닌가, 하는 생각도 든다. 한국 문단은 때로 이미 정해진 잣대로 순수문학이냐 대중문학이냐를 가늠하는 것 같은 인상을 풍기기도 한다. 그 결과 그들이 암묵적으로 설정한 순수문학의 기준과 거리가 있다고 판단되면 대중문학으로 구분해놓고 그다지 관심을 두지 않는 것 같다. 문단에 발을 디뎌본 적이 없는 사람으로서 밖에서 바라보는 인상이 그렇다는 얘기다.

그렇다 보니 솔직히 문학판이 양분화되고 있다는 인상을 떨치기가 어렵다. 에이전트의 입장에서 바란다면, 경계를 구분하여 한쪽의 문학을 집중적으로 살피는 것보다는 모든 문학을 전반적으로 아우르면서 각각의 문학이 지닌 특징과 개성을 지속적으로 부각시켜 다양한 장르의 문학이 고루 활성화할 수 있는 길을 열어주어야 한다고 생각한다. 그래야 다양한 문학이 다양한 독자들의 눈높이에 맞춰 균형 있게 발전할 것이며, 그런 시도와 움직임이 전반적으로 한국 문학의 발전은 물론 출판계에도 긍정적인 영향을 주게 될 것이다. 이 부분에 대해서는 출판계가 앞으로도 진지하게 고민해야 할 것으로 보인다. 분명한 점은 순수냐 대중이냐를 떠나서, 해외 출판 시장과 해외 독자들이 어떤 문학을 가까이 즐기기를 원하는지 살펴야 한다는 사실이다. 이런 시각에서 볼 때, 이외수 문학은 K의 지적처럼 우리 독자의 정서에 부합하는 것을 넘어 해외 독자들의 정서에도 어느 정도 부합하리라 예상된다. 따라서 이외수의 문학이 이 시점에서 의미하는 바는 더욱 크지 않나 싶다. 물론 이외수의 여러 작품들을 두루 검토해봐야 하겠지만 말이다.

아직까지 나는 이외수라는 작가와 그의 작품을 해외 어느 나라에도 소개해본 적은 없다. 그러나『꿈꾸는 식물』과『벽오금학도』를 중심으로 그의 작품들을 일견해볼 때 그 시도를 앞당기고 싶은 생각이 강하게 든다.

한국적이면서 세계적인

『꿈꾸는 식물』이 한국에서 몇 부가 팔렸는지 조사해본 바는 없다. 그러나 1978년에 초판(동문선 간)이 발행된 이후 해냄출판사로 옮겨 1981년부터 2009년 5월에 발행된 3판 3쇄에 이르기까지 30년 넘게 판과 쇄를 거듭해온 것으로 보아, 한국의 수많은 독자들에게 꾸준히 읽히고 있는 것만은 분명해 보인다. 이와 맥을 같이하여 그의 소설을 적극적으로 검토하고 해외 출판 시장으로 진출시키는 것이 어떨까, 하는 생각을 갖게 되었다. 너나 할 것 없이 세계 출판인들이 보편적으로 원하는 문학이 작품성과 대중성을 두루 갖춘 것인 만큼『꿈꾸는 식물』은 그런 예 중 하나가 될 수 있을 것 같다.

이 소설은 환경이라는 덫에 걸려 옴짝달싹 못하고 파멸해가는 한 집안의 몰락을 실감나게 그린 작품이다. 언제나 꿈은 꾸고 있으나 발이 없어 움직일 수 없는 식물과도 같은 사람들. 그리고 육체와 재물을 향한 욕망 앞에서 인륜까지 저버리고 난폭하게 돌변해버리는 동물적 본능의 소유자들, 이들이 서로 뒤엉켜 끌고 가는 비극적인 스토리를 담은 소설이『꿈꾸는 식물』이다. 극도로 세속화된 우리의 환경이 마지막 남아 있는 꿈꾸는 순수성까지 모두 오염시키고, 마침내 모두를 절망의 나락으로 밀쳐내는 안타까운 현실을 실감나게 담아내고 있다. 광기 어린 야생동물이 어느 날 갑자기 무구한 식물들이 자라는 군락에 들어가 한바탕 분탕질을 하여 쑥대밭을 만들어놓은 상황을 묘사한 느낌이다. 특히 주위 환경을 극복하고 싶어도 극복할 수 없는 운명을 지닌 식물과도 같은 '나'와 '작은형'의 비극은 피하려 해도 피할 수 없는 현실의 덫에 걸려 절망의 나락에 빠질 수밖에 없다는 내용을 다룬 영국 작가 토머스 하디의 『테스』와 미국 작가 시어도어 드라이저의 『아메리카의 비극』 등을 연상시킨다.

『꿈꾸는 식물』에 이어서 『벽오금학도』까지 내처 읽었다. 『벽오금학도』는 1992년에 처음 출간된 작품으로, 환상과 실재의 공간을 넘나드는 이야기다. 소설 읽는 재미로 치자면 개인적으로 『꿈꾸는 식물』보다는 한 수 위라는 느낌이다. 혹자는 다양한 동양적 사상과 정서, 그리고 소설 전반에 걸쳐 녹아 있는 반세기 동안의 정치적, 역사적, 사회적 현상들, 거기에다가 황당해 보일 수 있는 전설적인 장면까지 함께 아우르는 『벽오금학도』가 해외 독자들에게 문화적, 정서적 괴리감을 자아내지 않겠느냐는 생각을 할 수도 있다. 그러나 그것이 오히려 이 소설의 매력으로 다가온다. 소설의 내용이 사뭇 한국적이고 동양적이면서도, 큰 괴리감을 형성할 정도로 각 상황에 깊이 빠져들고 있지 않다는 판단이 들어서다. 오히려 이 소설에서는 그 수위가 적절히 조절되어 있는 듯하다.

이를테면 이무기에 대한 전설은 동양적(한국적) 소재이긴 하지만 세계 독자들에게 생경할 정도의 전설은 아니며, 그와 관련한 언급이 오히려 이국적이고 이색적인 정서를 제공할 수 있다. 그리고 선인들이 사는 벽오동에 대한 묘사는 서양에서 경험하지 못한 동양의 이상향과도 같은 세상에 대한 신비로움을 자극해 더 큰 관심을 유발할 것으로 기대된다. 실재하지 않는 영역만 다루고 있었다면 현실감이 떨어져 오히려 그 신비감이 약화되었을 수도 있다. 그러나 『벽오금학도』에서는 그 신비로운 세계가 우리가 살아가는 현실의 세계와 늘 맞닿아 있다는 것을 자연스레 보여준다. 이 대목이 『벽오금학도』를 더욱 매력 있는 소설로 거듭나게 만든다. 그리고 일상적 욕심과 집착이 우리의 자유로움을 방해하고 있으며, 삶의 진리는 늘 가까이에 있다는 가르침을 동양적 사상을 배경으로 전달하고 있어서 더욱 개성 있는 한국 문학으로 다가갈 가능성을 지녔다고 본다.

　해외 독자들은 한국의 작가를 통해 한국 작가들만이 할 수 있는 이야기를 듣고 싶어 한다. 이를테면, 미국 독자들은 한국 작가가 쓴 한국 소설을 통해 미국인이 처한 문제와 갈등, 그들의 고민에 대해 듣고 싶어 하진 않을 거라는 말이다. 그런 얘기는 현지에서도 수시로 보고 듣고 읽을 수 있기 때문이다. 따라서 그들이 한국의 문학을 읽는 이유는, 그리고 읽고 싶어 하는 이유는 미국 작가들이 내지 못하는 목소리와 그들이 그려내지 못하는 한국의 상황을 간접적으로나마 체험해보고 싶기 때문이다. 다만, 한국의 특수한 현상이나 사실에 대해 지나칠 정도로 세부적이고 구체적이거나, 그런 내용이 시종일관 지속되는 작품을 원하는 것은 물론 아니라는 사실은 별개로 지적한다.

끝으로, 이른바 순수문학과 대중문학의 경계를 구분하는 것보다는 모든 영역의 문학을 함께 발굴하여 해외에 소개하려는 한국 출판계 모두의 노력이 필요하다고 생각한다. 특히 에이전트의 입장에서 이외수의 문학을 인기 대중문학의 영역에만 국한시키는 것도 문제가 될 수 있다고 지적하고 싶다. 그러면서 나는 이외수가 문학성과 대중성이라는 두 마리의 토끼를 줄곧 사냥해온 능력 있는 사냥꾼은 아닐까 하는 생각도 해본다.

한국 대중문학의
선두주자,
김진명

해외 출판 시장으로의 진출을 염두에 두고 한국 문학을 살피는 게 언제부턴가 일상이 되었다. 그러다 보니, 문학은 문학 그대로 감상하며 즐겨야 하는데 그럴 형편이 못 된다. 그래도 두 마리 토끼를 잡으려 애쓴다. 가끔 상업적이고도 부족한 안목으로 문학을 바라보고 판단하는 것이 경박한 행위는 아닌가 하는 마음에 입맛이 씁쓸할 때도 있다. 그렇다고 현실을 탓하고 있을 수만은 없는 상황인지라, 이제는 내 방식대로 쌓아 올린 명분에 어울리는 생각을 정립해가고 있다. 늘 하고 있고, 또 해야 하는 일이니 스스로 만든 고상한 가치의 너울을 머리에 쓴 격이다. 그러면서 어느새 그 현실을 즐긴다. 목적을 가지고 문학을 대하니 세속적이라면 세속적이겠지만, 직업과는 무관하게 일상이 되어 서로 소통하고 조화를 이루니 속되다고만은 생각이 들지 않는다. 어떤 때는 그런 환경에 있는 내가 축복

받은 사람 아닌가 하는 생각마저도 들기 때문이다.

여러 작가의 문학을 즐기다 보면 그 모양새와 내용이 정말 다르다는 것을 늘 절감한다. 다양한 작품을 만끽할 수 있는 것이 에이전트의 특권인 듯싶다. 그중에 김진명의 문학이 있다. 김진명은 자신을 밀리언셀러 작가로 등극시킨 화제의 출세작『무궁화 꽃이 피었습니다』(1993, 해냄출판사)를 시작으로 엄청난 생산력을 과시하며『가즈오의 나라』(1995, 프리미엄북스),『하늘이여 땅이여』(1998, 해냄),『바이 코리아』(2002, 자음과모음),『한반도』(1999, 해냄출판사),『코리아 닷컴』(2000, 해냄출판사) 등을 꾸준히 발표했다.

그러나 내가 그를 처음 만난 것은 명성황후 시해사건에 관한 소설『황태자비 납치사건』(2001, 해냄출판사)을 통해서다. 김진명은 그 후에도『제3의 시나리오』(2004, 랜덤하우스중앙),『도박사』(2004, 대산출판사),『살수』(2005, 랜덤하우스중앙) 등을 발표하며 독자와의 관계를 탄탄히 유지했다. 이어서 나는『신의 죽음』(2006, 대산출판사)과『나비야 청산가자』(2007, 베텔스만)를 유심히 살폈다. 김진명은『킹 메이커』(2007, FOR BOOK)에 이어 2009년에 발표된『천년의 금서』(새움) 등으로 2010년 현재에도 베스트셀러 작가로 군림하며 독자들의 사랑을 받고 있다.

일본 시장을 노려라

김진명 하면 떠오르는 미국의 베스트셀러 소설가가 있다. 제임스 패터슨이다. 내가 그의 한국 에이전트로서 활동하던 때, 프랑크푸르트의 한 행사장에서 그를 만난 적이 있다. 그때 그에게는 생면부지였던 한국 시장에 대현출판사, 베텔스만코리아, 민음사, 문학수첩 등을 통해 그의 작품들을 줄줄이 상륙시키는 성과를 올렸다.

1947년생인 패터슨은 1970년대에 소설가로 데뷔하였으며, 1992년부터 전업 작가의 길로 들어섰다. 그 뒤 지금까지 무려 50편이 훨씬 넘는 작품을 발표했다. 특히 전업 작가의 길로 들어선 뒤 매년 한두 작품씩, 그것도 장편소설을 꾸준히 발표해온, 말 그대로 자타가 공인하는 미국 대중문학의 선두주자다. 한 해도 거르지 않고 발표되는 그의 소설은 예외 없이 100~200만 부의 판매고를 자랑한다. 2010년에는 전자책 판매로도 미국 출판계를 비롯한 전 세계 출판계로부터 주목을 받았다.

패터슨의 소설은 출간되기만 하면 곧바로 베스트셀러 상위권을 점령하고, 존 그리샴이나 스티븐 킹보다도 앞선다. 2010년 1월 현재 서른아홉 작품이 베스트셀러에 올랐으며, 베스트셀러 1위를 차지했던 작품 수는 무려 열아홉 작품에 이른다. 그뿐만이 아니다. 패터슨의 소설은 〈USA투데이〉의 베스트셀러 집계에서 150주 연속 베스트셀러에 오른 기록도 보유하고 있을 정도다. 추리, 판타지, 로맨스, 어린이(청소년) 대상의 소설에 이르기까지 영역이 매우 넓다. 그의 소설은 짜임새 있는 골격에 군더더기 없는 문체와 박진감 넘치는 사건 전개로 읽는 이들을 단번에 사로잡는다.

그런데 김진명의 소설을 읽으면서 패터슨의 소설을 접했을 때와 비슷한 느낌을 받았다. 다른 것은 차치하고서라도 소설 읽는 재미

中国が
北朝鮮
を呑みこむ日
Death of God
金辰明 白香夏

『신의 죽음』은 중국의 동북공정 의도와 김일성
의 죽음을 교묘히 연결했다는 점에서 일본에서
관심을 보일 만한 주제를 다룬 소설. 의도가 적중
해서 다이아몬드 사가 이 소설에 관심을 보였다.
2007년 일본의 다이아몬드 사가 번역 출간한 김
진명의 『신의 죽음』 표지.

하나는 쏠쏠하다. 그렇기 때문에, 늘 새로운 변화와 취향을 경험하기 좋아하는, 입맛 까다롭기로는 둘째가라면 서러워할 한국 독자들이 20년 가까이 그와 함께하고 있는 것이 아닌가 싶다. 닮은 게 어디 그뿐인가. 다작을 한다는 것, 발표된 소설이 대부분 베스트셀러라는 점 또한 닮았다.

그러나 다른 점이 하나 있다. 제임스 패터슨의 소설이 세계 독자들에게 꾸준히 어필하며 각국의 출판 시장으로 확산되는 반면, 김진명의 소설은 그에 미치지 못한다는 점이다. 그 경계를 가르는 가장 큰 요소는 활동하는 언어권의 문제는 접어놓더라도, 각자의 소설이 지닌 소재의 글로벌한 보편성으로 보인다. 패터슨의 소설은 인종이나 국적과 관계없는 보편적 소재를 다루지만, 김진명의 소설은 대체로 한반도와 주변국의 특수한 관계 또는 한국만의 특정 소재를 주 내용으로 삼는다. 작품의 소재가 국제 출판 시장에서 어필하는 정도가 다른 주요 원인인 것이다. 그래서 해외 시장에 부합할 가능성이 있는 소설을 중심으로 살폈다. 그리고 본격적으로 해외에 한국 문학을 알려야겠다고 생각하던 시점이기도 했던 2001년에 출간된 소설에서 출발했다. 당시에 해냄출판사에서 나온 『황태자비 납치사건』이 그 시작이었다.

『황태자비 납치사건』은 내가 처음으로 접한 김진명의 소설이다. 이 소설을 손에 들면서 처음 떠올린 시장은 일본이었다. 일본제국은 1895년 10월에 명성황후를 능욕하고 시해하는 등 천인공노할 악행을 저질렀고, 마지막 남은 조선인의 권위와 자존심을 시궁창에 처박았다. 소설가 김진명은 그 역사적 사건과 더불어 한일 과거사를 왜곡하여 기술하는 일본의 엇나간 행보를 주시하면서 그들의 비윤리성을 만천하에 폭로하고 싶었던 것이다. 그래서 역으로 일본 황태자비를 납치하는 독특한 사건 설정으로 이 소설을 탄생시켰다.

그때 읽었던 책을 다시 들춰보니 이 소설의 서두에 붙인 '작가의 말'이 새삼스레 눈에 들어온다. "나는 이 책이 일본에서 출판되었으면 한다. 널리 알릴 수 있도록 제대로 출판만 된다면 인세 등은 생각지 않을 작정이니 한일 관계자의 적극적인 관심을 기대한다"는 말이었다.

2001년 당시, 이 소설을 읽고 일본에 적극적으로 소개하지는 않았다. 일본 정서에 반하는 소설이라 어렵겠다는 지레짐작으로 그랬다. 당시 일본 출판사들의 반응도 대부분 그러했다. 소설을 현지 출판사에 소개해야 할 에이전트부터 난색을 표했으며, 내용을 들은 현지 편집자들도 마찬가지였다. 그러나 이제 다시 한 번 시도해볼까, 하는 생각도 든다. 그러려면 좌파 성향을 지닌 출판사에 먼저 소개해봐야겠다. 타깃 마케팅이다. 여러 나라에 동시 진출할 수 없다면 차라리 해당 소설 내용에 관심을 보일 출판 시장에, 그것도 불특정 다수가 아닌, 관심을 가질 만한 몇몇 출판사를 선별적으로 정해놓고 적극적으로 소개하자는 전략이다.

『황태자비 납치사건』이 출간되고 5년이 흐른 뒤 나는 『신의 죽음』에 대해 들었다. 이 소설을 출간한 대산출판사에 해외 수출에 대한 관심을 피력하면서 몇 질의 검토용 도서를 요청했다. 이번엔 동북공정을 위한 중국의 숨겨진 행보를 큰 틀로 설정한 소설이다. 그래서 중국 출판 시장 진출은 아예 포기해야 했다. 중국은 정치적 소재, 더구나 공개되지 않은 민감한 정치 현안에 관한 소재는 아무리 재미있는 스토리라 해도 허용하지 않는다. 그리고 그런 책은 검토 단계에서 제외된다. 어디 그뿐인가. 과거사든 현대사든 논쟁의 여지가 될 만한 내용을 담고 있으면 문제가 된다. 그러니 동북공정을 다뤘다면 그것이 설령 사실이라 해도 중국 대륙 진출은 꿈도 못 꿀 일이다.

그렇다면 일본이다. 아니, 관심 가질 만한 곳은 사실 그곳밖에 없었다. 더구나 그들은 북한 관련 스토리에 남다른 관심을 보이고 있지 않은가.『신의 죽음』은 중국의 동북공정 의도의 한쪽 끝에 김일성의 죽음을 교묘히 연결했다. 김진명은 "동북공정은 한마디로 북한을 삼키기 위한 역사, 문화의 정리 작업"('저자의 말')이라고 단정 짓는다. 이어서 "김일성의 살해라는 사건을 추적해 들어가면서 한반도를 둘러싸고 은밀히 진행되는 무시무시한 시나리오를 독자들의 안전에 펼쳐 보이고자" 했다며 집필 목적을 피력했다. 일본 출판 시장에서 충분히 관심을 가질 만하겠다는 판단이 섰다. 작업을 진행했고, 다이아몬드 사가 판권을 사 갔다. 그리고 한국에서 출간된 이듬해인 2007년에 일본어로 번역, 출간했다.

『신의 죽음』에 이어,『나비야 청산가자』를 그 출판사에 소개했다. 그러나 연속 진출은 실패했다. 가장 큰 이유는『신의 죽음』의 일본어판 판매 부진이었다. 앞서 출간한 책의 반응이 좋았으면 다이아몬드 사가 『나비야 청산가자』를 마다할 이유가 없다. 당시 이 소설은 한국의 대선 정국에 대한 예상 시나리오와 함께 한국 출판 시장에서 파장을 일으키기도 했다. 그러나 이 소설이 그리는 큰 구도는 북한의 핵 개발과 그 뒤에 숨은 미국과 중국의 밀약과 음모 등으로 볼 수 있는데, 흥미로운 소재를 다뤘지만 결국 일본 진출은 무산됐다.

해외 진출을 위한 변화의 필요성

소설가 김진명은 대체로 한반도와 그를 둘러싼 미국, 일본, 중국 등과의 정치적, 역사적 역학관계를 다룬다. 사실 그런 작가도 드물다. 특히 그는 한반도의 힘과 자존심을 고수함은 물론, 이를 넘어 한반도가 지닌, 혹은 장차 지니게 될 더 큰 파괴력을 만방에 떨치고 싶은 욕망을 지닌 작가로 보인다. 그렇기 때문에 한국 독자들이 그의 소설에 빠져드는 것 아닐까. 분명한 것은 김진명이 지난 20년 동안 변함없이 베스트셀러 작가의 자리를 굳건히 지키며 수많은 독자들을 이끌고 있을 만큼 강한 매력을 지닌 작가라는 사실이다. 그렇기 때문에 에이전트로서는 그가 한국은 물론이고 해외 출판 시장으로 진출하여 더 많은 독자와 호흡했으면 하는 바람이다.

　그러기 위해서는 몇 가지 변화가 불가피하다는 생각이다. 하나는 작품 구도의 변화다. 그간의 소설이 양자 혹은 다자간의 대립과 갈등의 근원을 탐구하고, 때에 따라서는 그것을 노출하고 폭로함으로써 원인과 결과를 확인하고 점검하는 데 무게를 뒀다면, 이제는 첨예한 대립과 갈등의 구도를 넘어 화해와 조화에 대해서도 비중 있게 다뤘으면 하는 소박한 바람이다. 물론 그런 구도나 아이디어가 그의 소설에 없다는 것은 아니다. 다만 발굴과 탐색, 노출과 폭로라는 과정을 통해 상대방에게 나를 인지시키고 새롭게 인정받으려는 의도를 넘어, 이제는 타자와의 타협과 협력, 화해와 평화에도 무게 중심을 뒀으면 하는 것이다.

두 번째는 소설의 배경 구도를 변화시켰으면 하는 바람이다. 그동안 한반도를 중심으로 한 주변국을 공간적 배경으로 뒀다면, 이제는 그 반경을 확대해보는 것은 어떨까 싶다. 중앙아시아, 동남아시아, 미국 혹은 유럽 등을 한반도를 중심으로 한 동북아시아와 연계시키는 것도 한 예가 될 수 있겠다. 김진명이라면 얼마든지 가능할 것이다. 그렇게 되면 소재의 영역도 지금보다 훨씬 다채로워질 수 있다. 이런 부분이 개선, 보완된다면 그의 소설은 장차 아시아권은 물론 미국이나 유럽 출판 시장 진출도 가능해질 거라고 예상한다.

그리고 끝으로 한 가지 더. 그의 소설은 1993년에 발표됐던 『무궁화 꽃이 피었습니다』부터 가장 최근에 출간된 『천년의 금서』에 이르기까지 6개 출판사에서 출간되었다. 이럴 경우 그의 작품을 체계적으로 관리하며 해외로 진출시키는 작업이 쉽지가 않다. 제임스 패터슨의 작품이 한곳에서 꾸준히 관리되어왔다는 사실에 주목할 필요가 있다. 출판사가 바뀐 일도 거의 없으니 출판사에서 저작권 관리를 해도 무리가 없었을 것이다.

여러 해 전의 얘기지만, 한 언어권에서 김진명의 소설 『도박사』에 대해 출간 의사를 보인 적이 있었다. 그러나 그 계약은 한국 출판사에서 받아들이지 않았다. 작가가 수락하지 않았을 수도 있다. 그 뒤 한국 출판사가 마음을 바꿔 관심을 보였던 해외 출판사에 계약 의지를 물었으나 해외 출판사는 이미 마음이 돌아선 상태였다. 출판사의 입장이 아니라 저자의 작품에 대한 계약을 고려했다면 그 계약은 성사됐을 수도 있다. 아니, 성사됐어야 했다.

작품에 따라 출판사가 여러 곳이다 보니 각각의 작품을 한 출판사가 일괄적으로 관리하기가 현실적으로 어려울 것이다. 저자가 직접 관리하는 방법도 있겠지만 그다지 현실적인 대안이 못 되니 이에 대한 저자의 판단이 요구된다.

한국에서 열 작품 이상의 장편소설을 가진 작가는 드물다. 그러니 앞으로 지금까지 나온 수만큼 장편을 더 발표해주기를 기대한다. 아니, 그럴 것이라 믿는다. 그리고 그의 소설이 한국에서뿐만 아니라, 나라 밖 여러 출판 시장에 진출하여 대내외적으로 호응을 얻길 기대해본다. 미국의 소설가 제임스 패터슨처럼.

사과와 용서를 담은
차인표의
『잘가요 언덕』

차인표에 관해 많은 것을 알진 못한다. 그에 관해 알고 있는 정보는 언론에 보도되어 회자되는 정도도 안 될 만큼 극히 적다. 배우라는 것, 그리고 국내외를 막론하고 폭넓은 영역에서 가치 있는 사회활동을 꾸준히 해오고 있는 인물이라는 정도다. 그런데 그가 2009년 3월에 『잘가요 언덕』(2009, 살림)이란 장편소설을 발표하면서 소설가로 정식 데뷔했다. 그는 이 작품을 지난 10년간 준비해왔다고 한다. 작품에 대한 그의 관심과 열의를 짐작케 한다. 우선 '잘가요 언덕'이라는 독특한 제목이 흥미롭다. 언뜻 어린이를 위한 소설 같기도 하고, 부드럽고 서정적인 인상이 은은하게 풍긴다. 작가의 인상과 사뭇 어울리는 분위기다. 그래서 부담 없이 읽어보고 싶었다. 큰 선입견 없이 읽었다. 특히 이 소설의 작가가 배우라는 것도 가능하면 배제하고 읽으려 했다. 보통 접할 수 있는 평범한 작가 중 한 사람의 작품이라 생각했다. 읽고 나니, 풋풋하고도 은근한 여운과 감동이 머리와 가슴에 너울너울 내려앉는다. 작가가 독자에게 전하고자 하는 주제도 선명하다. 이제야 서서히 소설가 차인표에 관한 사실과 더불어, 차인표의 내밀한 사유 공간에 자리한 가치를 조금은 일면한 느낌이다. 아주 조금. 그러나 사실 그가 어떤 사람이라는 것보다는 이 소설이 어떤 작품이냐 하는 것이 에이전트로선 더욱 중요하다. 다른 작가들과 그렇듯, 이제는 작가를 만나 그의 문학관과 작품에 대해 그가 다하지 못한 표현과 뒷얘기를, 나아가 앞으로의 작품에 대해서도 진지한 대화를 나눠보고 싶었다. 사람 대 사람으로, 그리고 작가와 에이전트로서. 그리고 그렇게 했다.

『잘가요 언덕』의 영미권 진출 모색

배우가 소설을 창작한 것이 국내에서 최초는 아니나 이례적인 것은 분명하다. 한국 문학을 해외에 소개하기 위해 여러 작가들의 작품을 끊임없이 읽어오면서 아직까지 연예인이 쓴 문학은 읽어본 적이 없었다. 차인표의 『잘가요 언덕』을 읽기 전까지는 그랬다. 그러나 이제는 등장하는 대로 열심히 읽어볼 생각이다. 그래서 이적의 『지문 사냥꾼』(2005, 웅진닷컴)과 타블로의 소설집 『당신의 조각들』(2008, 달)도 읽어봤다. 저마다 독특한 매력이 있다.

문학적 수준을 운운하며 작품에 대해 평가를 내리는 것이 내게 주어진 몫은 아니지만, 문학을 다루는 에이전트 입장에서 볼 때 차인표의 『잘가요 언덕』은 분명 전업 소설가 수준에 당당히 오를 만하다는 것이 솔직한 의견이다. 난해하고 복잡한 문학적 장치는 동원하지 않았지만, 처녀작이라는 상황을 고려해볼 때 『잘가요 언덕』은 분명 짜임새 있게 잘 쓰여진 작품이다. 문학평론가들은 어떻게 볼지 모르겠지만, 나는 그들의 기준에 좌우되고 싶진 않다. 다만, 내가 바라보는 좋은 문학작품의 기준은 작가의 경륜이나 유명세와는 무관하게 예리하게 포착한 주제를 균형 잡힌 틀에다 예술적 상상력을 얼마나 자연스럽게 잘 결합시키느냐 하는 것이다. 또 하나는 이 두 가지의 결합이 읽는 이에게 얼마나 큰 울림을 느끼게 하느냐는 것이다. 이런 맥락에서 볼 때 『잘가요 언덕』은 대체로 나를 만족시킨다. 그래서 나는 이 소설을 해외 파트너 에이전트에게 소개하기로 결정했다.

개인적인 생각으로, 21세기의 큰 화두는 용서와 화해다. 사과할 사람(혹은 국가)은 사과를 하고, 용서할 사람은 용서해야 한다. 그리하여 서로 화해하고 어울림의 장으로 나아가야 한다. 특히 지난 19세기와 20세기에는 역사적으로나 정치적으로나 과오를 저지른 나라들이 적지 않다. 제국주의의 기반에서 그 시기가 그들에겐 팽창과 번영의 기회로 인식되었던 탓이다. 그러다 보니 그런 나라들은 각축전이라도 벌이듯 식민지 건설에 열을 올리며 세 불리기에 혈안이 되었다. 그들은 이익을 성취하기 위해 검은 속내를 허울 좋은 명분으로 치장한 채, 한손엔 문명과 교화라는 화려하고 달콤한 사도의 메시지를 들고, 또 다른 손엔 폭력과 억압이라는 칼과 창을 들고 개화되지 않은 나약한 국가들을 거침없이 유린했다. 시절이 바뀌며 일부 가해자는

한국을 대표하는 배우 차인표가 10여 년을 준비해 처녀작 『잘가요 언덕』을 발표했다. 위안부 여성을 소재로 삼은 이 소설은 용서와 화해를 다룬 소설로서 해외 출판계에 어필했고, 마침내 중국의 명문 출판사인 강소문예출판사가 번역, 출판하기로 결정했다. 2010년 3월 『잘가요 언덕』을 해외 출판 시장에 적극 알리기 시작할 즈음 필자는 차인표를 두 번째로 만났다. 차인표의 차기작에도 기대를 걸어본다.

자신이 저지른 일을 스스로 반성했고, 피해를 입은 당사자들에게 정중하게 사과하는 동시에 용서를 구하며 화합의 길을 모색했다. 그러나 아직도 일부는 상대방의 상처를 치유하려는 진심 어린 사과 없이 세월만 보내고 있다.

그중 제국의 폭력 아래 치유되기 어려운 정신적, 육체적 상처를 입은 개인들이 있다. '위안부 여성들'이다. 소설가 차인표는 바로 이것을 큰 주제로 삼아 『잘가요 언덕』을 썼다. 어찌 보면 무겁고 어두운 주제일 수 있는데, 차인표는 반대로 밝고 서정적인 분위기에 온화하고 따스한 문체로 정겹고 애틋한 작품을 빚어냈다.

작가의 대중적인 인지도로 보나 작품의 내용으로 보나, 이 소설은 아시아권에서 더 어필할 것처럼 보인다. 그러나 구석구석 뜯어보면 오히려 영미권이나 유럽 쪽에 어울리겠다는 생각이 든다. 그 이유에 대해서는 다시 언급하겠지만, 어쨌든 영미권에 먼저 소개하기로 했다. 이 책을 출간한 출판사에 연락하여 내 의견과 구상을 전하고, 본격적으로 소개 작업에 착수했다. 2009년 8월의 일이다.

출판사에서 그간 준비해왔던 영문 소개 자료가 있다고 해서, 우선 그것을 활용하기로 했다. 작가 소개, 작품 소개, 본문에 대한 짤막한 영문 번역문이었다. 나는 자료를 입수한 후 곧바로 미국에 있는 한 에이전트에게 작품에 대한 의견을 물었다. 그러자 곧 회신이 왔다. 검토해보고 연락을 주겠다고 한다. 정확히 사흘 후에 다시 연락이 왔다. 어렵겠다는 의견이다. 내 나름대로는 이 소설이 지닌 주제와 장점에 강세를 두어 소개했는데, 현지 시장에 어필하기엔 어렵겠다는 의견이었다. 대개는 상대방이 어렵겠다고 하면 그 프로젝트를 접는 편이다. 그러나 그렇지 않을 때도 있다. 상대가 놓치고 있다 싶은 생각이 들면 그 부분을 다시 한 번 강조하고, 때에 따라서는 설득하기도 한다. 그러나 『잘가요 언덕』에 대한 그의 생각과 뉘앙스를 살피면 설득의 여지가 없어 보인다. 그러나 포기하고 싶지 않았다.

그렇다면 어떤 통로로, 혹은 어떤 전략으로 다시 접근해야 할까, 이틀 동안 고민했다. 그러던 차에 또 다른 에이전트가 떠올랐다. 나는 곧바로 그에게 연락을 취했다. 이러이러한 작품이 있는데 어찌 생각하느냐, 의견을 물었다. 이틀 뒤에 답이 왔다. 관심이 있다고 한다. 그가 언급한 관심의 배경이 내 생각과 거의 일치한다. 이 에이전트와 진행해보자고 결정을 내렸다. 이제 다음 일은 작가를 만나서 어떤 과정을 거쳐 어느 나라에 어떻게 소개할지에 대한 구체적인 계획과 전략을 말하고, 그에 대한 의견과 더불어 동의를 얻는 것이다. 그다음엔 소설의 일부분을 전문 역자를 고용해 유려한 영어로 번역해야 한다. 그렇게 해서 소설 일부에 대한 영문 번역 원고가 준비되면 해외 에이전트를 통해 각국의 출판사 편집자에게 전달하면 된다.

화해와 용서의 메시지

『잘가요 언덕』에 관심을 보인 미국 에이전트는 작품에서 어떤 부분을 비중 있게 살피고 있을까? 어떤 부분이 영어권 출판 시장의 독자들에게 어필할 수 있을 거라 생각할까? 사실 이 부분이 이 소설의 중요한 세일즈 포인트가 될 것이다. 우선 그는 소설의 내용이 심금을 울리는 아름다운 이야기로 보인다고 말하면서, 미국과 영국 등지의 독자의 관심을 끌 거라는 의견을 내놓았다. 또 제2차 대전의 비극과 일본인에 의해 야기된 '위안부 여성들'의 고통은 그들에게도 낯익은 주제라고 했다. 그러면서 소설 본문 중 일부를 문학 전문 번역가에게 의뢰하여 영문 샘플 번역 원고를 준비해줄 것을 정식으로 요청했다. 차인표가 이 소설을 통해 세계 독자에게 전하고자 하는 메시지에 미국 현지의 에이전트가 공감하고 있다는 얘기다.

처음에 그에게 연락을 취하는 부분에서 간략히 언급하긴 했지만, 이쯤에서 한 가지를 강조하고 싶다. 이 소설은 어느 개인 혹은 나라가 과거에 범한 과오나 잘못을 지적하여 그것을 비판하고 비난하려는 의도가 아니라, 오히려 사과와 용서를 통해 서로를 이해하고 조화하는 가운데 평화와 화합을 이루자는 메시지를 담았다. 이 메시지는 일차적으로 한국과 일본의 문제를 넘어서 인류 보편적인 성격을 띠고 있다. 의도했든, 혹은 의도하지 않았든 누구라도 타인에게 실수나 과오를 범할 수 있는데, 그럴 때일수록 당사자에게 용서를 구하고 화해를 이끌어내어 조화를 이루어야 한다는 것이다. 이것이 이 소설이 지닌 글로벌 이슈다.

그렇다고 해서 이 소설이 모든 독자들(언어권)에게 어필하리라는 확신을 가지고 있진 않았다. 먼저, 중화권에서 걸림돌이 될 만한 대목이 감지됐다. 이 소설의 마지막 부분이다. "젊은 군인들이 잘가요 언덕 주변에 두 줄로 도열해 있습니다. 잠시 후, 작은 버스 한 대가 도착합니다. 쑤니 할머니를 태운 버스입니다. '내 이름은 쑤니입니다.

내 고향은 호랑이 마을입니다.' 70년 만에 필리핀의 한 작은 섬에서 발견된 쑤니 할머니가 지난달, 대한민국에 오셔서 하신 첫 마디입니다. 애기처럼 더듬더듬 말씀하시는 이 작은 할머니의 모습에 온 국민이 함께 울었습니다. 올해로 89세가 되신 이 할머니의 고향은 백두산 호랑이마을이라고 했습니다. 그리고 오늘 쑤니 할머니는 무려 70년 만에 고향을 방문하시게 된 것입니다. 버스 문이 열리고, 자그마한 쑤니 할머니가 내립니다." 대단히 감격스럽고 가슴 벅찬 장면이다. 이는 대한민국과 북한이 통일을 이루어 백두산이 대한민국의 영토가 되지는 않은 상황이지만, 백두산의 호랑이마을이 대한민국의 영토라는 것을 암시한다. 한국과 북한이 통일을 이루지 않은 상황에서 백두산이 대한민국의 영토로 표현되고 있다는 점, 그리고 백두산이 북한과 중국의 영토에 걸쳐 있는데 지리적으로 정확하지 않은 백두산 호랑이마을에 대한민국 미사일 기지가 들어서고 대한민국 군인이 주둔해 있다는 내용들은 이 작품이 허구라 할지라도 중국인으로서는 받아들이기 힘들 수 있겠다는 생각이 들었다. 그러나 그 예상은 기분 좋게 깨졌다.

한편, 이 소설은 일본과 직접적으로 관련이 있다. 일본이 과거에 한국을 침략하여 비인도적으로 무참히 유린한 과오를 범했지만, 차인표는 사과와 용서를 구하는 가즈오라는 인물을 통해 그들의 입장을 최대한 객관적이고 중립적으로 표현했다. 이 부분이 일본 독자들에게 큰 거부감을 불러일으키지는 않을 것으로 보이나, 그래도 달가운 내용은 결코 아닐 것이다. 이 소설이 일본 출판 시장에서 흔쾌히 받아들여지려면 등장인물인 가즈오처럼 자신들의 잘못에 대한 일본인들의 진정한 양심과 용기가 필요할 것으로 보인다.

　소설은 시종일관 더불어 사는 삶과 어울림을 강조한다. "호랑이들은 우리가 이곳에 마을을 만들고 정착하기 훨씬 오래전부터 이 산에서 살고 있었네. 누가 주인이고, 누가 객인지 생각을 해보게나. 사람에게 해가 된다고, 혹은 조금 불편하다고, 혹은 조금 이득이 생긴다고 닥치는 대로 잡아 죽이면 세상이 어찌 되겠는가? 설령 그것이 사람이 아니라 짐승일지라도, 세상은 더불어 사는 것일세. 짐승과 더불어 살지 못하는 사람은 사람과도 더불어 살 수 없는 법일세." 마을 포수가 호랑이마을로 호랑이 사냥을 하러 온 황 포수에게 한마디 하는 대목이다. 이따금씩 나타나 주민들에게 해를 입혀도 마을 사람들은 호랑이들과 더불어 살기를 원하고 있다는 내용(29쪽)도 언급된다. 이것이 작가 차인표가 세상에 던지는 상징적 메시지로 보인다.

　"무엇을 위한 전쟁인지, 내가 무엇을 위해서 이국땅에 와서 목숨을 걸고 싸우고 있는지, 생각하면 생각할수록 이해가 안 되고 분합니다. 일본이 말하는 대동아공영이라는 것이 과연 무엇이기에 수많은 젊은이들이 남의 땅에 허락 없이 들어가, 만나는 모든 사람들에게 깡패처럼 싸움을 걸고 쓰러뜨리고 짓밟는 잔인한 짓을 반복하고 있는지, 이토록 큰 상처와 희생의 결과는 무엇인지, 저보다 더 지친 부하들에게 설명해줄 말이 없습니다."(82쪽) 가즈오가 고향에 있는 어머니에게 예순여덟 번째로 보내는 편지 내용이다. 가즈오는 일본

제국의 장교로서 대동아공영이라는 그 나름의 사명을 띠고 조선으로 건너왔지만, 본인의 의지나 의도와는 무관하게 처음에 품었던 대의명분과는 전혀 다른 모습으로 변질되고 있다는 것을 인지한다. 이에 가즈오(일본)는 죽음으로 자신의 과오를 뉘우치며 조선의 상징이기도 한 순이에게 용서를 구한다.

"순이 씨, 미안합니다. 정말 미안합니다. 당신 나라에 와서 전쟁을 해서 미안합니다. 평화로운 땅을 피로 물들여서 미안합니다. 꽃처럼 아름다운 당신을 짓밟아서 미안합니다. 순결한 당신의 몸을 찢고, 그 아름다운 두 눈에 눈물 흘리게 해서 미안합니다."(202쪽) 가즈오 대위는 이 말을 끝으로 자국군 병사들의 총알 세례를 받으면서 눈을 감는다. 이 소설이 화해와 용서를 가장 큰 메시지로 삼는다는 사실을 뒷받침하는 대목이다.

작가 차인표가 이 소설에서 거둔 가장 큰 수확은 어떻게 보면 우리 모두가 한바탕 겪은 무겁고 어두운 비극을 비중 있게 다루면서도, 오히려 서정적이고 밝은 모습으로, 때로는 경쾌하게 그려내고 있다는 것이다. 그럼으로써 소설은 마지막 책장을 덮은 독자들에게 무거움보다는 깊은 울림이 있는 밝고 잔잔한 감동을 선사한다. 이 공은 모두 그의 작가적 재능 덕으로 돌려야 할 것이다.

이에 힘입어 2010년 8월 『잘가요 언덕』이 드디어 첫 해외 판권 나들이에 나섰다. 바로 중국 대륙이다. 중국의 명문 출판사인 강소문예출판사가 이 소설을 번역, 출판하기로 결정한 것이다. 이 출판사는 중국의 메이저 출판 그룹인 봉황출판그룹 소속의 문예 전문 출판사다. "10대의 꽃다운 나이에 종군위안부의 세월을 보냈던 훈 할머니의 모습을 보며 연민과 분노의 느낌을 가졌던 것이 이 소설 탄생의 기초가 되었다"며, 종군위안부와 관련한 일본군의 만행을 폭로하는 차원이 아니라 그것을 뛰어넘어 사과와 용서, 화합과 평화의 중요성을 표현하려 했다고 작가 차인표는 말한 바 있다. 어떤 작가든 그의 첫 해외 진출은 에이전트에게 큰 힘이 된다. 앞으로 『잘가요 언덕』의 두 번째, 세 번째의 해외 진출이 에이전트인 나의 보람과 기쁨을 배가시킬 것이다.

역사의 아픔,
권비영의
『덕혜옹주』

'그 여자의 이름, 덕혜.' 순간, 숨을 멈췄다가 다시 긴 한숨을 내쉬었다. '덕혜'라는 이름이 내 어깨 위에 묵직하게 내려앉는다. 2008년 8월 무더운 여름날, 우리황실사랑회(황사회)에서 '무향'이라는 닉네임을 사용하는 이로부터 '덕혜'라는 제목의 소설 원고를 받았다. 나는 황사회에서 운영진으로 활동하고 있는데, 그녀는 내가 출판계에 종사하고 있다는 사실을 알고 원고를 보낸 것이다.

우리황실사랑회는 대한제국의 역사를 바로 읽고, 일제와 과거 독재 정권에 의해 왜곡된 대한 황실의 정체성과 권위를 회복하여 그 위상을 바로 정립시키기를 염원하는 각계각층의 사람들이 모여 만든 대한 황실 관련 단체다. 무향은 2008년 4월 덕혜옹주 추모 제향에 참여해 참반을 하는 등 덕혜옹주에 각별한 관심을 보이며 관련 자료들을 부지런히 수집해 소설을 썼고, 마침내『덕혜옹주: 조선의 마지막 황녀』(2009, 다산책방)가 탄생했다.

비운의 황녀, 덕혜옹주

한국 역사에서 대한제국 시절은 암흑기이자 여명기다. 정치, 외교 부문에서는 분명 암흑기였으나, 그 외의 다른 분야에서는 새로운 문명의 장이 열린 여명기이기도 했다. 다만 전자의 그늘에 가려 후자의 내용이 제대로 조명되지 않았을 뿐이라고 생각한다.

오랜 세월에 걸친 식민사관은 고종황제를 더욱 무능한 군주로 만들었고, 명성황후는 남편 광무황제를 넘어서고 시아버지 흥선대원군에게 시종일관 차갑게 맞서려 했던 여인으로만 인식시켰다. 고종황제의 아들이며 순종황제의 이복아우인 영친왕은 일본에 볼모로 끌려가 모진 세월을 살았으면서도 친일파로 오해 받는 수모를 겪고 있다.

의친왕 정도가 암암리에 꾸준히 독립운동을 하며 이 땅을 지키고 살았지만, 그 역시 갖은 조롱과 비극적 삶을 비껴갈 수는 없었다. 그는 광복 이전까지 줄곧 일제의 감시 속에서 살아야 했으며, 많은 이들에게 파락호라는 소리까지 들었고, 그가 가장 아끼던 아들(이우)을 일본에서 원폭으로 잃어야 했다.

이렇듯 암울하고 비극적인 대한제국의 역사는 이미 여러 작가들에 의해 문학 작품으로 그려졌다. 또한 암울하고 비극적인 황실 일원의 모습도 여러 작가들에 의해 문학으로 재현되었다. 그러나 김동인의 『운현궁의 봄』이 그렇듯 주로 명성황후와 흥선대원군 등의 인물을 중심축으로 한 소설이 대부분이었으며, 최근에 이르러서야 의친왕을 주요 골격으로 삼은 소설(『의친왕 이강』(2009, 하이비전))이 출간되었을 정도다. 영친왕이나 그의 아들 이구(황세손), 한때 그의 부인이었던 파란 눈의 여인 줄리아를 소재로 한 소설도 나올 법한데 아직 눈에 띄질 않는다. 심지어는 경운궁(덕수궁)의 꽃으로 태어난 것이 오히려 멍에가 되어 파란만장한 삶을 살았던 비운의 주인공인 덕혜옹주에 대한 소설도 그간 선보인 적이 없었다. 그러고 보면 이태진 교수를 비롯한 일부 역사학자들이 대한제국에 대한 내용을 담은 역사서를 꾸준히 출간한 데 비해 문학 서적은 상대적으로 미미한 상황이다.

그러니 '그 여자의 이름, 덕혜'(가제)는 내게 가뭄의 단비 같은 반가운 손님이었다. 내게 원고를 넘길 때 권비영은 단편집 한 권만 출간한 무명 작가였다. 50대에 접어든 그녀는 울산에서 활동하며 여러 차례에 걸쳐 희곡 작품을 무대에 올렸으나 문인들로부터 관심을 받지는 못했다.

그러나 이번에는 뭔가 달랐다. 나는 그녀와 통화하면서 비장함을 느꼈다. 덕혜옹주에 대한 강한 애착과 연민 그리고 사랑이 음성만으로도 충분히 전해졌다. 그녀는 하루빨리 세상 사람들에게 덕혜옹주가 살아온 형언할 수 없는 고통과 비탄의 세월을 공개하고, 그 아픔을 함께 나눌 수 있기를 바랐다. 왜 아니겠는가. 덕혜의 삶을 조금이라도 아는 사람이라면 누구라도 공감할 것이다.

이 원고를 누구에게 어떻게 소개해야 할까? 며칠을 고민했다. 개

소탈함이 매력인 『소설 덕혜옹주』의 저자 권비영의 모습.
그녀는 이 소설을 쓰기 위해 여민 마음으로 덕혜옹주의
묘소는 물론 여러 해에 걸쳐 수차례 먼 물길을 오갔다.

인적으로도 덕혜옹주에게 큰 관심을 갖고 있는지라 이왕이면 탄탄한 규모의 출판사와 인연을 맺어 많은 독자들에게 알리고 싶었다. 머리에 맴도는 출판사는 많은데, 확신을 가지고 출판을 보장 받을 수 있는 곳을 헤아려보니 손 안에 움켜쥔 모래알처럼 그 이름이 하나씩 슬금슬금 빠져나갔다. 설득 없이도 내 부탁을 들어줄 만한 출판사가 떠오르긴 했지만 영세한 곳이 많아서 걱정스러웠다. 그래서 M출판사에 연락을 해보기로 했다. 그곳은 역사소설을 연속으로 출간하여 크게 성공한 이력을 지닌 출판사라 긍정적인 답을 기대했다. 그러나 일주일 정도 후에 연락해보니 어렵겠다는 반응이었다. 소재는 좋은데 전개 방식이 자신들과 어울리지 않는다는 것이었다. 매우 아쉬웠지만 그것도 엄연한 현실이니 어쩔 수 없는 일.

우여곡절 끝에 보름을 넘겨 9월 초가 되었고, 베이징도서전에 참석하게 되었다. 그리고 다산북스 저작권 담당자인 이정순 팀장을 만나 자연스럽게 이 작품에 대한 이야기를 꺼냈다. 그는 곧 관심을 보이며 담당 편집자와 구체적으로 검토해볼 수 있도록 원고를 보내달라고 했다. 전시회 일정을 마치고 서울로 돌아와 이 팀장에게 원고를 보냈고, 얼마 후 긍정적인 답신을 받았다.

권비영 작가에게 전화를 걸어 다산북스에서 관심을 보이고 있다고 전하니 무척 기뻐했다. 그녀에게 2009년 6월에 출간할 예정이라는 사실과 앞으로의 출간 일정에 대해 간략하게 설명했다. 그리고 내가 이 작품의 국내외 판권을 모두 관리하고 싶다는 생각도 덧붙여 전했다. 그렇게 나는 저자와 출판사 사이에서 다리 역할을 했다.

그런데 문득 작품을 너무 비즈니스 차원에서만 처리하고 있는 것은 아닌지 하는 생각이 들었다. 물론 한 권의 책이 출간되려면 피해 갈 수 없는 과정이긴 하지만, 개인적으로도 애정을 가지고 있는 덕혜옹주에 관한 소설인데 내가 너무 상품으로만 다루고 있는 것은 아닌가, 하는 두려운 마음이 들었던 것이다. 그래서 한발 뒤로 물러나, 저자와 출판사가 직접 만나 일을 진행하도록 했다.

직접적으로 관련이 있는 '황사회'가 아닌 다른 경로를 통해 알게 된 작가였다면, 그리고 처음으로 맞이한 원고가 '덕혜옹주' 같은 타이틀이 아니었다면 비즈니스적인 마인드를 적극적으로 앞세웠을 것이다. 하지만 또 다른 기회를 기약하며 아쉬움을 뒤로하고 그즈음에서 내 역할을 마무리했다.

그러나 그 소설은 늘 머릿속에 머물렀고, 관심 영역에서 벗어나지 않았다. 이따금 생각날 때마다 출판사 관계자에게 근황을 물으면, 저자와 편집자가 머리를 맞대고 부지런히 작업하고 있으니 완성도 높은 작품이 나올 거라고 귀띔해줬다. 담당 편집자가 이 소설에 큰 노력과 공을 들이고 있는 것 같아 다행이었다. 좋은 작품이 나오겠구나, 기대하며 맘 놓고 기다렸다.

부끄럽고 가슴 아파 드러내놓고픈 우리 역사

그러던 2009년 12월 어느 날 아침 출근길. 홍대 전철역 출구를 나오다 모 은행 유리벽에 붙어 있는 포스터 하나가 눈에 띄었다. 기모노를 입은 소녀 시절 덕혜옹주의 모습이었다. 아, 드디어 출간됐구

270

나. 얼마나 반갑던지. 제목은 '그 여자의 이름, 덕혜'에서 '덕혜옹주: 조선의 마지막 황녀'로 바뀌어 있었다.

회사에 들어가자마자 재빨리 우리황실사랑회 홈페이지에 출간 소식을 알렸다. 5,000명 남짓한 회원들이 출간을 반가워하며 자기 일처럼 기뻐했다. 그들은 각자 한 권씩 책을 구입해 읽고는 소감을 올리고, 주위에 아는 사람들에게까지 일독을 권했다. 소설이 언론에 노출되자, 회원들은 관련 뉴스가 뜰 때마다 극성스러울 정도로 카페로 글을 퍼 나르고 부지런히 댓글을 달았다.

그러나 무엇보다 이 책이 일본 작가 무라카미 하루키의 블록버스터 소설인 『1Q84』를 제치고 당당히 종합 순위 1위로 올라선 사실이 나를 비롯한 황사회 사람들을 놀라게 했다. 수십 년에 걸쳐 비운의 세월을 사는 동안 누구도 관심을 가지지 않았던 그녀의 삶이 세상 사람들에게 알려지고, 늦게나마 위로 받게 되었다는 사실이 감격스러웠다.

나는 이 소설을 해외 출판 시장에도 알려야겠다고 생각했다. 처음에는 쉽지 않겠다고 생각했지만, 기대만큼의 결과가 나오지 않더라도 일단 시도는 해봐야겠다고 생각했다. 그래서 간단하게 영문으로 소개 자료를 작성하여 미국에 있는 에이전트에게 보냈다. 그런데 보내자마자 바로 회신이 왔다. 대단히 흥미로운 소재이며, 소설 내용을 구체적으로 알고 싶다고 했다. 부랴부랴 덕혜옹주의 첫돌 사진부터 낙선재에서 이방자 비와 예순 번째 생일상을 받는 사진에 이르기까지 다양한 사진 자료를 모으고, 영문 시놉시스를 만들어 보냈다.

그런데 자료를 받아본 미국 에이전트로부터 이전과는 다른 회신이 왔다. 처음에는 흥분될 정도로 대단한 관심을 보이던 그가 결국엔 어렵겠다고 판단한 것이다. 내심 걸었던 기대가 한순간에 무너져 내렸다. 덕혜옹주의 비극적인 삶을 해외 독자들에게도 널리 알려서 지금보다 더 많은 위로를 받게 하고 싶다는 순수한 의도가 받아들여지지 않은 것 같아, 실망스러운 마음을 감출 길이 없었다. 그러나 그가 그런 판단을 내리기까지의 이야기를 듣고는, 일리가 있고 그럴 수 있겠다는 생각이 들어 잠시나마 품었던 실망감을 차분히 걷어냈다.

"시놉시스를 자세히 읽어보니 내용 자체는 흥미로우나, 미국 현지 독자들에게 그에 대한 관심을 어필하기는 어려울 것 같다. 한국과 일본 출판 시장에서나 어필할 것으로 판단된다. 내 생각에 이 소설은 덕혜옹주의 삶의 과정을 전기 방식으로 조명한 소설로 보인다. 내가 처음 당신으로부터 이 소설에 대한 내용을 듣고 기대했던 것은 덕혜옹주의 비극적 삶에 대해 전기적으로 서술해가는 방식보다는 저자의 상상력을 한껏 발휘하여 좀 더 문학적으로 발전시킨 소설이었다. 그러나 당신이 준 내용을 상세히 읽어보니 내가 처음 생각하고 기대했던 작품은 아닌 듯하다."

그의 지적은 비교적 정확하고 예리했다. 작품 한 줄도 직접 읽어보지 않은 상황에서 그런 지적을 한 그의 직관과 판단력이 오히려 놀라울 따름이었다. 아쉽지만 이번 기회를 통해 미국 출판인들의 관심이 무엇이며, 출간 여부는 어떤 기준을 가지고 결정하는지 등을 점검하는 시간을 가질 수 있었다.

그렇다고 해서 이 소설의 해외 소개를 멈출 생각은 없다. 미국 에이전트 중에도 같은 책을 가지고도 다른 판단을 내리는 사람이 분명 있을 거라고 생각하기에.

부끄럽고 가슴 아파 감추고 싶은 것도 있지만, 그렇기 때문에 더욱더 드러내놓고 보여주고 싶은 것도 있다. 자꾸 여미기보다는 과감하게 펼쳐서 드러내놓는, 때로는 그러면서 상처를 치유 받기도 하고, 큰 위로를 얻기도 하고, 당당히 용기를 얻기도 하지 않나 싶다. 아직까지 『덕혜옹주: 조선의 마지막 황녀』의 번역 판권은 그 어디로도 팔리진 않았지만, 미국, 프랑스, 독일, 중국, 일본, 베트남 등을 비롯한 여러 언어권에 부지런히 소개하고 있다.

문학과 맺은 깊은 인연

'문학'이 나와 깊은 인연이 될 줄은 몰랐다. 다가가기엔 멀고 오르기엔 높아만 보이던 게 문학이었다. 실상 들여다보면 나와, 그리고 우리와 가장 가까운 것이 문학인데 말이다. 그러던 것이 지금은 나의 최측근이 되었다. 작가가 아니라 틈나는 대로 책을 즐겨 읽는 독자이지만, 그것을 찾는 이(국내외 출판인)들에게 부지런히 소개해주는 역할을 하는 에이전트인 내게는 일상이 된 것이다.

어렸을 적엔 문학이 뭔지 모르고 자랐다. '문학'이라는 단어조차도 못 들어봤다. 중학교에 들어가서야 겨우 그 어휘를 들었던 것 같다. 그러다 어찌어찌하여 성인이 돼서야 문학을 공부하게 됐다. 그러나 10여 년간 문학을 공부하면서도 솔직히 '한 치 걸러 두 치'를 대하는 기분을 떨치기 어려웠다. 가까워서 친근한 듯 다가서면 어딘가에 틈새가 있는 듯 어색하고, 어떤 때는 오르기 힘들어서 벅찬 산처럼, 품기 어려운 차갑고 묵직한 바위처럼 그러했다.

그로부터 또다시 10여 년이 흐른 지금, 그때의 그 기분, 그 느낌은 어느새 사라졌다. 언제부턴가 바뀐 것이다. 간극을 좁히고 직접 부딪혀 올라보고 품어보니 어색하지도, 어렵지도 않다. 헐렁하고 익숙한 옷을 입고 대청마루 위에 다리 뻗고 누워 있는 그런 기분이다. 그것은 타고 넘거나 관통해야 한다는 문학에 대한 일종의 의무감 또는 당위성이 일상처럼 존재하고 공유하는 동반자라고 생각이 바뀌었기에 그런 것이 아닌가 싶다. 그렇게 문학은 20여 년이란 시간의 흐름 속에서 어느새 지극히 평범한 일상의 벗으로 다가와 마주하고 있다.

마침내, 그 일상의 한 지점에 서서 주위를 둘러보는 잠깐의 여유가 생겼다. 평범한 독자의 신분에서 전문가의 시선은 의식하지 않은 채 한 편의 문학을 나만의 방식으로 바라보며 단상을 정리하고, 문학을 비즈니스 영역으로 끌어들이는 에이전트라는 신분에서 서로 다른 과정과 결과를 체험한 몸짓 하나하나를 돌아보고 정리해보는 여유 말이다.

장편소설, 단편집, 시선집, 산문집, 희곡 등 작가들이 몰입하여 탄생시킨 문학작품 말고, 그것과 관련 있는 서적들이 풍년 든 해에 과일나무 이 가지 저 가지에 찢어지게 매달린 열매만큼이나 풍성하다. 시인이나 소설가가 엄선한 문학작품에 친절하게 감상과 해설을 붙인 책이나 문학평론가가 문학작품들을 다소 건조한 어투로, 때로는 일반 독자로서는 이해하기 어려운 언어로 평하거나 해설한 책이 그렇다. 대부분의 문학 관련 서적은 전업 문인은 아니더라도 소위 전문가로 불리는 필자나 평론가가 발표한 것들이 대다수다.

그런데 언제부턴가 같은 문학작품이더라도 그들과 다른 나만의 시선으로 접근하여 나만의 얘기를 풀어보고 싶다는 생각이 들었다. 내가 좋아하는 작가 혹은 관심 있는 문학작품에 대해 내 입장에서 말해보고 싶었던 것이다. 2008년 말이었다. 우연히 한국출판마케팅연구소의 한기호 소장을 만나게 되었다. 그리고 그 자리에서 이런저런 말끝에 이야기가 흘러나왔다. 그가 곧바로 내게 제안을 해왔다. 에이전트 입장에서 에이전트가 낼 수 있는 목소리를 담아 〈기획회의〉에 그 얘기에 대한 내용을 연재해보면 어떻겠냐는 것이었다. 국내 유일의 출판 기획 관련 전문 격주간지인 〈기획회의〉에 말이다. 막상 제안을 받고 보니 반갑고 기쁘면서도, 또 한편으로는 한 번도 해본 적이 없는 작업이어서 긴장되고 걱정스러웠다. 내가 잘 해낼 수 있을까? 격주 연재를, 그것도 1년 동안, 수시로 해외 출장을 나가는 상황에서.

〈기획회의〉에 '에이전트가 만난 문학'이란 칼럼을 2009년 5월부터 2010년 5월까지 1년간 24회나 연재하면서 솔직히 힘들었다. 개인사와는 관계없이 언제나 어김없이 다가오는 마감일을 지켜야 하는 부담감이 제일 컸다. 2주는 왜 그리도 빨리 다가오던지. 해외 출장 중에도 현지의 비즈니스 파트너들과 밤늦은 시각까지 일을 하고 들어와 적막한 호텔방에서 불을 밝히고 몇 시간씩 작업할 때 그 부담감은 더욱 컸다. 원고 마감이 걸린 주엔 왜 그렇게 일도 많은지. 일이 특별히 많았다기보다는 심리적인 부담 탓에 그렇게 느꼈으리라. 마감일을 정확히 지킨 횟수가 오히려 몇 번 안 됐다. 그러나 싫은 소리 한 번 안 하고 너그러이 기다려준 편집자에게 미안하고 고마울 따름이다. 참으로 감사했다.

연재 과정 중에 아쉬운 점도 있었다. 내가 좋아해서 만난, 혹은 만나고 보니 좋았던 문학은 많았는데 그것을 모두 다룰 수 없었던 것이다. '에이전트가 만난 문학'이라는 타이틀이 붙다 보니 가급적이면 에이전트 비즈니스와 어떤 형태로든 연결되어야 하는데 그 조건을 갖추지 못하는 경우도 있었고, 그 조건을 갖췄다 하더라도 유사한 조건을 지닌 문학을 이미 다룬 경우에는 중복을 피해야 했기에 어쩔 수 없이 다루지 못한 경우도 더러 있었다. 그러나 힘들고 아쉬웠던 이면엔 그보다 더 큰 행복과 보람이 있었다.

분주함 속에 짬을 내어 틈틈이 진행했으니, 그것이 가장 큰 보람이었다. 그간 읽었던 문학작품을(때로는 처음으로 읽으며) 살피고 그 안에서 고민했던 장면과 아이디어를 정리할 수 있는 절호의 기회를 가졌으니, 이는 행운이었다. 또 문학을 하나의 예술 장르로서 감상하는 동시에 전 세계 독자들이 함께 읽을 수 있게끔 고심한 내 흔적을 추적하며 위안을 얻었으니, 이는 행복이었다. 그리고 해외로 수출하려는 희망과 기대를 품고 비즈니스적으로 접근하면서 독자들이 새롭게 독서를 경험하게 했으니, 이는 큰 보람이었다. 하나의 문학작품을 해외로 진출시키는 과정을 낱낱이 밝혔으니 에이전트 업무에 관심이 있는 독자들에겐 에이전트 비즈니스에 대한 이해를 돕지 않았을까 하는 면에서는 기쁘기 그지없다. 무엇보다도, 한국 문학을 세계 출판 시장에 알려 세계 독자들이 함께 호흡하는 계기를 마련한 예를 정리하고 그간 내가 한 일을 돌아보며 앞으로 나가야 할 길을 내다보게 되었으니, 이것이야말로 이 글을 통해 느낀 가장 큰 행복이다.

끝으로, 부족함 많은 이 책이 세상에 나올 수 있도록 기회를 마련해준 우리 작가들, 그리고 한기호 소장과 김지영 씨에게 진심으로 감사의 말을 전한다. 그리고 에이전트 동료인 신순항 차장, 최옥균 과장, 김희선 대리, 지금은 퇴사한 안주현 씨와 오선주 씨에게도 감사의 뜻을 전한다. 그리고 아직까지도 나의 발전과 성장을 위해 밤낮 없이 기도하시는 사랑하는 어머니 이순헌 여사에게 가슴 깊이 감사의 절을 올리며, 부족하지만 늘 믿고 의지해주는 아내 장수아와 아들 원재에게도 이 기회를 통해 고마움을 표한다.

2010년 11월
서울이 내려다뵈는 낙산에서

도서명

인명·기타

소설 파는 남자

2010년 11월 27일 1판 1쇄 인쇄
2010년 12월 06일 1판 1쇄 발행

지은이 —— 이구용
펴낸이 —— 한기호
펴낸곳 —— 한국출판마케팅연구소
　　　　　 출판등록 2000년 11월 6일 제10-2065호
　　　　　 주소 121-842 서울시 마포구 서교동 464-46 서강빌딩 202호
　　　　　 전화 02-336-5675　팩스 02-337-5347
　　　　　 이메일 kpm@kpm21.co.kr
　　　　　 홈페이지 www.kpm21.co.kr
인쇄 —— 예림인쇄
총판—— ㈜송인서적 전화 02-491-2555　팩스 02-439-5088

ISBN 978-89-89420-69-9 03300
값 15,000원